*A harpa de
São Francisco*

Dados Internacionais de Catalogação na Publicação (CIP)
(Câmara Brasileira do Livro, SP, Brasil)

Timmermans, Felix
  A harpa de São Francisco / Felix Timmermans ; tradução Conrado Vasselai. – Petrópolis, RJ : Vozes, 2019. – (Série Clássicos da Espiritualidade)

  Título original: Franziskus.
  ISBN 978-85-326-6022-0

  1. Espiritualidade 2. Francisco, de Assis, Santo, 1181 ou 2-1226 3. Teologia mística. I. Vasselai, Conrado. II. Título. III. Série.

18-22847   CDD-248.22

Índices para catálogo sistemático:

1. Mística e espiritualidade : Cristianismo   248.22

Iolanda Rodrigues Biode – Bibliotecária – CRB-8/10014

Felix Timmermans

A harpa de São Francisco

Tradução de Conrado Vasselai

EDITORA VOZES

Petrópolis

Título do original em alemão: *Franziskus.*
Im Insel-Verlag, Leipzig, 1932

© desta tradução:
2019, Editora Vozes Ltda.
Rua Frei Luís, 100
25689-900 Petrópolis, RJ
Brasil

Todos os direitos reservados. Nenhuma parte desta obra poderá
ser reproduzida ou transmitida por qualquer forma e/ou quaisquer
meios (eletrônico ou mecânico, incluindo fotocópia e gravação)
ou arquivada em qualquer sistema ou banco de dados
sem permissão escrita da editora.

CONSELHO EDITORIAL

Diretor
Gilberto Gonçalves Garcia

Editores
Aline dos Santos Carneiro
Edrian Josué Pasini
Marilac Loraine Oleniki
Welder Lancieri Marchini

Conselheiros
Francisco Morás
Ludovico Garmus
Teobaldo Heidemann
Volney J. Berkenbrock

Secretário executivo
João Batista Kreuch

Editoração: Leonardo A.R.T. dos Santos
Diagramação: Sheilandre Desenv. Gráfico
Revisão gráfica: Nilton Braz da Rocha
Capa: Editora Vozes
Ilustração de capa: Lucio Americo de Oliveira

ISBN 978-85-326-6022-0

Editado conforme o novo acordo ortográfico.

Este livro foi composto e impresso pela Editora Vozes Ltda.

Sumário

Nota do tradutor, 7

Apresentação da edição brasileira, 9

1 A bênção, 11

2 O trovador, 14

3 Deus fez soar a corneta, 26

4 A Dama Pobreza, 81

5 Irmãos, irmãos por toda parte..., 112

6 Uma sagrada canção de amor, 165

7 Uma coroa de rosas e espinhos, 175

8 O crepúsculo, 216

9 A Terra Prometida, 235

10 A noite chegou?, 243

11 O divino refrão, 271

12 A nova erva, 285

13 O espelho de Deus, 298

14 As chagas que cantam, 309

15 A cotovia do Senhor, 339

Índice, 349

Nota do tradutor

Temos certeza de que a pesquisa histórica dá possibilidades de conhecer sempre mais o santo homem Francisco de Assis. Contudo, possivelmente, o amor e o humor, a poesia e a legenda permitirão conhecê-lo com mais profundidade. Quem sabe, por isso, mesmo os primeiros companheiros de São Francisco foram tramando aquele maravilhoso buquê dos Fioretti.

Felix Timmermans, expoente da literatura flamenga, foi poeta, escritor e pintor. Por isso, nesta obra, o autor descreve os fatos, pinta os cenários envolvendo-os de poesia, sem contudo desviar-se das informações históricas.

Ao me aprofundar na leitura do texto de Felix Timmermans senti que ele, ao construir seu relato, se manteve fiel às ricas informações históricas que lhe possibilitaram captar momentos marcantes na vida do Poverello de Assis. Brindou-nos com uma narrativa desenhada em vivas cores, delineando a história de um homem que jamais desviou-se de seu ponto de partida.

Confesso que em meu trabalho, possivelmente, não consegui transmitir toda a riqueza e beleza do texto que minha compreensão captou; mas, com certeza, a alma de cada leitor há de complementar o que faltou à minha limitação.

Agradeço a todos que, de uma forma ou de outra, me incentivaram no trabalho e deram sua contribuição.

Em especial à minha esposa pela paciência e leitura dos originais traduzidos.

Dedico todo meu esforço ao Poverello de Assis que há 800 anos confirmou, com sua vida, que um mundo melhor é possível.

Conrado Vasselai

Apresentação da edição brasileira

São Francisco de Assis é mais do que uma figura histórica. É um espírito e um arquétipo. Sua saga é tão carregada de significação e conserva tanta atualidade que é considerado um irmão universal. Pertence à humanidade e não apenas ao cristianismo e aos franciscanos.

Dizer Francisco de Assis é remeter-se ao espírito de fraternidade cósmica, sentindo-se irmão e irmã de todas as criaturas. É pensar na santa humanidade de Jesus, na pobreza evangélica, no espírito das bem-aventuranças, no presépio, na Eucaristia, no Crucificado de São Damião. É pensar nos hansenianos e nos pobres com quem se identificou. É pensar na peregrinação pelas poeirentas estradas da Toscana anunciando o Evangelho na linguagem popular. É pensar na alegria de viver, no *Cântico ao irmão Sol*, no irmão lobo com quem fala, nas cotovias com quem reza, nos peixes aos quais prega, na morte chamada de irmã.

Todo um universo feito de encantamento, de cuidado e de ternura marca a vida e a trajetória deste santo chamado de "o primeiro depois do Único" e o "último cristão" de verdade.

Esse espírito faz falta hoje. Se quisermos salvar o planeta e preservar o dom da vida precisamos revisitar São

Francisco e incorporar seu espírito de veneração, respeito e fraternidade sem limites.

Para transmitir esse espírito, a narrativa, a poesia e o romance são mais adequados do que o conceito, a doutrina e os tratados. Esse é o valor deste livro do holandês Felix Timmermans, *A harpa de São Francisco*. Embora publicado em 1932, guarda permanente atualidade.

Usa uma linguagem no modo de São Francisco, límpida, simples e poética. Narra os principais fatos da vida de São Francisco com grande beleza literária, com estilo evocativo e extremamente despojado.

Vale a pena ler o livro, especialmente, pelos jovens. Eles encontrarão aqui o clarão que um dia iluminou Assis, a Igreja e o mundo e que continua a se irradiar. Ele é, como diz Dante em sua *Divina comédia*, "o sol de Assis". E o sol ilumina, aquece e alegra os corações.

Esse é o efeito final deste livro que merece ser lido e apreciado como um manjar de delícias.

Leonardo Boff
Teólogo e escritor

1
A bênção

O sol, qual peixe dourado, mergulhara no horizonte. De repente, sobre a solitária capelinha de Nossa Senhora esquecida no bosque, pairou uma linda música. Um pastor, que por lá conduzia seu rebanho, e preparava a flauta para tocar uma melodia em louvor da Mãe de Deus, ao ouvir o bimbalhar de sinos ficou tomado de enlevo. Surpreso, ergueu o olhar para o teto caído da capelinha, mas nada viu, a não ser os últimos raios de luz do dia.

"Deve haver um órgão", pensou o pastor, e empurrando a porta, enfiou a cabeça pela abertura. Só havia escuridão e silêncio. "Então a música vem lá de fora", sussurrou o pastor. Ao sair, observou que as ovelhas estavam quietas e pareciam estar à escuta. No alto, a música de centenas de vozes entrelaçadas se tornava cada vez mais pura.

"Meu Deus, que beleza! Que beleza! Preciso contar isso ao senhor vigário", sussurrou o pastor balbuciando, pois não conseguia falar. Seu coração lhe revelava o que estava acontecendo.

Tirou o chapéu, ajoelhou-se e murmurou: "Anjos, anjos" e as lágrimas lhe brotaram dos olhos.

Mais tarde, quase na hora de acender os lampiões, surgiu de uma viela escura um velho vestido como peregrino. Era cego e se via apenas o branco dos olhos. Contudo, sem hesitar, parecendo alguém que enxergava bem, atravessou a Praça do Espírito Santo, dirigindo-se à casa onde morava o comerciante de tecidos Pedro Bernardone. Este havia se casado com uma nobre donzela do Sul da França, no ano passado. A casa era bonita, toda enfeitada de colunas.

O peregrino bateu à porta e como pedinte estendeu as mãos abertas. Aguardando rezava, e a prece fazia tremular a barba. A empregada, uma coloninha simples, apressou-se em abrir-lhe a porta.

Na parte superior da casa ouvia-se uma mulher gritando; mas, antes que a empregada pudesse dizer qualquer coisa, o cego falou: "Diga à Senhora Bernardone que ela deve ir ao estábulo. A criança só irá nascer lá, pois assim o quer Nosso Senhor. Em seguida, o peregrino, elevando aos céus os brancos olhos, retirou-se.

Num instante, a empregada subiu, e cheia de alegria e ansiedade e quase perdendo o fôlego, contou que um monge cego, com uma coroa de luz em volta da cabeça, esteve lá e trouxera uma linda mensagem da parte de Nosso Senhor dizendo que a criança deveria nascer no estábulo.

Todos os que estavam lá em cima no quarto, o médico, a parteira, a mulher que, enfraquecida, estava de cama e algumas amigas demonstraram logo grande veneração pelo que a empregada lhes contou, pois todos eram muito piedosos. O médico tinha anteriormente pensado até em tornar-se padre.

A mulher, cujo marido se encontrava distante no Reino da França, queixava-se das muitas dores que sentia. Contudo, até o momento, eles não haviam conseguido nada com os medicamentos, promessas e orações.

A mensagem que a empregada trouxe caiu como uma tábua de salvação para quem está se afogando: "Para o estábulo", disseram uns aos outros.

"Pois não! para o estábulo", gemeu a mulher, "pois eu sonhei alguma coisa... o padre não teria asas?", perguntou ela.

"Certamente!", disse a empregada, "mas eu não as vi!"

Com muita dificuldade a mulher foi conduzida escada abaixo pelo médico e pela parteira. As amigas seguiram atrás levando toalhas, garrafas de água quente, e a empregada trazia o pote de água-benta.

O pequeno cortejo deixou a casa atravessando o jardim onde floriam tardias rosas de setembro. No pequeno estábulo, sobre um feixe de palha fresca, à luz de uma vela, nasceu a criancinha, rapidamente, como uma canção popular. Era uma criatura pequena e magra. "O cansaço que causou tanto transtorno não foi nada. Valeu!", disse a parteira.

A criancinha era Francisco. Nasceu num estábulo. A parteira deu-lhe um banho, envolveu-o e colocou-o ao lado da mãe que estava dormindo de cansaço, mas satisfeita.

Todos olhavam admirados para a criança.

"Maravilhoso, verdadeiramente maravilhoso", disse o médico elevando o olhar para o teto escuro. A empregada ria e pensava alto: "Como no estábulo em Belém".

"Mas, sem o boi e o burro", disse a parteira. "Contudo, um anjo estava lá", retrucou a empregada "e ele falou comigo e não com vocês", acrescentou ela. "Vamos agradecer a Deus", disse o piedoso médico fixando os olhos no alto. Estaria ele contemplando uma estrela pela fresta do teto? Fez o sinal da cruz, e todos se uniram e rezaram de mãos postas, mas a empregada se ajoelhou diante da gruta.

2

O trovador

Um jovem de seu tempo

Francisco e seus amigos voltavam de uma festa na aldeia cantando ao clarão da lua. Ele estava a cavalo, tocando um bandolim. Dois homens, com tochas acesas, vinham à frente do alegre cortejo. Assim, adentraram a escura e sonolenta cidade. Lá começaram a cantar, em alto som, canções de troça contra Perúgia, uma cidade que ficava há duas horas e, há muito tempo, já havia procurado briga com Assis.

Francisco pediu aos companheiros que fizessem silêncio e falou em alta voz: "Chega de guerra. Agora é hora do amor. Vamos fazer uma serenata a todas as namoradas, começando com a Maria, a amada do André".

Todos concordaram. André era um pintor pobre, mas imponente e de semblante angelical. Como um pombo cativo comia nas mãos de seus amigos. Maria era filha de um escultor de crucifixos. A casa ficava numa ruela estreita e íngreme, bem em frente ao muro de um jardim do convento.

Francisco, sempre a cavalo, cantava e tocava lentamente uma canção francesa de amor que havia aprendido com sua mãe. Sua voz clara ressoava alto pelos telhados.

De repente, uma janela se abriu e o pai de Maria vociferou: "Escuta gentil senhor filho de Bernardone, por favor, dá ao seu triste companheiro esta mesma mensagem. Pois vou ensinar como se esmagam olhos azuis da cor do mar; seu comediante miserável, palhaço, imbecil, fanfarrão, mulherengo. Vai embora, senão vou lhe dar um banho de água fria. E amanhã de manhã te denunciarei à polícia a ti e seus simpáticos amigos".

Mas, os amigos começaram a gritar e a fazer barulho, até que receberam um banho de água fria.

Lá embaixo, cambaleando, chegava o guarda-noturno. Eles se dispersaram cada um para um lado.

De longe, Francisco ouviu o chamado de seu amigo Alexandre: "Vamos até a Rose, lá tem bom vinho e encantadoras mocinhas. Vamos fazer acontecer curto e grosso!"

"Para que eu pague tudo novamente como sempre", resmungou Francisco consigo mesmo.

Ele esperou que fossem embora e voltou para casa. Bastava por hoje. Foi um dia bonito. Aliás, todos os dias eram belos! Não tinha uma novidade para cada dia? Amanhã irá caçar com o dono do castelo. Depois de amanhã, haverá um sarau solene na casa do Júlio, com baile seguido de um banquete. No domingo, em sua casa, ele fará a leitura de suas novas poesias e à noite será o baile de máscaras. Na segunda-feira, Francisco viajará com seu pai por 40 dias para Florença e arredores. Ele aproveita, de fato, vive a juventude!

Ao passar diante de um quadro de Nossa Senhora pintado no muro, tirou o chapéu. Fixou, por um momento, seu olhar no quadro, como alguém que olha para uma estrela. Havia um ramalhete de flores diante do quadro. Como não tivesse nenhuma flor consigo, tirou de seu chapéu a pluma branca de avestruz e a colocou junto às flores. "Amor, amor", murmurou e continuou a cavalgar. "Quando conhecerei o amor que me libertará de meus pais, de meus amigos e de mim mesmo? Aquele amor que me consome e devora totalmente?"

Quis dizer mais alguma coisa, mas já estava ele diante da porta de casa. Enquanto colocava a chave na fechadura avistou no alto a lua toda clara. "Amo a lua", disse ele. "Amo o inacessível. Ó lua cor de prata..." Na hora ele quis fazer uma serenata para a lua, mas lembrou-se de seu pai. Atirou um beijo para a lua e, cambaleando, entrou em casa.

Era dia da feira anual, a cidade estava lotada. Francisco, todo perfumado com frescos odores de cravos, lá estava, de pé, atrás do balcão, todo enfeitado com vários anéis dourados, medindo linho de Damasco para a mãe e a irmã de seu amigo Júlio.

Havia mais clientes querendo ser servidos. Um robusto empregado e o Irmão Ângelo, pequeno e gordo, ajudavam-no a servir e empacotar as mercadorias.

O pai permanecia do lado de fora, diante da porta, onde também estavam expostas peças de tecidos, e se entretinha com dois mercadores. Ele mostrava uma cara de autêntico patrão com a cabeça careca e queimada do sol, uma barba quadrangular, um queixo bipartido e a pele avermelhada. Gesticulava muito e sua risada soava como um clarim. De vez em quando batia pesadamente com a mão nos ombros dos homens que até se inclinavam.

Francisco gostava de ouvi-lo, mas no momento não dispunha de tempo. Precisava ir comprar trutas frescas para o banquete de amanhã que era o pagamento de uma aposta que havia perdido. Era preciso despachar a freguesia rapidamente e, em seguida, ir a cavalo encontrar os pescadores à beira da água. Era grande o tumulto pelo caminho. A guerra iminente contra Perúgia agitava os ânimos. Havia uma multidão de mendigos. Cantavam, pediam, empurravam-se e brigavam entre si. Distribuía-se esmola.

Então, aparece um sujeito seminu, completamente careca, um monte em pele e osso. Apoiava-se num pesado bastão. O cheiro de sua pobreza parecia vir de uma cloaca.

"Em nome de Deus..."

Mas, por causa do mau cheiro, antes que pudesse estender as mãos respondeu-lhe Francisco rapidamente: "Não temos tempo".

O mendigo foi embora coxeando.

E os fregueses logo começaram a falar dos mendigos: que eram vagabundos preguiçosos e espiões. Eles tornavam a vida mais cara e eram os culpados da guerra.

"Eu estarei nessa guerra", disse Francisco. Levantou o punho como se brandisse uma espada e seus olhos negros brilhavam como a pedra de seu anel. Logo em seguida, não deu mais atenção à conversa e seus pensamentos se voltaram para o mendigo. Arrependeu-se muito de não lhe ter dado nada. Por fim ele se censurou: "Aos outros mendigos antes deste eu dei de boa vontade, por que não para este? Eu lhe disse que não tinha tempo, mas, para buscar trutas, eu tive muito tempo. As trutas custam bem pouco e poderia encher as mãos de um mendigo rapidamente. Quem sabe o homem estaria com fome e eu me satisfazendo no brilho de muitas joias e comendo trutas. Como o ser humano é egoísta! Se ele tivesse vindo em nome de um conde, certamente, eu o teria ajudado. Como veio em nome de Deus, eu o rejeitei".

O arrependimento foi tão forte que não pôde mais se conter. Num impulso, tirou de uma gaveta uma bolsinha de dinheiro e disse aos fregueses que o desculpassem e correu à procura do mendigo, mas não o achou. Precisava encontrá-lo, mas nada adiantou.

"Não voltarei para casa", disse ele, e a cada um que conhecia, perguntava: "Você não viu um mendigo seminu, com um bastão?" Procurou-o durante toda a manhã, por todas as ruas, todas as igrejas, nas barracas e lá na feira no meio do gado. Finalmente, o encontrou num chafariz, molhando na água uma casca de pão duro para poder mastigá-lo.

Francisco deu-lhe a bolsa de dinheiro: "Aqui está a tua esmola com juros", disse ele e pediu-lhe desculpas.

O pobre rapaz, cheio de alegria, não conseguiu pronunciar nenhuma palavra. Quando Francisco foi embora, o mendigo olhou rapidamente para a bolsa e começou a rir como uma criança: "O rapaz é mesmo louco", disse ele, "melhor para mim!" Jogou fora a bengala e dirigiu-se rapidamente a uma boa taberna para se saciar enchendo o estômago com um suculento carneiro assado.

Feliz da vida, Francisco voltou para casa e, em boa hora, a ocupar-se com as trutas. Fez uma promessa a si mesmo de jamais despedir um mendigo sem lhe dar uma esmola.

Na praça do mercado, outro mendigo, no meio da multidão, colocou-se à sua frente. Era um homenzinho barbudo, um tipo de ermitão das cavernas da montanha.

Tinha a roupa coberta de lama seca. Ele se postou diante de Francisco com os braços abertos. Então, estendeu seu manto no chão como um tapete diante dos pés de um príncipe.

Francisco hesitou em caminhar sobre o manto. "Há pouco eu dei tudo", disse ele.

"Não faço isso para receber alguma coisa, é pura veneração", explicou o homenzinho, "pois em breve você vai realizar grandes coisas e ouvir-se-á falar delas por toda parte". Francisco estremeceu de felicidade e diante de todo povo caminhou sobre os trapos estendidos.

Feito prisioneiro em Perúgia

Nas ruas ressoava o barulho das pontas das lanças e das espadas afiadas. E então, ao alvorecer de uma rósea manhã revestindo a montanha como um altar, a extensa armada, com bandeiras tremulantes e armaduras luzidias, se arrastava adentrando a cidade pela estreita porta.

Lá embaixo, apareciam também os perusinos. – Traição! – Os dois exércitos se desdobravam. Francisco rejubilava. As tropas inimigas com fortes urros se defrontaram como duas muralhas.

Francisco saltou no meio da multidão e ergueu sua espada para partir o crânio de um perusino. Foi então que recebeu um forte golpe na nuca e, desacordado, foi atirado de cima do cavalo que empinou.

Ao acordar, estava num porão escuro com uma pequena janela. Lá ficou junto com alguns cavaleiros e nobres de Assis. Teria sido considerado também ele um cavaleiro? Sentiu-se muito orgulhoso com isso. Júlio e Alexandre também estavam lá. Contaram-lhe que André fora morto, atingido por uma flecha. Assis perdera a batalha.

Todos estavam tristes como num dia de finados. Alexandre, a todo o momento, se queixava de fome. Júlio não saía da janela e olhava saudoso para as montanhas onde se erguia Assis. Os cavaleiros caminhavam, de cá para lá, como ursos dentro de uma jaula. Durante alguns dias, Francisco, junto com os demais, mostrou-se abatido, mas logo retomou novo ânimo. Solidário com os companheiros, viveu alguns dias de certa tristeza; mas logo seu alto astral e alegre disposição interior, qual chafariz, o atiraram para as alturas. "Pena que eu não tenha aqui meu bandolim", disse ele. "Gostaria de cantar algumas canções românticas." Ergueu-se então, e como se estivesse com seu bandolim, pôs-se a tocá-lo e a cantar. Cantou canções de Rolando com sua corneta, de Tristão e Isolda e as pequenas canções, aquelas dos trovadores franceses aprendidas com sua mãe, que cantava muito bem.

Um cavaleiro mais robusto e mais velho do que ele, segurando diante do olho direito uma toalha toda ensanguentada, lhe pediu que ficasse calado. "Você está completamente louco", resmungou ele para Francisco, "agora é hora de cantar? Por acaso se canta no cemitério?" "Está bem", respondeu Francisco, "era apenas para entreter os mortos". E recomeçou a cantar. Cantou a guerra e o amor e, sobretudo, a natureza da qual tinha uma saudade especial.

Os cavaleiros estavam incomodados e os jovens olhavam para ele sem entender. Mas, de repente, Francisco tocou-lhes o coração, pois começou a cantar canções da pátria com seu magnífico pôr do sol e o sagrado silêncio da noite. Concentrados, todos o escutavam como se estivessem numa igreja. Cantava com tanta beleza, com tanto sentimento e alma, que tocava o coração de todos, fazendo rolar lágrimas de arrependimento naqueles barbados semblantes. Em seguida, entoou uma canção de guerra que eles conheciam. O único olho do velho cavaleiro brilhava, e ele acompanhava o estribilho com toda a seriedade. Todos cantaram juntos, a três vozes. Alguns se ajoelhavam com as mãos no rosto. Francisco viu claramente que fora chamado a ser trovador para levar alegria por toda parte. Com esses pensamentos de felicidade, adormeceu. Daí em diante, cantava diariamente para saudar a manhã e entreter seus companheiros ao longo do dia com canções engraçadas e ninguém ia dormir sem que antes ele cantasse a oração da noite...

Retornando à liberdade, segue-se uma lenta convalescença

Suas roupas estavam esfarrapadas, contudo seus corações continuavam radiantes. Depois de terem passado mais ou menos um ano como cantores e contadores de histórias, um belo dia, chegou um oficial da prefeitura que, estendendo um rolo de papel, comunicou-lhes que a paz estava sendo assinada e todos deveriam voltar para casa.

Ao se aproximarem dos muros da cidade, onde a multidão jubilosa já os aguardava, Francisco disse: "Nós não podemos adentrar a cidade cabisbaixos". Embora estivessem desalinhados, malcuidados, com os cabelos e barba crescidos, entraram pela porta da cidade cantando alegremente. O povo se rejubilava e chorava...

Quando Francisco entrou em casa, havia frango assado, pastéis de carne, macarrão ao alho e óleo, ameixas, cucas de ovos, vinho e pão de leite fresquinho e sedutores aromas enchiam toda a casa. Francisco, ao abraçar sua mãe – seu pai estava em viagem –, desfaleceu sem forças, caindo ao chão. A fraqueza acumulada o venceu, desmoronando-se como um castelo de cartas.

Foi colocado na cama. Ficou entre a vida e a morte. Diante do quadro de Nossa Senhora queimavam grossas velas. A mãe rezava de braços abertos; o pai, ao voltar, havia trazido para o senhor bispo duas peças de tecido vermelho, do mais caro. Ajoelhou-se junto ao filho e pediu por misericórdia: "Senhor bispo, faça com que ele retome a saúde. O senhor pode ficar com toda minha loja. Se eu o perder, então, perderei tudo, pois ele me é mais querido que a luz para meus olhos. Ele é toda minha esperança e meu orgulho".

"Rezaremos por ele", disse o senhor bispo. Que outra coisa poderia dizer?

O médico, o mesmo de outrora, bem mais velho e grisalho, como um verdadeiro cristão, afirmou confiante: "Vamos deixar Deus agir. Certamente posso me enganar, mas estou convencido de que não foi sem razão que Deus quis que nascesse numa manjedoura".

Alguém o adverte: "É preciso mudar!"

Francisco convalescia. E então, com o tempo mais ameno, pôde sair pela primeira vez de casa. Ainda sentindo alguma fraqueza nas pernas, apoiava-se numa bengala. Para esse dia havia mandado fazer um novo traje amarelo com reflexos de púrpura.

Apareceu na rua como um arco-íris. Para tornar-se um verdadeiro trovador precisava encontrar-se com a natureza que tanto lhe fazia falta e, com certeza, lhe restabeleceria a saúde. Mas ninguém, nem mesmo sua mãe, tinha a mínima ideia desse plano.

O povo ficou contente ao vê-lo de novo. Foi bem recebido e, por causa de sua magreza, faziam alguns gracejos e lhe recomendavam comer bastante para se fortalecer, pois, sem ele, Assis estava adormecida.

Ficou contente por não encontrar nenhum de seus amigos, pois, talvez por gentileza se oferecessem para acompanhá-lo, mas ele desejava ficar sozinho. Gozaria apenas da companhia da amiga solidão. Já estava imaginando como haveria de ser.

Ao chegar, alegre e cansado, do outro lado da colina, próximo da igrejinha de São Damião, de onde não mais se via a cidade e a amplidão se abria diante dele na beleza primaveril, deixou, então, cair seus braços ao longo do corpo. Era isso a natureza? Suspirando desencantado, atirou-se ao chão e, assentando-se, se inclinou para frente segurando a cabeça entre as mãos.

Contemplava agora em toda sua beleza juvenil a natureza que, na prisão, bem como durante sua doença, em espírito, tão ansiosamente desejava: nas colinas, repletas de parreiras, os primeiros rebentos, as margaridas a seus pés e lá longe, na distância, os Alpes com suas neves eternas como um sonho de madrepérolas. Via os pássaros voejando, ouvia seu canto e aspirava o perfume da primavera; contemplava no alto das montanhas os castelos com suas torres embandeiradas, e atrás da igrejinha de São Damião, o Subásio que se erguia majestoso para os céus. E o sol que brilhava sobre tudo! Diante disso, um poeta sentiria pulsar de amor seu coração. E ele era poeta, mas seu coração permanecia calado. E tornava a repetir: "E é isto a natureza?" Suspirando acrescentou: "Ah, quão mesquinho e pobre é o homem que se alegra com isso". E, como se tivessem caído escamas de seus olhos, ele viu, de repente, outra realidade. Sentiu-se outro. Seria isso consequência de sua doença ou então, o que seria?... Tudo lhe parecia vazio e indiferente. O saudosismo de outrora desapareceu, e como acontece de uma saudade engolir a outra, depois de um quarto de hora, tudo o que em sua vida até então lhe havia trazido felicidade e pompa, perdera o sentido e havia desmoronado.

Sentiu-se envergonhado por ter sido, outrora, um rapaz folgazão que se aproveitara dos prazeres e as boas coisas deste mundo. Que mudança! Que significado tinham as roupas caras, os anéis de ouro, as pedras preciosas, as festas, poesias, amigos e a música? Tudo não passava de invenções para esconder e dourar o vazio e a vaidade do mundo. Não se pode ser feliz tanto usando uma camisa de lã quanto uma de seda? Ou até mesmo sem camisa? Sentou-se, permanecendo impassível. Contemplava com apática indiferença o magnífico pôr do sol. Olhando para as estrelas, pensava em Deus.

"Deus é o único", suspirava.

Contudo, tal pensamento veio e evaporou como um perfume. Não estava habituado a pensar em Deus. Não via saída. "Para que estou eu no mundo?", perguntava-se.

Algumas horas antes, ele se sentira um rei. Abatido e desanimado, como um violino sem cordas, levantou-se e foi caminhando para casa. "Teria sido melhor não ter passado por isso", disse, "não poderei mais cantar. Também, para quê?" Isso o deixou completamente impassível. Não sentia o mínimo interesse por nada e por ninguém. Em casa, recusou a cuca e o vinho doce que a mãe lhe oferecera.

"Você está tão calado, aconteceu alguma coisa ruim?", perguntou ela. "Nada, mamãe", respondeu. "Estou apenas muito cansado." Subiu ao quarto e se atirou na cama. Ah! Agora iria dormir profundamente e esquecer tudo. Mas não conseguia pregar o olho e, sem derramar lágrimas, cansado da vida, soluçava baixinho em seu travesseiro.

3
Deus fez soar a corneta

No momento, as coisas não andavam bem para Francisco. Havia perdido todo o entusiasmo pela vida. Nessas condições, tinha a sensação de estar sendo perseguido por um ser invisível. Às vezes, gostava de ficar completamente a sós na solidão da montanha preferindo, sobretudo, esconder-se numa gruta para poder esquivar-se do ser desconhecido que o seguia por toda a parte. Como nos tempos passados, voltou a entregar-se aos banquetes com os amigos de outrora, mas seu coração sentia-se pressionado. Lançou-se, entusiasmado, no comércio de tecidos, trabalhando com muito empenho. E como ali também acabou não encontrando satisfação alguma, voltou a fazer poesias. Contudo, em pouco tempo, sua mão abandonaria a pena e voltaria a suspirar: "Que sentido tem isso tudo?" Não conseguia mais ver sentido algum em nada, nem mesmo nas magníficas roupas que usava. Diante das mais belas garotas permanecia insensível, impassível, frio.

Estava cansado da vida e com medo, sem saber de quê. Não conseguia dormir e seu coração pesava como chumbo.

Não falava com ninguém sobre isso para evitar perguntas indesejáveis sobre o assunto. Mas, sua mãe, como toda mãe, percebia bem que no coração do filho algo não estava bem. A todas as perguntas cautelosas e prudentes que ela lhe fazia – pois ele se irritava facilmente – ele dava respostas esquivas. Quando ela falava com o pai sobre seu filho, este respondia: "Ele não sabe o que quer, porque você o mimou demais na doença". Nessa situação, a mãe amargava sozinha as preocupações.

Porém, um dia, ao cair da tarde, o pai voltou com uma bolsa recheada de dinheiro e com uma grande notícia: haveria uma guerra. Valter de Brienne – um célebre cavaleiro do papado romano – se armou contra o imperador alemão. Todos os nobres ou aqueles que possuíam bens se armaram, pois, explicou o pai com satisfação: "Todo mundo olha com interesse para essa batalha; a guerra contra Perúgia fora apenas uma pancadaria. Mas agora, eu ouvi dos mais altos dirigentes que todo aquele que voltar vivo dessa guerra será nomeado barão ou conde. Veja lá, meu jovem". E, pousando sua peluda mão nos franzinos ombros de seu filho, completou: "Meu jovem, como tem meu sangue em suas veias, faça-o ferver! Dá-me a alegria de experimentar ser pai de um barão".

Francisco, que, aborrecido, esculpia um passarinho num pedaço de madeira, encolheu os ombros e nada respondeu.

O pai, então, esbravejando o repreendeu de todo jeito. Disse-lhe que ele não prestava para nada, apenas para esbanjar dinheiro; que era um preguiçoso de marca maior para fazer qualquer coisa; orgulhoso demais para trabalhar; que se fazia de doente para parecer fraco e que mais tarde, se ele continuasse assim, se tornaria um magnífico mendigo e todos o expulsariam porta afora.

Francisco continuou calado, por isso, o pai, cada vez mais furioso, despejou a culpa de tudo na mãe. Esta começou a chorar e Francisco disse: "Eu vou dormir".

"Você só serve para isso", respondeu-lhe o pai que, para acalmar sua raiva, foi até a estalagem mais próxima. A mãe buscou consolo em seu livro de orações.

O sonho de ser cavaleiro

Estranhamente, naquela noite Francisco dormiu como uma rosa. Teve um sonho esquisito. Sonhou que sua casa se transformara em um grande palácio; mas, no lugar de fazendas e tecidos, brilhavam, por toda parte, escudos, couraças, espadas, bandeiras e outros materiais de guerra. Sobre cada peça estava pintada uma cruz vermelha. Ele caminhava pelas salas e uma linda donzela vestida com roupas pobres tomou sua mão e lhe falou: "Francisco, meu amado, isto tudo é para você e para seus companheiros. Armem-se". Depois disso, ele acordou. Lá fora amanhecia o dia. Um sonho pode significar muitas coisas: Pode modificar radicalmente pessoas e projetos. Foi o que aconteceu neste caso.

O sonho conseguiu despertar sua antiga vaidade. Já se via em meio à batalha, lutando, lado a lado com o famoso Walter Gualtério. Na verdade, não lutou de nenhuma forma. Viu-se batendo e cortando e os pedaços voando pelo ar. Ele saiu vencedor. Traziam-lhe ramos de louros e faziam soar os longos clarins. Oh! Como isso era maravilhoso.

Ele estava tão empolgado com essas fantasias que gritou do alto da escada para os que estavam lá embaixo tomando o café da manhã: "Pai, eu vou para a guerra. Quero tornar-me um grande cavaleiro".

Rejubilando de alegria, o pai se levantou e, erguendo os braços abertos e com a boca cheia de comida, exclamou: "Mas eu quero que você vista uma armadura tão bonita que nenhum dos cavaleiros vestiu em toda redondeza. Vou lhe comprar um cavalo novo, um lindo escudo. E quando você voltar, faremos uma grande festa. Também os pobres terão uma festa".

Voltando-se para a mãe consternada, lhe disse: "Como vai ficar agora o teu padre?" Ela, comovida, estreitou Francisco em seus braços.

A mãe ficou pálida como cera. Sentiu-se feliz por ver seu filho tão entusiasmado, mas ao pensar na guerra, o medo a dominava. Dirigiu-se à cozinha para esconder sua aflição. O pai estava fora de si de contentamento.

Mas Ângelo, o irmão gordo, moço egoísta e inoportuno, dirigiu-se venenosamente a Francisco, enquanto já se aproximava da porta para evitar a irritação do pai: "Você é um verdadeiro herói. Aposto que vai cair prisioneiro novamente. Isso, com certeza".

Sob o brilho maravilhoso de um sol escaldante, todos os cavaleiros se reuniram na praça do mercado, revestidos com os trajes de guerra. Formigava de plumas e bandeiras, escudos e couraças. Era um lindo cenário. Francisco, de longe, ganhava de todos, como o mais bonito. Orgulhoso, montava seu cavalo branco como um besouro dourado, coberto de uma couraça e argolas de cobre. Usava um capacete com penas, escudo e couraça com gravuras escuras e uma espada cravejada de pedras preciosas. Irradiava coragem e entusiasmo. O povo o admirava; mas, como sempre, havia também aqueles – até entre seus amigos –

que tinham inveja dele e não queriam seu sucesso, embora exteriormente se mostrassem amigos.

Os cavaleiros entre si achavam um escândalo que um filho da burguesia estivesse equipado com maior primor que eles. Mas o pai de Francisco jamais vivera um dia tão feliz. Precisava fazer força para não chorar de emoção. Quando eles foram embora, ele foi para a igreja depositar algum dinheiro no cofre das ofertas e em seguida, para festejar esse dia, tomou uma bela jarra de bom vinho.

Eles cruzaram as montanhas. Os nobres não trocaram nenhuma palavra com Francisco; até o evitavam. Ele nem sequer percebeu isso, pois se sentia muito alegre e continuava sonhando.

De vez em quando, num castelo ou num vilarejo, alguns cavaleiros juntavam-se a eles. Numa encruzilhada apareceu um cavaleiro com uma armadura muito suja. Era o velho capitão cego de um olho, que estivera junto com Francisco na prisão e que, no início, havia se irritado muito com suas canções. Estendeu a mão para Francisco e continuaram cavalgando lado a lado. O cavaleiro falava sobre o sentido dessa guerra.

Francisco não lhe dava ouvidos. Depois que Francisco viu o velho cavaleiro em trajes tão maltrapilhos e com armas tão mesquinhas, perdeu todo o seu entusiasmo. Não se sentiu envergonhado pelo cavaleiro, mas de si mesmo. E começou a comparar-se com ele: assim, Francisco era filho de um comerciante de tecidos e parecia um nobre cavaleiro. Por sua vez, este grande cavaleiro, que participara de tantas lutas, foi se tornando cada vez mais pobre, agora estava usando apenas velhas armaduras.

Francisco não pôde conter-se por muito tempo e teve uma brilhante ideia e, para colocá-la em prática, fez com que os dois ficassem para trás. Quando os outros já estavam bastante longe, disse de repente: "Nobre cavaleiro, perdoai-me se eu não dei atenção às vossas palavras; na verdade, nós dois somos ridículos. O servo está vestindo a armadura do senhor e o senhor aquela do servo... Vamos trocar aqui nossos trajes e armas. Ambos somos parecidos, quase do mesmo porte, e tudo vai ficar muito bem. Vai dar certo!"

Os olhos do cavaleiro brilharam de surpresa. Começou a defender-se e recusou com firmeza. Francisco se exaltou:

"Eu quero que assim seja e assim será", gritou Francisco, e rasgou com força em dois seu belo manto de seda: "eu quero vestir uma camisa, eu não irei vestido assim para a guerra."

Diante de tanta insistência e tanta sinceridade, o cavaleiro se sentiu sem ação; no entanto, no íntimo, bem que ele preferia parecer mais bem vestido do que maltrapilho. Assim é o ser humano. Ambos foram para trás de uma moita e trocaram as roupas.

Na doença, é chamado a servir o Senhor

Quando entraram na cidadezinha de Espoleto onde muitos soldados já estavam esperando, de repente, após a refeição, sentiu-se tão mal e cansado que foi preciso levá-lo para a cama. Ficou deitado num sótão onde ardia uma lamparina diante de um quadro de Nossa Senhora. Uma velhinha vinha, de vez em quando, e lhe dava de beber. Sentia-se muito mal e parecia que estava para morrer. Seu corpo pesava como chumbo e durante o sono começou a ter sonhos maravilhosos nos quais ouvia chamar seu nome. Era a mesma voz do sonho das armas. No sonho, procurava por toda parte aquela voz, mas não conseguia encontrá-la. Ao acordar, o suor lhe escorria pelo rosto. Dizia-se que os nobres lhe haviam feito isso para livrar-se dele. Mas, afirmava-se tanta coisa... Pode-se imaginar como ele se sentiu infeliz quando, certa manhã, os clarins soaram para anunciar a partida. Ele, que queria tanto partir, teve de permanecer lá. Chorou como uma criança.

Então fez-se um grande silêncio sobre a cidadezinha. Francisco tentou, várias vezes, ficar de pé, vestir sua couraça e partir. Contudo, cada vez que tentava, caía e precisava arrastar-se e voltar engatinhando para a cama de onde tentara se levantar mordendo as mãos de raiva. Também os sonhos, nos quais ele ouvia chamar seu nome, o debilitavam. Mas, certa manhã, ouviu em sonho, novamente, a mesma voz, e viu uma grande luz no cume de uma rocha. Deveria ser aquela voz. Ergueu-se na rapidez de um gato. A luz, então, lhe falou: "Francisco, o que é melhor: servir ao Senhor ou ao servo?

"Ao Senhor", respondeu Francisco com voz trêmula.

"Por que então você serve ao servo?", perguntou a luz.

Francisco não conseguiu responder e, de repente, foi como se aquela luz transpassasse com seu brilho todo seu corpo. Sentiu medo e contentamento e, apavorado, fechou os olhos. A luz penetrava por suas pálpebras fechadas. Ajoelhou-se e, inclinando profundamente a cabeça, perguntou: "Senhor, o que queres que eu faça?" Ele disse

"Senhor", pois sentira claramente que essa luz era Deus. E estremeceu.

"Volte para casa", falou a luz, "lá lhe será esclarecido o que fazer, pois você entendeu errado o sonho das armas". "Como devo entendê-lo?", murmurou Francisco.

A luz se calou e foi sumindo lentamente como névoa.

Francisco levantou-se num sobressalto. Um tanto atordoado, parou um instante; em seguida, começou a cantar, esquecendo-se até que estava doente. Então, exclamou: "Para casa!"

Lançando um olhar na armadura que ele havia trocado, pensou: "Portanto, não se vai à guerra?" O forte desejo que o atraía para a guerra reprimia a alegria de decidir-se retornar para casa. Não deveria ele ir primeiro à guerra e depois voltar para casa? Por um momento, permaneceu indeciso. Completamente consciente, seu coração não quis mais ir atrás do sonho. Apanhou seu cavalo e saiu da cidade. Numa encruzilhada, parou. Um dos caminhos levava para a guerra; o outro, para casa. Precisava escolher, mas não conseguia. Por um lado lhe acenava uma carreira brilhante, uma vida cheia de glória; por outro lado, desprezo e um futuro sombrio. Deveria ele atribuir tanto poder à voz de um sonho?

Deus o teria chamado, mas por que precisamente a ele que tinha se queixado tão amargamente para Deus?

Ele precisava escolher. Fechou os olhos e juntou os punhos cerrados.

Então, montou em seu cavalo; enquanto isso, no seu íntimo, se desencadeava a luta entre Deus e o mundo. Um halo de eternidade o envolveu. Percebeu nitidamente que o doce som dessa voz, já há muitos anos, estava em germe no seu coração pela saudade que sentia do infinito nos momentos dos impulsos impetuosos pelos prazeres da vida. Um forte desejo pelo inacessível o havia tocado.

Nessa situação, repetiu: "Ó Deus, Deus", e abrindo os olhos, rejubilou: "Deus! Deus!" Essas palavras inundaram seu coração de luz e felicidade. Sentiu-se um recém-nascido cheio de vida nova e iluminado. Num galope selvagem dirigiu-se a Assis.

Ah! Certamente as pessoas iriam fazer troça dele. Já estava imaginando seu pai louco de raiva. Mas ele estava voltando de um mundo do qual ninguém tinha ideia. Para ele, as pessoas e as coisas desta terra já não contavam mais nada. O desprezo que outrora não conseguia suportar, agora o deixava indiferente. E para avaliar todo o peso que deveria suportar, esperou diante da porta da cidade até que a maior parte do povo estivesse na rua. Bem na hora do culto divino, cavalgou lentamente como se estivesse indo atrás de uma procissão pelas ruas tomadas pelo povo.

No caminho da conversão

Francisco se tornara muito silencioso e cordial. O que nunca fizera antes, agora permanecia por horas a fio na igreja adorando o Santíssimo. Já não se preocupava tanto com as roupas e o orgulhoso Francisco agora andava com os mendigos mais esfarrapados e com eles convivia. O dinheiro, simplesmente, o distribuía... O povo comentava: ou teria ficado louco ou iria virar monge.

Francisco buscava por toda parte o significado do que a voz lhe tinha falado no sonho. Buscava-o na igreja, no silêncio, na solidão. Buscava-o nas palavras e gestos das crianças e dos mendigos e, principalmente, nos mendigos – pois não fora a senhora mendiga que o levou a tornar-se pobre? Até na multidão, ele buscava.

Seu pai, tomado de uma tristeza mortal, tratava-o asperamente e com poucas palavras. Sua mãe estava contente e sentia seu coração bater forte, pois pensava em seu sonho. Os amigos o procuravam; alguns, como outrora, por lealdade, outros para que ele bebesse com eles e se deixasse persuadir. Francisco imaginava que o significado de seu sonho tanto poderia vir lá com os amigos bem como em qualquer lugar. Atendia ao convite, bebendo e festejando com eles, mas não se sentia totalmente à vontade. Era uma alegria programada e artificial. Aconteceu que, enquanto era aclamado rei da festa, no meio do barulho todos os seus desejos foram desvanecendo e feneceram como a coroa de rosas que trazia na cabeça.

Alexandre, a todo o momento, voltava a lembrá-lo da promessa que fizera de festejar seu retorno com um banquete. Num momento de desespero, Francisco exclamou: "Está bem, eu vos darei a festa na próxima semana e estarei presente". Num gesto de alegria, os amigos atiram os chapéus para o alto. A todo custo, ele queria voltar a ser o Francisco de outrora. O mistério ainda não se esclarecia, e tudo continuava sendo apenas um sonho.

Francisco lhes ofereceu uma festa como jamais tinham visto. Mandou fazer para si um traje novo, de um vermelho brilhante, a cor da vida. Colocou cordas novas no bandolim. Seu pai esfregava as mãos de contente enquanto a mãe as juntava em oração.

Assentou-se à cabeceira da mesa toda decorada com fitas e rendas. Sobre os cabelos cacheados, Francisco trazia uma coroa de rosas vermelhas. Reinava grande alegria regada a vinho e canções. No centro da mesa havia um enorme bolo de onde saiu um pequeno cupido, uma criança de quatro ou cinco anos, saltitando na mesa. No entanto, Francisco não achava graça em nada disso. Toda essa festa nada lhe dizia. Levantou-se e saiu. Seus amigos o seguiram com tochas e música. Quiseram, como outrora, carregá-lo nos ombros, mas se esquivou. Querendo separar-se dos companheiros e permanecer na escuridão, ficou por último e sozinho. Parou bem junto de uma escada e agarrou-se fortemente a um corrimão de ferro. Observava seus amigos que caminhavam pelas ruas fazendo algazarra.

Quando eles desapareceram, levantou seu olhar para as estrelas e murmurou seguramente uma centena de vezes, chorando: "Deus! Deus! Deus!" Apoderou-se dele um estranho sentimento. Parecia-lhe como que um fogo maravilhoso a incendiar seu coração, anestesiando-o sem o consumir. Seu coração transbordava de calor e todo seu corpo ardia em chamas, sentindo-se envolvido por uma intensa luz. Deus ardia nele.

Nesse meio-tempo, os amigos, que o haviam perdido, voltaram a procurá-lo. Ao avistá-lo à luz dos archotes, no alto da escada e de braços abertos como um apaixonado, exclamaram: "Bravo! Você está salvo! Está apaixonado! Agora ele vai sarar".

O barulho que fizeram o trouxe de volta do reino da luz para este mundo. Ao vislumbrar seus amigos qual repugnante massa em forma humana, exclamou: "Claro, eu estou eternamente apaixonado, e agora eu sei que minha amada, na sua pobreza absoluta, é a mais linda e a mais rica que possam imaginar".

Alegres, correram ao seu encontro, mas quanto mais se aproximavam dele, tanto mais distante sentia-se ele de seus amigos. Atirou-lhes seu bandolim, jogou ao chão a coroa de rosas e, caminhando pelas estreitas vielas, foi diretamente para casa.

Não apareceu durante vários dias.

A busca inquieta

De fato, o amor transformara seu coração. Tornou-se um apaixonado por Deus. Desejava dedicar toda sua vida a Ele. Diante dele sentia-se totalmente indigno e envergonhado pela vida desregrada do passado. Seu coração vivia incomodado pelas faltas outrora cometidas. O que deveria fazer para abandonar seu antigo modo de vida e seus pecados? Qual seria sua missão? Qual seu dever? O temor e o desassossego corroíam-lhe o coração. Vagava sem rumo pelas encostas dos montes e entrava nas igrejas da região para rezar: na capelinha de Nossa Senhora onde os anjos cantaram no dia de seu nascimento, e, principalmente, na igreja de São Damião onde havia um lindo crucifixo. Às vezes, se embrenhava em qualquer lugar numa gruta e na escuridão clamava: "Eu te amo, meu Senhor e meu Deus, e a ti somente! Vem me consolar! Não, não vem não, eu não sou digno, meu sangue ainda tem sede de pecado, mas por ti eu quero domar meu corpo como a um asno. Dá-me a paz. Tira a angústia de meu coração e faz de mim o que quiseres: um mendigo, um leproso, ou esmaga meus ossos, mas retira de mim a angústia e perdoa meus pecados".

Ao sair da gruta suava em bicas e mostrava um olhar selvagem e desorientado. Em casa, procurava esconder a dor interior. O pai, quase sempre viajando, não notava nada. Contudo, sua mãe percebia tudo. Francisco mantinha-se calado.

Ficava muito tempo debruçado sobre livros religiosos, no entanto, mais sonhando do que lendo.

Amigo de caminhada

Encontrou o maior consolo numa gruta do Subásio, quando um dia, à hora do crepúsculo, viu, sentado do lado de fora à entrada da gruta, um jovem com traje simples, barba negra e olhos grandes e redondos. O jovem, inclinando-se, cumprimentou-o amigavelmente. Francisco, de imediato, ficou embaraçado e, como para se desculpar, disse: "Eu procuro um tesouro".

O jovem respondeu: "Eu entendi. E você só encontrará esse tesouro se cavar fundo o suficiente". No Evangelho está escrito: "Batei e abrir-se-vos-á".

Francisco assustou-se. Esse jovem adivinhava seus pensamentos mais profundos. Perguntou-lhe Francisco: "Quem é você? Eu não o conheço".

O outro respondeu: "Eu moro lá do outro lado, atrás das montanhas".

O jovem denotava tanta bondade e confiança que Francisco não se conteve em sua aflição e, com os olhos em lágrimas, perguntou-lhe: "O que devo fazer? O que devo fazer?"

"Cavar sempre mais fundo", sorriu o jovem. "Reze muito, e de vez em quando leia também este livrinho que contém o Evangelho. Ouça o silêncio e o sofrimento das pessoas, pois um sofrimento infinito se oculta atrás das risadas das pessoas, então, seguramente você encontrará o tesouro."

"Você, você vai me ajudar", sussurrou Francisco.

"Não", respondeu o jovem. "Eu não posso lhe ajudar. Cada um deve carregar seu próprio coração. O tesouro que é seu ninguém o poderá desenterrar por você. Só você mesmo o encontrará. Eu posso apenas rezar para você". "Vou procurá-lo e com muita dedicação", agradeceu Francisco beijando as mãos do jovem.

A partir de então, ambos se encontravam muitas vezes. O jovem falava pouco, não perguntava nada, mas a cada pergunta dava uma resposta com um significado profundo e misterioso. Francisco, com toda alma, desejava ardentemente por esses momentos. Enquanto ele, dentro da gruta, lamentava sua miséria, o jovem, como um anjo que tudo sabe, permanecia à entrada, sorrindo.

No dia seguinte, ao se encontrarem na montanha, Francisco perguntou ao amigo: "Não seria bom que eu fosse a Roma, ao sepulcro do Apóstolo, e lá buscasse ajuda para encontrar meu tesouro?"

"Faça isso", disse o jovem, "e que Deus esteja com você."

Eles se calaram. Anoitecia. Um sino soava lá embaixo no vale. O amigo, segurando a mão de Francisco, disse: "Veja como a natureza é bela. O trigo cresce e as nuvens rorejam. A árvore louva a Deus oferecendo suas folhagens e frutos. É Deus operando nela. Por que as pessoas não são como as árvores? Aquele que honra a Deus não precisa de mais nada. A verdadeira paz está no dar. A pobreza é a pérola do Evangelho", "Que beleza!", disse Francisco. "Que beleza! Isso todos deveriam saber. Isso a gente deveria anunciar, por toda parte, para pobres e ricos." E, novamente, silenciaram.

O magnífico entardecer revigorava seus corações machucados. Lá embaixo, na planície, a mistura de todas as cores espalhava um azul purpúreo. Ao pé da montanha, subia um nevoeiro muito denso e, no poente, nuvenzinhas douradas pendiam imóveis. Que silêncio! Que silêncio! Eles permaneciam sentados de mãos dadas. Pouco depois, contemplando os raios dourados da lua, sussurrou o amigo: "É a boa-nova do Evangelho".

Perguntou Francisco apontando, prudentemente, para a maravilhosa paisagem: "Existem os que possuem a verdadeira paz?"

"Sim! São aqueles que não têm medo de Deus, mas o amam. São os santos", lembrou o amigo.

Depois de algum tempo, Francisco disse: "Amanhã, vou partir para Roma".

Roma e a experiência de ser pobre

Ele já estava lá há três dias e havia rezado por tanto tempo no túmulo do Apóstolo que sentia seus joelhos doloridos, mas não tivera nenhuma revelação de Deus. A inquietação e o desânimo não desapareciam. Francisco procurava ler o coração das pessoas e encontrar amor, mas lá havia apenas cobiça. Os ricos, vivendo na abundância; quanto mais se apegavam ao dinheiro do que ao espírito, tanto menos recebiam os mendigos. Assim, os ricos, até mesmo junto ao túmulo do Apóstolo, com gestos espalhafatosos, ofertavam umas poucas moedas de cobre. Francisco fervia de raiva ao ver esses mesquinhos gestos de caridade e, num repente, diante da multidão de pessoas que estavam junto ao túmulo, tomou uma sacola com moedas de prata e a esvaziou sobre o túmulo. Isto deveria servir de lição. Todos os presentes arregalaram os olhos, mas se enganaria redondamente quem acreditasse que eles iriam imitá-lo. Depois disso, acabaram dando menos ainda, talvez pensando que, agora, o Apóstolo já teria o bastante.

Ao sair da igreja, Francisco viu um formigueiro de mendigos nas escadarias e sentiu pena por não ter mais nada para lhes oferecer. Havia gastado todo seu dinheiro. Guardara apenas um mínimo para passar um dia e pagar uma frugal alimentação na volta para casa. Ficou de pé no meio dos mendigos que, com as mãos estendidas, lhe imploravam cheios de esperança. Alguns usavam o escapulário, outros, medalhas de santos, e todos falavam de Deus.

Eram esses, pois, os amigos de Nosso Senhor Jesus Cristo. Com tal pensamento, a mente de Francisco sentiu-se bombardeada como por um raio. É bonito conviver com os pobres, comer com eles e dar-lhes dinheiro e, por assim dizer, entender seu coração. Mas, isso não é difícil quando, na casa da gente, se vive na abundância. Trata-se de saber se nós mesmos conseguimos ser pobres e experimentar a pobreza no corpo e no espírito.

E não se passou muito tempo. Escolheu, dentre os infelizes, o mais miserável. Eles pensavam que ele quisesse partilhar a esmola e começaram a se empurrar uns aos outros. "Venha comigo", disse ao mendigo. "Venha comigo, tenho uma coisa bonita para você." "Eu também, eu também", gritavam todos se acotovelando com avidez. Francisco, com o mendigo, retirou-se do local rapidamente. Quando ficaram a sós, numa rua lateral, Francisco disse: "Você não quer trocar sua roupa comigo, até hoje à noite? Ganhará ainda uma boa recompensa".

O mendigo lhe perguntou se estaria querendo espionar ou raptar alguém; mas, por fim, concordou: "De qualquer maneira, eu topo".

"Onde podemos trocar as roupas?"

"Lá embaixo há uma torre abandonada." Eles foram até lá e trocaram as roupas. Francisco usava uma camisa, o outro estava sem. Ele apenas precisou vestir a calça encardida de sujeira. Estando com ela sentiu coceira nas pernas, e teve vontade de ficar com sua camisa. Um mendigo usar uma camisa fina! Tirou-a entregando-a ao outro. Então, vestiu o casaco que era muito maior do que ele e exalava um cheiro horrível. Jogou nas costas um manto remendado, por cima um escapulário e, por fim, o chapéu todo engordurado. Francisco sentiu arrepios de nojo, mas mordeu os lábios.

Lançou um olhar sobre si mesmo e refletiu: Agora, ele se tornara um homem pobre, um amigo de Deus.

De repente, de trás de um monte de pedras, o outro apareceu dançando, vestido com o traje de veludo marrom de Francisco. "Oh! Isto é uma festa para minha pele", disse ele. "Isto faz bem para minha alma", respondeu Francisco. O mendigo acariciava orgulhoso suas vestes e, de repente, sentiu que havia dinheiro no bolso, e despediu-se rapidamente: "Até hoje à noite. Seja feliz junto aos seus amigos, pois já sei que um conto de fadas está por trás disso, não me deixarei enganar por ninguém". E desapareceu. Francisco, admirado consigo mesmo, permaneceu sozinho. Sua coragem começava a fraquejar. Recompôs-se, saiu e, a passos largos, foi caminhando ao sol.

Mais tarde, numa ponte, sentado entre os mendigos, estendia a mão e pedia em francês: "Em nome de Deus". Queria comer o pão mendigado por ele, mas não conseguia ganhar nada.

Uma cega que também não ganhara nada estava assentada perto dele. Francisco quis dar-lhe algum dinheiro. Ah! então se lembrou que o tinha deixado em suas roupas. "Melhor assim", pensou ele, "pois um mendigo rico não é mendigo."

O povo ia passando por aí: jovens e velhos, ricos e pobres. Alguns cantavam, outros sonhavam, mas ninguém dava nada.

"Você está com fome", perguntou-lhe a mulher.

"Um pouco", respondeu-lhe Francisco.

Imaginação ou realidade o fato é que ele ardia de fome. A mulher lhe deu uma fatia de pão duro na qual se havia esquecido de passar manteiga. Faminto degustou seu delicioso sabor. "Obrigado, mãe", disse ele.

À noite voltou para a velha torre, mas já se pode imaginar quem não estaria lá. Depois de ter esperado por longo tempo, adormeceu em suas roupas fedorentas. De manhã cedo, foi acordado pela fome. Estava sozinho. O homem deve ter se esquecido, pensou Francisco.

Ao se assentar novamente entre os mendigos, de repente, percebeu o moço vestido com sua roupa que, junto com mais dois mendigos, bebendo e cantando cambaleava pelas ruas. "Agora, de fato, sou um verdadeiro mendigo", disse Francisco, com alegria. Então, com todo empenho mendigou por um pedaço de pão, pois seu estômago se contorcia todo de fome. Agora ele era pobre, sofria a necessidade, era rejeitado, desprezado e vivia feliz com isso. Agora se sentia mais amigo de Deus do que outrora.

Permaneceu por lá mais dois dias retomando então a viagem de volta. Dormia nos celeiros e mendigava de porta em porta, não por brincadeira, mas por uma verdadeira e santa fome. Pelo caminho, às vezes, precisava cantar para conseguir uma esmola. Cantava ainda diversas canções agradecendo a Deus pela pobreza.

A volta para casa e a incompreensão paterna

Não se sabe como aconteceu. Foi como se o vento tivesse espalhado a notícia. Antes que ele chegasse a casa, já se sabia que tinha vivido como um mendigo em Roma. Numa aldeia vizinha, onde era conhecido, deram-lhe outras roupas. Mal chegou à porta de casa, seu pai caiu sobre ele como uma muralha e o encurralou num canto.

Sua mãe tremia e, inclinando-se sobre ele, de mãos juntas, falou-lhe: "Meu filho, você não devia ter feito isso. Espero que isso não se repita, não é mesmo, meu filho?"

Entretanto, estas palavras pioraram a situação. Francisco, intimidado pela brutalidade do pai, não se mexeu do lugar nem abriu a boca. Contudo, estava decididamente determinado a continuar lutando na purificação de sua alma. Seu pai fez um barulho terrível. Enquanto deixava o quarto, dando murros na mesa e empurrando uma cadeira, gritou: "Besta! Você é uma besta quadrada! Poderia ter-se tornado barão, mas atirou-se no lixo por causa de um sonho. Você jogou fora o futuro mais brilhante que alguém poderia almejar, atirando-se nos braços de uma pobre gentalha da rua. Eu tenho vontade de colocá-lo no olho da rua, em vez de aguentá-lo aqui dentro de casa nestas condições. E você", voltando-se para a mãe, "é conivente com tudo, e agora se lamenta, o aconselha, mas nas minhas costas você o encorajou na sua loucura. Ele deveria mesmo ter nascido numa estrebaria. Embora você, por acaso, tenha sonhado que ele seria padre, contudo, nos faz crer que ele é um grandíssimo idiota. Num estábulo! Para se comportar de modo tão idiota precisava mesmo ter nascido num estábulo. De fato, ele cheira a estábulo! Deveria ter nascido num chiqueiro. Antes não tivesse nascido! Eu nem ouso mais aparecer diante do povo. Descendo de boa família, uma das melhores da província. Nós sempre assistimos os pobres em silêncio, discretamente, e quero que assim continue. Se você prefere ser monge, que seja. Mas, para isso, você é muito preguiçoso e covarde demais. O povo não vai notar seus feitos e ninguém mais vai falar de você. Mas, de agora em diante, você deve trabalhar como eu e seu irmão, senão o toco para fora da casa".

Francisco olhou com tristeza. Quanto mais o pai o xingava, mais o galho ia se desprendendo da árvore.

A mãe procurava consolá-lo: "Filho, você serviria melhor ajudando os pobres do que sendo você pobre.

Quebrar a própria perna, porque o outro quebrou a dele, não é ajudar".

"Isso você teria razão de falar", acrescentou o pai, "se você sempre tivesse falado assim". E, repentinamente, explodiu: "Nem de sadio, nem de doente! Não quero que se fale mais nisso! Chega! Acabou! Quem manda aqui em casa sou eu, e ele deve fazer o que eu quero. Quem abrir a boca eu mato!" Dirigindo-se para a loja, Ângelo o seguiu, não sem antes mostrar a língua.

A mãe, num olhar suplicante, voltou-se para Francisco. Ele não ousou olhar para ela. Então, ela falou: "Sobe, filho, vá vestir sua roupa".

Francisco levantou-se e, ao chegar lá em cima em seu quarto, atirou-se de joelhos diante do crucifixo e chorou: "Meu Senhor e meu Deus, eu não posso voltar atrás. Sou prisioneiro de teu poder invisível; tu me feriste com tua luz enquanto te procurara nas trevas e não conseguia te encontrar. Eu estou com medo; estou tão só. Fere-me mais e mais, então saberei que estás próximo de mim. Perdoa-me todo o mal que tenho feito, e que teu fogo arda em mim e me consuma. Por que te calas, depois que me encontraste? Levanta-me e não permitas que eu permaneça nas trevas. O que devo fazer para que me escutes? Senhor! Senhor!"

A mãe espreitava à porta com uma xícara de leite na mão, mas não ousou entrar.

A caminho da conversão: o encontro com o leproso

Francisco cavalgava pela montanha conduzindo seu cavalo. Voltava do mercado de uma pequena cidade vizinha. O pai e um criado haviam saído de casa com uma carroça, e já iam ao longe, mal podiam ser vistos. Francisco procurou seu amigo que, desde sua viagem a Roma, cerca de dois meses, não o havia mais encontrado. Precisava estar com ele para desabafar seu coração. Seu pai deu-lhe trabalho e o mantinha com rédeas curtas quanto ao dinheiro. Levava-o aos mercados mais para mantê-lo sob seu olhar do que para ter alguma ajuda. Deixava-o sonhar livremente, contanto que não fizesse nenhuma tolice para difamar o nome da família.

Francisco mudou totalmente seu comportamento. Após a grande briga foi, às escondidas, falar com o senhor bispo e contou-lhe tudo. O senhor bispo, sensato e grande conhecedor da pessoa humana, deu-lhe um conselho: "Age como se tudo em ti estivesse tranquilo. Não dê nenhum sinal exterior que chame a atenção. Recolhe-te interiormente, pois é no coração que está a maior força. Dessa forma não causarás nenhum dissabor a teus pais. E, quando algo te acontecer e for obra do Espírito Santo, então tua hora terá chegado".

Francisco seguiu o conselho, voltou-se para seu interior; cortava a barba no tempo certo, vestia-se decentemente e frequentava a Igreja como qualquer outro.

Estava anoitecendo, e para não ficar longe demais para voltar, cavalgava rapidamente pelo monótono caminho de areia. De repente, seu cavalo saltou para o lado e ficou plantado no chão. Francisco foi quase atirado ao chão. Diante dele apareceu um leproso seminu andando de muletas e fedendo como carniça.

Era calvo e coberto de úlceras. Sua pele tinha sido consumida e, no lugar do nariz, havia um buraco vermelho. Do olho esquerdo, saltado como de um sapo, escorria um filete de sangue preto. Na mão direita só tinha um dedo. O leproso, com um olhar de indizível tristeza, contemplava Francisco.

Este sentiu arrepiarem-se os cabelos e soltou um grito. O medo de ser contagiado lhe fechou a garganta. Fincou as esporas no cavalo e partiu num rápido galope. Não ousava olhar para trás. O chapéu voou-lhe da cabeça e caiu ao chão. Mas, enquanto cavalgava, falou para si mesmo: "Covarde! Covarde! Desprezou tudo o que antes amava e voltou a amar o que então havia desprezado. Comediante palhaço! Você se comoveu ao ler o Evangelho e quando encontra alguém que aqui na terra continua, de forma mais plena, os sofrimentos de Cristo, então, foge! Egoísta! Palhaço!"

Ele quase morreu de vergonha. Seria essa a conduta de um cavaleiro? De repente, deu meia-volta e foi ao encontro do leproso.

Este ainda estava no mesmo lugar. Francisco atirou-lhe, do alto do cavalo, uma porção de dinheiro, dizendo: "Isto é para você". Ele o colocou na mão carcomida e suja. O rosto horroroso o agrediu interiormente e sentiu-se quase sem forças; mas, ao mesmo tempo, apossou-se dele tamanha compaixão por esse infeliz que, esquecendo-se de si mesmo, enfrentou o medo, o nojo e o egoísmo. Apeou do cavalo, tomou aquela mão podre do homem e estendeu seu braço em torno do pescoço coberto de sarna. Nessa dura prova, contemplou diante de si as dores do Cristo. Todos os receios com sua própria vida desvaneceram. Nessa hora, ele era só amor. Deu um beijo, cheio de reverência, veneração e respeito, nos lábios partidos deste homem de hálito fétido.

O leproso chorava e as lágrimas se misturavam com um filete de sangue correndo em seu rosto. Sua boca trêmula buscava algo para dizer, mas não saía nada, pois não tinha mais língua. Diante dele, Francisco fez uma profunda inclinação. Quando partiu dali, sua alma ardia em chamas. Nele as trevas de outrora se transformaram em clara luz.

No dia seguinte, cavalgou até o leprosário que ficava numa região isolada. Na verdade, ele pensava no bispo e em seu pai, mas vagamente, e muito distante. Quando entrou lá onde as pessoas se aglomeravam acocora-das como cães encurralados no mau cheiro de suas feridas e pústulas, seu corpo estremeceu, mas seu amor e sua vontade foram mais fortes. Deu-lhes dinheiro e beijou-lhes as mãos.

Pode-se imaginar como as pessoas se assustaram quando o rico e sadio jovem beijou-lhes as mãos com tanto amor sem nada temer. Isso antes nunca aconte-cera. Eles o tinham como um anjo descido do céu. Lá estavam pais e mães que tinham sido tocados de casa com um bastão pelos filhos; jovens arrastados pelos pais, e velhos que desejavam sentar-se para descansar, mas agora morriam neste inferno. Nas paredes sujas viam-se vestígios de sangue de suas mãos dilaceradas. Um dedo apodrecido estava jogado no esgoto. Era um antro de maldição, de tristeza e desespero, e, além de tudo, de pe-cado, pois o diabo envolvia a muitos desses infelizes no apetite carnal, apesar do seu sangue contaminado.

O cavaleiro entrou nesse inferno. Não é de admirar que alguns caíssem de joelhos e chorassem. Contudo, Francisco se alegrou sobremaneira, pois tinha conseguido dominar a vontade e os caprichos do corpo, "seu asno", como ele o chamava.

Durante o inverno todo, cada vez que seu pai viajava, ele corria, às escondidas, para o leprosário. Levava seu amor aos doentes, envolvia suas feridas com novas faixas e, para que os panos não grudassem nas chagas, derramava um pouco de óleo sobre elas. Dava banho nos doentes, lia o Evangelho para eles ou contava-lhes uma linda história.

Desprendendo-se da família

Após a missa solene, Francisco permaneceu sentado na igreja. Os demais voltaram para suas casas. Ele ficou à escuta da voz de Deus. Apenas um cego, e mais ninguém, estava lá sentado e sorrindo para o alto na direção do altar. Francisco sentiu-se envolvido por um anseio profundo: ser pobre, completamente pobre, pois o Senhor assim o foi; ser pobre e poder dedicar-se inteiramente ao Senhor; ser pobre como no Evangelho; em outras palavras, desposar a Pobreza. O que Deus queria dele? "Oh! Senhor, concede-me a Dama Pobreza", disse ele com um tímido sorriso nos lábios, pois com isso acreditava ter pedido o bastante. Nesse momento, sua mãe, pálida e perturbada, chegou correndo à igreja. Cautelosamente, ela tocou em seu ombro:

"Filho, venha depressa para casa. É verdade que você visita os leprosos, e que esteve lá ontem? Ah! Seu pai está fora de si de raiva. Venha depressa, pois ele é capaz de vir aqui para tirá-lo da igreja."

"Eu vou contigo, mamãe", disse ele cerrando os dentes. Em casa iria defender-se.

Lá estava seu pai como um urso plantado de pé e com as mãos prontas para partir a coluna mais forte.

"É verdade?"

"Sim, pai", respondeu Francisco calmamente.

Embora tivesse vontade de agarrá-lo, limitou-se a soltar um grito enlouquecido. Chamou-o de hipócrita fedido, e disse-lhe que não se atrevia bater nele com medo de que a imundice sujasse suas mãos, e que ele deveria primeiro tomar um banho e, então, iria receber uma surra. O pai praguejou, vociferou e atirou-o de um lado para o outro como a um fantoche. Agarrando Francisco pelo colarinho o chacoalhou como se fosse um coelho: "Você pretende fazer isso novamente?"

"Eu apenas levei a essa gente um pouco de felicidade."

"E atirou-nos na infelicidade."

"Pai, se você fosse um desses infelizes não se alegraria se alguém o visitasse?"

O pai dava coices como um cavalo, e abrindo a boca o encarou: "Nem mais uma palavra. Não quero mais que você vá para lá!"

"Mas, se Deus o quer?"

"Como você ousa falar em Deus, comediante! Você age como se fosse um discípulo dele. Esqueceu-se de que, há menos de um ano, levava uma vida tão vazia quando o pessoal o trouxe para casa bêbado?"

Francisco emudeceu. De fato, isso tinha acontecido. Como poderia ele agora falar de Deus? Não era digno de tomar seu nome e, com toda calma, deixou que seu pai o xingasse. Pensava em sua mãe que, apavorada, não conseguia chegar ao final de um Pai-nosso.

Isso não poderia continuar assim. Precisava tomar uma decisão. "Se ao menos Deus lhe falasse o que estava querendo", pensava ele...

E novamente o pai levantou-se ameaçador diante dele: "Vai querer fazer isso de novo?"

"Quanto a isso, ainda não tenho a resposta", disse Francisco. – Plá! pum! E o pai foi dando um golpe atrás do outro. A mãe chorava. Ângelo, apavorado, subiu numa cadeira enquanto o pai atirava Francisco porta afora gritando: "Volte depois de tomar banho, e quando você tiver a resposta. Mas se apresse, pois amanhã vamos viajar".

O povo e os amigos de outrora riam dele. Francisco, envergonhado, dobrou uma viela e partiu para a montanha, refugiando-se novamente na gruta. Só saiu de lá na manhã seguinte, ao amanhecer. Imaginou que tivesse ficado lá dentro apenas uma hora. Seu semblante parecia o de alguém doente há um ano. Vagava pela montanha e clamava:

"Deus! Deus!", e o eco das montanhas repetia-lhe três vezes.

Missão: reconstruir a Igreja

Chegou à igrejinha de São Damião que estava em ruínas e, como fazia tantas vezes, entrou para expor suas necessidades diante do crucifixo. O vigário, um velhinho, estava assentado com o capuz na cabeça e sob a pálida luz do sol de fevereiro lia um livrinho, enquanto almoçava um salame. Parecia um verdadeiro Santo Antão, o eremita com o porquinho. Contudo, ao se olhar para ele sentado, não se via o porquinho, mas apenas abelhas. Havia duas colmeias ao redor dele. As abelhas pousavam em suas mãos, na barba e voavam em volta de sua cabeça. Morava ele numa pequena granja, mas sentia-se plenamente feliz com suas abelhas e sua igrejinha. Um homem sendo padre do que mais precisa, além de mel para comer e cera para as velas? Mas, ele ouvia muito pouco. Viu Francisco chegar, e este lhe falou: "Belo dia hoje, padre!"

"Sim", pensou este, "se tivéssemos o vento do Oeste, pois eu não escuto bem".

"O vento vem do Oeste sobre as montanhas", falou Francisco bem perto do ouvido.

"Está bem", riu o velhinho. "Assim ouço ainda pior." Que lhe importava se ouvia bem ou mal. Ele tinha o mel de suas abelhas, a igrejinha e escutava Deus com o coração.

Francisco lhe fez um sinal que queria rezar na igrejinha. Entrando, atirou-se de joelhos e levantou os braços na direção da cruz como alguém que está se afogando. Não tinha mais palavras. Contemplava o crucifixo no qual estava pintado Jesus, que o seguia com o olhar. Em ambos os lados havia santos e anjos.

Francisco, entregando-se a Ele com toda alma, mantinha os olhos fitos nos olhos do Cristo e as mãos e o coração abertos, preparados para receber a luz que sua alma ansiosamente desejava.

Jesus também permanecia de braços abertos para abraçar todo o universo. Por que não acolheria a Francisco que por amor a Ele se consumia?

A cruz era de madeira e pintada, mas Francisco era de carne viva e sangue.

Entre ele e a cruz havia o ar, a penumbra e nada mais; também entre ambos existia o amor invisível e centenas de anjos e santos e espíritos celestes, pois qual o tamanho de um espírito? Ainda entre ambos estariam presentes as orações do padre e dos colonos; as orações e lágrimas de toda humanidade. Pairava o silêncio. Francisco chorava e, nesse silêncio, o crucifixo falou. Ele falou. Jesus se mexeu na cruz, estremeceu o corpo, ergueu a cabeça e seus olhos reviveram. Abrindo e fechando os lábios, com voz melodiosa, o crucifixo falou: "Reconstrói minha Igreja".

Por três vezes repetiu a mesma coisa. E, novamente, inclinou a cabeça para o lado, fechou os olhos e voltou a ser uma cruz de madeira.

Mas Jesus havia falado. Ao falar Ele descera da cruz, e Francisco sentiu em sua alma florescer uma luz como uma rosa cor de sangue, e exclamou: "Jesus! Jesus! A ti pertenço totalmente!" E caiu por terra prostrando-se ao chão, soluçando e tremendo de alegria...

Um bom tempo depois, o pároco tocou-lhe os ombros. Francisco ergueu-se e beijou-lhe as mãos. Tomou a sacola de dinheiro e disse-lhe ao ouvido: "Isso é para um pouco de óleo da lamparina do sacrário". Queria também oferecer-lhe algum trabalho. "Quero reconstruir vossa igreja."

"O que você quer?"

"Quero reconstruir vossa igreja."

"Está bem, está bem", sorriu o vigário. "Você quer trabalhar de pedreiro? Vai ser um bom pedreiro".

"Eu vou fazer de vossa igreja, que está em ruínas, uma bela igreja." Francisco precisava falar-lhe tudo ao ouvido.

"Está bem, com esse traje e filho de uma família soberba, você, de fato, me faz rir."

"Vou arrumar dinheiro e a mão de obra, comprar a madeira e as pedras", gritou Francisco e, dançando alegremente diante do vigário, saiu correndo e cantarolando as palavras: "Jesus! Jesus!"

"Onde está mamãe?", perguntou Francisco a seu irmão.

"De cama! Você é a causa de sua doença e..."

Mas, Francisco já havia subido a escada. Sua mãe estava de cama com uma toalha molhada sobre a cabeça. Ao vê-lo entrar tão alegre e impetuoso, ela se levantou assustada.

"Mamãe, mamãe! Estou reconstruindo a igrejinha de São Damião." Com o dedo em riste, ela o questionou:

"Por que ontem à noite você não veio para casa? Por que você dá tanto desgosto a seu pai? Você sabe que, ao final, tudo cai em cima de mim. Ele me tem agredido duramente, sempre me acusando que eu deixo você sair de casa. Decida-se, meu filho. Se você quiser se tornar religioso, então, entre para um mosteiro. E o que você estava falando da igreja de São Damião?"

Neste momento, Ângelo entrou: "Você está querendo deixar sua mãe mais doente ainda? Quando o pai voltar para casa, você não terá mais motivos para rir, pois ele decidiu fazer de você outro homem".

Francisco, olhando para seu irmão e em seguida para a mãe, deu ouvidos à voz do crucifixo, e respondeu: "Diga ao pai que pode poupar o esforço de querer me mudar, eu estou indo embora".

"Meu filho! Meu filho", disse a mãe abrindo os braços.

"Mamãe, não chore", pediu-lhe Francisco e, atirando-se em seus braços, deu-lhe um beijo. "Fique tranquila, mamãe, isso será o melhor para você e para mim."

"Para onde você vai, meu filho? Para onde?"

"Eu vou restaurar a igreja de São Damião. É uma missão divina."

Ela voltou-se para ele arregalando os olhos. Já havia acontecido coisas maravilhosas com ele. "E comer e dormir?", perguntou ela preocupada.

"Disso cuidará o Senhor, mamãe, Ele providencia isso para os pardais e coelhos. Adeus, mamãe!" Ela ficou soluçando.

Francisco ia saindo, quando Ângelo colocou-se na porta com os braços estendidos. "Vai ficar aqui", disse ele, mas Francisco o agarrou com ambas as mãos na cintura, e o atirou como a um vaso escada abaixo. Puxou seu cavalo para fora do estábulo, carregou-o com algumas peças de veludo e seda, e disse: "Diga-lhe que, mais tarde, ele o desconte de minha herança, e adeus!"

"Ladrão, seu ladrão! Isso eu vou falar ao pai. Ladrão, ladrão!"

Os vizinhos saíram curiosos para a rua. Francisco foi embora cavalgando sossegado. Olhou para trás mais uma vez. Sua mãe, com um xale preto na cabeça, permanecia na janela acompanhando-o com o olhar. Ele, com muita reverência, tirou-lhe o chapéu como se estivesse diante de Nossa Senhora das Dores.

Cavalgou na direção de Foligno. Era dia de mercado e começava a chover.

Deixa a casa paterna e passa a viver em São Damião

Ao anoitecer, Francisco chegou a São Damião molhado como um pinto. Tinha vendido o cavalo e as mercadorias.

O vigário chegava para ordenhar as cabras. Além delas, tinha dois coelhos brancos de olhos vermelhos. E o que mais possuía? Apenas umas sementes de flores e rúcula cultivadas num minúsculo quintal. Esperava semear na próxima semana. O vigário possuía também uns potes com excelente unguento para curar furúnculos e gangrenas malignas. Os camponeses contavam com as maravilhas desses unguentos. Tinha ainda uns quatro ou cinco livros, todos manuscritos, que continham coisas de grande sabedoria e belas histórias. Usufruía, igualmente, de uma linda paisagem do horizonte distante e do céu. Apesar de toda sua pobreza considerava-se um rico vigário. Quando lhe diziam que era uma pena que não ouvia bem, ele respondia: "Está bem! Quem não escuta bem não ouve nada de ruim para contar aos outros".

Francisco o viu lá, sentado com seu manto cinza remendado e de capuz na cabeça. Ao ordenhar suas cabras sorria contemplando o raio branco de leite que jorrava do úbere para dentro do balde. Enquanto eram ordenhadas, as cabras iam comendo um punhado de capim e permaneciam tranquilas. – As cabras leiteiras são animais dóceis.

Francisco falou consigo mesmo: "Ele sorri para o leite e eu vou fazê-lo sorrir com esse dinheiro". Puxou-o pelo manto e, quando os dois ficaram lado a lado, disse-lhe ao ouvido: "Eu trouxe dinheiro para a igreja", e despejou a sacola de dinheiro no colo do velho vigário.

Ah! Isso é bom! "Onde você conseguiu isso?" Francisco lhe contou como foi. "Então, você o roubou de sua casa", respondeu-lhe o velho apavorado. "Certamente, nos próximos dias, o senhor seu pai virá atrás de mim. Não, meu jovem, aqui está seu dinheiro, devolva-o quanto antes para sua casa".

"Eu não vou voltar para minha casa", respondeu Francisco.

"Como?"

"Eu não vou voltar para minha casa!"

"Não vai voltar para casa?"

Francisco confirmou com a cabeça.

"E por que não?" Francisco colocou suas mãos em concha no ouvido peludo do velho vigário e contou-lhe tudo. Pela primeira vez, desde que se decidira levar em frente sua luta interior, contou tudo com brevidade e o eremita ficou por dentro de tudo. O relato demorou algum tempo. Tanto que deu para ordenhar as cabras, conduzi-las ao estábulo e acender a lamparina.

E Francisco continuou falando de sua saudade do Senhor, de seu amigo, de Roma, dos leprosos, de sua mãe e de seu pai e da cruz que lhe havia falado. De vez em quando, permeava um silêncio e ouvia-se lá fora a chuva caindo nas montanhas

Esse vigário velho e surdo, ao qual fora oferecida uma esmola, tinha um espírito muito vivo. No fundo, era um homem sábio e encontrava o sentido das coisas onde outros não conseguiam entender. Parecia ler o coração das pessoas como um livro. Era de fato inteligente. Se tivesse uma audição normal, há muito tempo seria bispo em algum lugar.

Quando Francisco terminou de contar tudo, inclinou a cabeça sobre os joelhos do velhinho e este lhe disse: "Você tem razão. Não pode servir a dois senhores".

Que alegria para Francisco ouvir isso, e, principalmente, da boca de um sacerdote. Então, o santo homem, pois ele era de fato um santo, falou: "Você pode ficar aqui comigo. Na minha granja há bastante lugar. Para comer não tem muito, mas vamos dar um jeito. Você tem uma bela vida espiritual pela frente e disso posso dar testemunho. Quanto aos planos de construção não importa muito. Não temos dinheiro e esta bolsa não nos pertence. Futuramente, vai conseguir o suficiente para a construção. Por enquanto, você vai ter uma ocupação. Eu vou falar com o senhor bispo para ordená-lo diácono. Agora, precisamos rezar e, então, vamos dormir".

Assim fizeram, mas primeiro Francisco levou o dinheiro lá fora. Chegando fora, o que deveria fazer: jogá-lo no chão? Não, ele o colocou no parapeito da janela. O padre lhe deu a bênção como a seu filho. Em seguida, apagou a lamparina e permaneceu ainda um longo tempo ajoelhado diante da cama que era um saco de folhas secas. Agradeceu aos céus pelo mel das abelhas, pelo leite das cabras, pela chuva e por este jovem que o tinha como santo. Também Francisco permaneceu bastante tempo de joelhos diante do feixe de capim e agradeceu a Deus pela voz do crucifixo, pelo padre e por sua mãe. Rezou por seu pai e pelo irmão.

A noite caiu chuvosa sobre o telhado de palha esburacado. Contudo, sob esse teto dormiam dois homens felizes.

Francisco passou horas felizes em São Damião. Era sacristão e coroinha e, ainda, ajudante no jardim do tamanho de uma palma da mão. Ordenhava as cabras, recolhia as pedras fazendo pequenos montes e arrancava a erva que crescia no telhado. Com uma vassoura, feita por ele mesmo, varria a igrejinha. Limpava, com areia e vinagre, os dois castiçais de cobre. Semeava rabanetes, o que muitos não sabem fazer, mas o padre, fazendo primeiro, lhe havia ensinado. Coloca-se a semente na mão; em seguida, balança-se a mão em círculos e deixa-se as sementes caírem aos poucos, lentamente. Desses grãos semeados nascerão mais tarde rabanetes. Há sementes, como o fruto da faia, por exemplo, das quais nascem árvores muito grandes do tamanho de uma igreja.

"Oh semente, como tu és bela", disse Francisco. "Deus, como Tu fizeste tudo tão bonito!"

Voltou a encontrar outra gruta, uma pequena caverna. Era preciso se arrastar entre os espinhos e a capoeira e lá não penetrava sequer um raio de luz. Nessa gruta escura, onde ninguém o poderia encontrar, sua alma alcançava, dia após dia, mais amor e mais luz. De tanta alegria sentia necessidade de cantar a todo momento.

Revoltado, o pai quer trazer o filho para casa

Quando o pai chegou em casa e soube da fuga, ficou fulo de raiva. Praguejava e gesticulava, erguendo os braços como um louco. Pouco depois, soluçando, apoiou a cabeça na mesa. A mãe se mantinha calada e chorando mordia seu lenço. Ao tentar abrir a boca, o pai se atirou sobre ela gritando: "Cala a boca, senão vai acontecer uma tragédia". Precisava fazer barulho. Nem mesmo na cama sossegava, e falava coisas que aterrorizavam o coração da mãe.

"Amanhã, eu vou arrancá-lo daquele ninho fedorento. A cidade toda vai nos acompanhar. Vamos trazê-lo para cá, e, na praça do mercado, diante de todo o povo, vai apanhar muito. Viveremos um espetáculo do qual todo mundo falará durante muitos anos. Devo vingar minha honra. Tu te espantas? Tu és, igualmente, culpada. Amanhã! Amanhã vai ser um grande dia para mim..."

Na manhã seguinte, ela foi a primeira a se levantar. Foi à igreja de São Nicolau, perto do mercado, falou com um mendigo, dando-lhe algo e, pouco depois, este saiu coxeando com suas muletas na direção de São Damião. Enquanto o pai acabava de engolir um pedaço de pão, pois mal e mal conseguia comer, mandou a empregada e Ângelo buscarem seus amigos. Ele lhes expôs seu plano que, como dignos burgueses, acharam muito bom. Quando um filho se insurge contra seu pai, este deve castigá-lo.

Mas Felipe, um amigo dos amigos de outrora, que gostava de uma brincadeira especial para humilhar os outros, propôs não lhe fazer mal algum. "Devemos levá-lo, embriagá-lo e, então, assim como outrora, carregá-lo nos ombros pela cidade como o rei da festa. O vinho fará com que Francisco cante e dance como antigamente e, aí, ao voltar à sobriedade, morrerá de vergonha de si mesmo para aparecer como um penitente. Humilhá-lo profundamente e torná-lo ridículo será o único modo de fazê-lo retomar à razão."

"Essa é uma boa", concordou o pai e os demais..

"Então", acrescentou Felipe, "vamos levar junto uma bandeira e bandolins."

Ao ouvir isso, a mãe desapareceu por uma das portas internas. Num certo lugar, estava sentada uma mulher na soleira de uma casa muito pobre. A mãe falou com ela e deu-lhe algum dinheiro. A velha senhora tomou o manto e saiu a caminho de São Damião.

Quando o pequeno cortejo chegou a São Damião, o padre estava levando suas cabras para pastarem à beira do riacho. O pai saiu com a turma levando numa das mãos um cacete e na outra uma corda.

"Onde está meu filho?", gritou ele para o padre.

"Como se chama?", perguntou-lhe o padre, levantando a cabeça.

"Onde está meu filho?"

"Senhor, eu não escuto bem."

"Meu filho!"

"Vosso filho?"

"Sim."

"O senhor procura vosso filho?"

"Ora, quem estaria eu procurando senão ele! Onde está ele? Por favor, onde ele está?", vociferou o pai.

"O senhor não precisa se exaltar assim. Com menos barulho eu escuto melhor. Mas este vento oeste..."

O pai, vermelho como um peru, fervia de raiva. Desceu sua pesada mão sobre os ombros do padre.. "O senhor precisa me mostrar onde está meu filho!" "Inicialmente eu pensei que o senhor vinha buscar um boi", disse o padre. Pois apenas uma paulada com este cacete é o suficiente para matar vosso filho. Ele fez algum mal?"

"Ele roubou, ele é um ladrão", disse Ângelo.

"O senhor vem buscar o dinheiro do cavalo?"

"O dinheiro e meu filho", respondeu o pai.

"O dinheiro está lá no parapeito da janela." Ângelo, vai buscá-lo.

"Eu não posso fazer nada com o dinheiro", gritou o pai, "eu quero meu filho de volta!" Contudo, guardou o dinheiro no bolso.

"O que o senhor fez com meu filho?"

"Eu comi mel com ele."

Então, o pai, praguejando, sacudiu o padre de um lado para o outro: "Meu filho, eu quero meu filho!"

Um amigo, afastando o pai: "Acalme-se, pai. Ele é um padre, pense nisso! Talvez ele não queira falar nada. Vamos nós mesmos procurá-lo". "Ele está aqui", disse o pai. "Lá está pendurado seu chapéu." Com desprezo, atirou para fora o chapéu. "Ele está aqui e nós o encontraremos!"

Eles o procuraram na igreja, na granja, no mato e atrás das pedras. Subiram ao monte, mato adentro. Ângelo gritava chamando: "Francisco, aqui é teu irmão.

Nós não te queremos fazer mal algum, mas tua mãe está doente e ela quer ver-te mais uma vez antes de morrer".

Em seguida, os demais gritaram a mesma coisa. De todos os lados a montanha respondia: "Tua mãe está doente", mas não adiantou nada. O pai, enraivecido, gritou mais uma vez com voz de clarim: "Se você não aparecer, eu o mato".

Enquanto isso, o velho padre lia calmamente seu livro. Os que vieram com o pai não conseguiram encontrar Francisco e, arrependidos pelo tempo perdido, um a um foram voltando, silenciosamente. De repente, o pai, aproximando-se do padre, lançou-se sobre ele gritando: "O senhor vai mostrá-lo ou não?"

"Eu quero lhe contar uma história de minha juventude."

"Eu não preciso de suas histórias! Mas, isso eu vou levar ao bispo."

"E eu também!"

"Como assim, o senhor também?"

"O senhor bispo é um santo homem."

O pai, pulando de raiva: "Mas nós vamos voltar. As bandeiras já estão prontas. Diga-lhe isso".

"Eu lho direi."

A turma se comportou como se não tivesse estado lá. Os amigos se enfiaram pelas travessas das ruas e deixaram o pai sozinho com alguns distintos senhores. Houve muita caçoada quando ele retornou a Assis trazendo nas mãos a corda e o cacete.

Ao voltar à casa do pai, fica prisioneiro na adega

Onde estava afinal esse valente Francisco? Jesus, seu Senhor e seu Deus, lhe havia falado pessoalmente por meio de uma cruz de madeira. A madeira morta se tornara viva para mostrar o céu! Que grande graça! E apesar disso ele estava tremendo de medo e escondeu-se numa caverna, com medo de ser ridicularizado e humilhado pelo pai. Quanta covardia e vacilação de alguém ao qual o próprio Jesus tinha falado. Contudo, nenhuma oração o ajudava a vencer o medo. A todo instante, como num pesadelo, via diante de si o pai como uma muralha iminente a cair sobre ele. Na imaginação, ouvia canções e bandolins e, apesar de todo o medo, sua alma mergulhava cada vez mais no mistério da fé. Sentia a beleza, a verdade e a ordem de todas as coisas. Não fosse esse terrível pavor, ele choraria de encantamento. "É o diabo que quer segurar", disse-lhe o vigário. "No entanto, se te mantiveres firme, o Senhor triunfará em ti." Ele, que queria seguir a Jesus Cristo, lutava dia e noite contra o poder do maligno que queria manter sua alma nas trevas.

Certo dia, após ter meditado profundamente sobre como haviam menosprezado a Jesus e como tinha suportado tudo, santa e serenamente, sentiu como que um raio de luz penetrando sua alma. Seguir a Jesus em sua pobreza era o apelo de seu coração e, então, acrescentou: "Também em seus escárnios e zombaria".

De repente, sentiu-se tomado por uma grande força e, completamente envolto em luz, desapareceu todo o medo, e caindo de joelhos cantou.

Em seguida, levantou-se e saiu da caverna. O sol brilhava no céu e os pássaros cantavam. Em plena claridade, se viu cercado de luz. Transbordante de alegria beijou a terra e as flores. Foi ao encontro do padre e beijou-lhe a barba grisalha. "Estou livre, livre! Agora nem um leão poderá me amedrontar. Dai-me vossa bênção", disse ele.

"Alma pura", murmurou o vigário, que voltando-se entrou na igreja, pois as lágrimas lhe encheram os olhos.

A passos largos, apressadamente, Francisco dirigiu-se à cidade. Tinha a roupa suja e rasgada, os cabelos compridos e a barba rala, magro e descuidado, mas seus olhos brilhavam e cantava de alegria e entusiasmo.

Em Assis, como sempre, era uma tarde silenciosa. Havia pouco sol nas ruas e algumas galinhas ainda ciscavam por lá. Ouvia-se, claramente, o murmúrio das águas do chafariz. Na loja, Pedro Bernardone estava escolhendo os tecidos que, na manhã seguinte, levaria na viagem. Pedro, que raramente ficava de boca fechada, trabalhava em silêncio. Permanecia calado como uma pedra, mas quando falava alguma coisa, curto e grosso, ecoava como uma trombeta. Em sua testa apareceram muitas rugas e um traço profundo em torno da boca.

Ângelo, na verdade, sentia compaixão por seu pai: Um homem que era tão bom, amigo e sempre alegre, perdera o gosto pela vida deixando-se abater pela dor causada pelo filho. Mas, se por um lado se compadecia de seu pai, por outro desejava que Francisco continuasse levando sua vida insensata e doida. "Com isso, a loja será só minha", pensava ele.

A mãe acabava de fazer uma visita a uma amiga doente. Sentia-se a tristeza nesta casa...

De repente, ouviu-se um chamado distante e o pessoal lá fora correndo. – Deve estar acontecendo algo, pensou Ângelo, saindo com a tesoura na mão: "Pelo visto estão se divertindo com um tolo", observou ele, entrando. "Eles estão atirando sujeira num pobre e o empurram de cá para lá."

O pai, rabugento, continuava calculando. Um homem que ia passando falou alguma coisa para Ângelo. O pai ouviu o nome de Francisco. O sangue subiu-lhe à cabeça, e com um olhar selvagem ficou à espreita. Ângelo entrou pálido. Fechou a porta atrás de si, e falou arfando: "Pai, pai, é Francisco! Oh que vergonha eu sinto! Venha e não se deixe ver".

"O quê? É ele?", vociferou o pai levantando-se furioso. "Sai", gritou ele empurrando Ângelo para o lado. Procurou o punhal; mas, na raiva, não o encontrou.

Francisco misturava-se na multidão curiosa que caçoava dele e lhe cuspia na cara. Aos empurrões, puxavam-no pelos cabelos e roupas esfarrapadas. Com um lindo brilho nos olhos, Francisco caminhava calmo, quase majestoso. Justamente no momento que um açougueiro, que não era cliente dos Bernardone, estava pronto para atirar na cabeça de Francisco as tripas de uma cabra recém-abatida, nisso a porta se abriu com estrondo, e apareceu o pai loucamente enfurecido. O açougueiro deixou escorregar por entre os dedos as tripas da cabra e a multidão emudeceu de repente. Francisco continuou andando na direção do pai. O pai, caminhando lentamente, mas de punhos cerrados, com os ombros erguidos, e tremendo, pálido de ódio, ficou frente a frente com o filho.

Pai e filho, um diante do outro. O pai contemplava o filho de cima para baixo, e o filho observava o pai de baixo para cima. Francisco queria dizer-lhe: "Eu cresci na luz de Deus...", mas, antes que pudesse pronunciar a primeira sílaba, dois pesados punhos o colocaram ao chão. O sangue jorrou de sua face. Então, o pai o levantou pelos cabelos, o arrastou para dentro de casa e bateu a porta. Daí, a turba, como uma impetuosa onda, projetou-se para frente subindo no parapeito das janelas. Uns subiam sobre os ombros dos outros e disputavam um lugar no buraco da fechadura.

De repente, todos se afastaram e deram passagem. Era a mãe que vinha acompanhada pela criada. Na loja não havia ninguém. Na sala estava o pai encostado na mesa com as mãos atrás. Arfava, e seus cabelos estavam colados na fronte suada.

Lançou um olhar de desprezo para a mãe que veio para ele chorando. "Nosso filho? Nosso filho?" Respondeu-lhe ele, secamente, sem sair do lugar: "Está lá dentro da adega".

Soltando um grito, ela quis abraçá-lo, mas ele, afastando-a com a mão, disse: "Não! Aliás, eu estou com a chave. De agora em diante, ele tem de se haver comigo".

Para a mãe essas palavras foram como as muralhas de uma prisão. Sentou-se numa cadeira escondendo seu rosto nas dobras do manto.

Alguns dias depois, o pai precisou fazer uma viagem com Ângelo. A mãe aguardava essa oportunidade. Ela se havia atirado aos pés do marido implorando para ver Francisco, mas ele a repeliu com os pés. Antes de partir disse: "Aqui você tem a chave para lhe dar comida, duas vezes por dia, não mais. Eu estou com a outra chave da adega. Esta você não terá, pois não confio em você".

Contemplando seu semblante aflito, de repente, tomou comovido suas mãos e falou-lhe sem forças e com tristeza: "Querida, você poderá estar pensando que sou um desumano. Não, não é verdade. Meu coração sangra porque preciso castigá-lo tão severamente, mas é para seu próprio bem, Pica", e tomando-lhe a outra mão: "Se ele não mudar, dentro de dois meses, estarei embaixo da terra. Meu Deus, envelheci 20 anos!"

Enquanto lhe beijava as mãos, as lágrimas lhe corriam pela face avermelhada..

"Pica, tente você mais uma vez, quem sabe, ele a escutará. Eu não tenho mais nenhum poder sobre ele. Então", ameaçando novamente com seus punhos, "ele deverá renunciar a seu projeto senão vou matá-lo com minhas próprias mãos". "Eu tentarei", disse ela impaciente.

Ele a beijou mais uma vez na testa e subiu na carruagem. Ela ficou com a chave na mão parecendo estar segurando uma chama. E permaneceu à escuta.

Libertado pela mãe, Francisco volta a São Damião

Quando tudo silenciou e o barulho da carruagem, pouco a pouco, foi desaparecendo, a mãe desceu às pressas para a adega. Ia apalpando na escuridão, pois se esquecera de levar uma vela.

"Mamãe, mamãe", chamou Francisco.

Por entre as grades de ferro ela tocou em seus braços estendidos. Eles se beijaram através das grades.

"Meu querido filho, filhinho!"

Mas, de repente, essa mulher silenciosa tornou-se impetuosa: "Saia daí!", disse ela. "Mesmo que seu pai me mate eu não quero que meu filho seja tratado como um animal. Venha para fora." Ela sacudiu as barras de ferro.

"Uma lima, uma lima", exclamou ela. Prendeu sua saia e saiu correndo. Mas, para encontrar uma lima era preciso tê-la, e não havia.

O que ela achou foi um machado, e voltando com ele para o porão, começou golpear a fechadura.

Nessa hora, a mãe até se atira no fogo pelo filho! Ou então, pula na água por ele. E aqui a mãe arrebenta um ferro pelo seu filho. Em breve, repousaria trêmulo em seu seio ofegante. Ela o conduziu de lá para a luz do dia. Ele se prostrou diante dela, de joelhos, e colocou a cabeça entre suas mãos. Fazia mais de um mês que eles não se viam. Agora, ela contemplava seus olhos azuis, os ferimentos no rosto, os lábios pálidos, as faces magras e os cabelos revoltos. Faltava-lhe apenas uma coroa de espinhos. As lágrimas banhavam-lhe o rosto.

À tarde, ele se levantou, vestiu um veludo escuro e, com um pacote na mão, estava pronto para partir. Ele havia contado tudo para sua mãe. Ela ouviu suas palavras melodiosas. Seu coração se rejubilou com tudo o que ouviu. O sonho se tornaria realidade. E quando ele lhe disse: "Mamãe, eu vou voltar para São Damião", ela lhe respondeu: "Faça o que o Senhor lhe inspira".

Francisco entregou-se consciente e de caso pensado à pobreza e não levou nada consigo. Não podia negar à mãe que lhe pedia, emocionada, para levar consigo uma roupa boa, um frango assado, uma garrafa de vinho velho e um pouco de dinheiro para si e para o padre e sua igrejinha. Teve vontade de rir: um pobre com um frango assado! Ela não gostaria que ele também levasse consigo um prato de prata e uma colher de ouro...?

"Mamãe, estou indo", disse ele.

"Reze por mim".

"Este será, daqui para frente, o único objetivo de minha vida."

Então, fez-se silêncio. Na porta da cozinha podia-se ouvir a respiração. Era a empregada que estava na escuta.

"Mamãe, agora eu vou", e ele a beijou.

"Vá com Deus, meu filho." Mordendo os lábios ela lhe deu a bênção e voltou-se bruscamente.

E ele partiu. Foi bater no palácio do bispo e recebeu as ordens menores.

Renuncia à herança para viver com Deus na pobreza

No palácio episcopal, o povo se comprimia. Era um processo entre pai e filho, tendo o bispo como juiz. Foi Pedro Bernardone quem propôs o processo. Ricos e pobres, nobres e burgueses, gente do povo e cavaleiros dos castelos, padres e monges, todos estavam instalados, conforme sua classe, na ampla sala onde apenas entrava um pouco de luz pelos vitrais verdes. Por isso, foram acesas velas, e a maioria onde estava assentado o senhor bispo, vestido com um manto dourado e uma mitra branca. Perto dele brilhava uma cruz dourada e, por trás, na parede, pendia uma tapeçaria representando o juízo final.

De um lado, estava Francisco; do outro, o pai. O povo agitado se empurrava. De repente, um homem que trazia uma maçã prateada sobre um bastão pediu calma.

O senhor bispo, uma figura alta e imponente, de olhar severo, se levantou solicitando que o pai apresentasse sua queixa e, em seguida, assentou-se.

Pedro Bernardone saudou o bispo, engoliu a seco algumas vezes e disse com voz trêmula: "Eu não posso mais pedir de volta meu filho, pois está sob vossa proteção espiritual. Está bem, mas então peço muito humildemente que o mande para um convento. Eu não vou gastar nenhuma palavra sobre seu comportamento. Toda cidade se queixa dele e até ficou conhecido nas cidades vizinhas. Peço-vos, estimados cidadãos, colocai-vos no meu lugar. Vós também tendes filhos e, como distintos cidadãos, permitiriam que vosso filho frequentasse a escória da sociedade e gastasse vosso dinheiro junto aos leprosos, a ponto de colocar em perigo a própria família, e, além disso, ainda vos roubasse e enganasse?"

Um murmúrio correu pela sala e ouviu-se que a situação estava a favor do pai. Encorajado com isso, começou a enumerar todos os crimes de seu filho. "Mas, tudo lhe será perdoado", disse ele, "se parar de fazer escândalos. Poderá voltar para casa e não precisa trabalhar, e receberá o dinheiro para repartir com os pobres. Poderá participar de peregrinações e frequentar a igreja quanto quiser, contanto que se comporte com dignidade. Preciso falar mais?"

"Bravo!", gritaram alguns. "Viva Bernardone."

O bispo o deixou falar e, em seguida, disse: "Aqui se trata de deserdar alguém..."

"Claro, se ele quiser continuar levando tal vida de escândalos eu o deserdarei", exclamou o pai.

O senhor bispo se voltou para Francisco: "Diante dessas circunstâncias eu te aconselho que, de livre-vontade, renuncies aos teus direitos".

Francisco, magro e pálido, se adiantou: "Senhor bispo, eu não quero nada de meu pai, nem dinheiro, nem bens; eu apenas peço a permissão de ser pobre e imitar a Jesus sob vossa proteção. A decisão está em vossas mãos".

O povo admirou sua submissão à pobreza; mas, Francisco renunciaria espontaneamente a tudo e a toda sua herança? Todos, levantando a cabeça, ficaram nas pontas dos pés.

O senhor bispo disse: "Você está dando à autoridade um belo testemunho de confiança. O caminho da pobreza é um lindo caminho, mas poderá revestir-se de espinhos, pois o entusiasmo humano não dura para sempre".

"Senhor bispo, os homens, com certeza, às vezes, são fracos. Jesus caiu sob o peso da cruz três vezes, mas seu pai não o abandonou. Eu confio no mesmo pai, caso contrário, não estaria aqui."

Os religiosos que estavam na sala concordaram entre si sobre essas sábias palavras e o bispo também deu sua opinião.

"Você está disposto a renunciar voluntariamente à sua herança?"

"Sim", respondeu Francisco.

Esse "sim" soou como um tiro de revólver. Um murmúrio de admiração ecoou pela sala. Agora, de fato, o pai podia ficar com seu dinheiro, mas não lhe agradava ver Francisco indiferente diante da renúncia. Por isso, acrescentou:

"Eu também quero, até o último vintém, o dinheiro que você tirou lá de casa."

"Mamãe deu-me aquele dinheiro para doá-lo ao padre e à igreja."

"É dinheiro meu."

Então, o senhor bispo disse: "Francisco, devolva o dinheiro, Deus não quer que sua Igreja seja ajudada com dinheiro ganho ilegalmente".

O pai espumava de raiva e, enfurecido, agitava os braços no ar. Francisco, com um golpe, arrancou a bolsa da cintura e a atirou aos pés do pai.

"Aqui está. O que falta eu já o entreguei à Igreja."

"Ladrão", gritou o pai, enquanto ajuntava a bolsa.

"Eu quero tudo, até o último vintém", e tremia de raiva.

No meio do povo confuso, uns gritavam a favor; outros, contra. O homem, com a maça prateada na ponta do bastão, pediu calma.

Então, o senhor bispo se levantou, e o povo emudeceu: "Alguém tem algo a dizer", perguntou ele. Francisco estremeceu e ficou horrorizado ao ver como seu pai dependia tanto do dinheiro. Foi o último golpe para separar o galho do tronco. Perturbado, Francisco dirigiu-se ao senhor bispo: "Um momento", e desapareceu por trás da tapeçaria pendurada na parede. E a tapeçaria começou a se mexer violentamente. Todos, até o pai e o senhor bispo, olhavam para lá curiosos.

Um tremendo silêncio se fez sentir no local. A tapeçaria continuava se movimentando. O juízo final, que representava os mortos, os anjos, o diabo e Jesus sobre as nuvens, tomou vida, se mexia.

De repente, Francisco, um homenzinho magro, apareceu completamente nu, e trazendo sua roupa na mão, deixou-a cair aos pés do pai: "Você pode ficar até com minha roupa. Assim, aqui estou como vim ao mundo. Estamos quites!"

O povo gritava, as mulheres choravam e voltavam-se de costas. Exclamavam com entusiasmo: "Bravo! Bravo! Viva Francisco".

O senhor bispo, aproximando-se, rapidamente, puxou Francisco para debaixo de seu manto. Um manto sagrado, com ouro e pedras preciosas, cobriu logo sua nudez e sua pobreza. O pai ficou tão estarrecido que, recolhendo rapidamente as roupas, não conseguiu mais dizer palavra alguma. Embora seus olhos o traíssem, não conseguiu pronunciar a maldição que já estava em seus lábios. Francisco, colocando a cabeça para fora do manto dourado, gritou em alta voz: "Ouçam todos, até hoje eu chamei a Pedro Bernardone meu pai, de hoje em diante, não vou mais dizer 'pai Pedro Bernardone', mas, 'Pai nosso que estás no céu'". E, erguendo os braços nus, apontou para a cruz dourada.

Entre o povo, uns gritavam, outros se lamentavam, ou, na confusão, se congratulavam. Algumas pessoas choravam. Isto que é ser jovem! O próprio bispo, enxugando com o indicador uma lágrima no canto do olho, levou a Francisco debaixo de seu manto para outro quarto enquanto o povo, com grande alegria, clamava:

"Bravo! Viva Francisco!", e voltando-se para o pai: "Fora com ele!"

Este saiu furioso estrada afora, e aí deu-se conta de quão ridículo se tornara, ao sair correndo com as roupas do filho nos braços. "Malditos trapos", gritou ele e, então, com desprezo, os atirou na sarjeta, pisoteando a roupa como quem quisesse apagar um fogo. Por fim, soltando um grande grito, em prantos, caiu nos braços de um amigo.

Primeiras experiências: O arauto do Grande Rei

Uma canção ecoa forte e clara pelas montanhas e florestas. Era Francisco saindo pelo mundo afora. Hoje, conseguiu desposar a dama pobreza e esta é sua viagem de núpcias. A dama pobreza é sua companheira invisível. Cantando, vai seguindo seu caminho. Para onde? Isso nem bem ele mesmo ainda sabe. Agora, ele precisa andar pelo mundo cantando como uma cotovia que, de felicidade, sente necessidade de cantar em alto som e voar pelos céus.

O céu, por toda a parte, está cheio de cotovias, pois a primavera chegou no frescor do verde derretendo a neve nos precipícios e montanhas. E assim, aqui e ali, aparece uma água fria e cristalina que Francisco, com suas mãos em concha, adora tomar em goles. Essa água tem a transparência de um cristal e o frescor da manhã.

A aparência de Francisco era de um espantalho: trajava uma roupa simples de jardineiro, com mangas muito compridas, uma calça que mais parecia uma sanfona. Usava o chapéu enfiado até as orelhas. Levava ainda, sobre as costas, um manto esfarrapado onde havia pintado com giz uma grande cruz branca. Caminhava, assim, pela mata escura. Já havia dois dias que estava a caminho. Dormia abençoado pelas estrelas. Seus olhos cintilavam.

De repente, nessa solidão, três homens barbudos, agitando facas, cruzaram seu caminho. Eram ladrões, senhores das matas que moravam por aí, como ursos nas tocas, e atacam todos os que ousam entrar em seu território.

Quem ousa perturbá-los com uma canção dessas? Com certeza, à noite, quando está escuro, pode-se assobiar de medo, mas cantar com tanta alegria numa região de ladrões é uma iniciativa, no mínimo, ousada. Como tal homenzinho atreveu fazer isso?

"Quem é você?", perguntou o ladrão mais alto.

"Isso não lhe interessa", respondeu Francisco, "mas se você quer mesmo saber, eu sou o arauto do Grande Rei", e apontou para o céu.

Como um jovem magricela e maroto ousa dizer a esses homens "Isso não é de sua conta" e se atreve a escarnecer deles? Vapt! Foi a resposta. Ganhou uma bofetada que o dobrou ao chão como um caniço. Os três caíram em cima dele. Atiraram-no de cá para lá, rasgaram-lhe a roupa do corpo, jogaram o chapéu numa árvore e o atiraram num precipício. Graças a Deus o buraco estava cheio de neve, senão ele teria se quebrado todo.

Lá estava ele deitado na neve, vestindo, apenas, uma camisa. Então, ouviu quando os ladrões se retiraram, dando gargalhadas. Com muito esforço conseguiu subir e saiu pelo outro lado do fosso.

O frio da mata mordia-lhe as carnes e o vento brincava com sua camisa esfarrapada. Prendendo a camisa entre as pernas, continuou o caminho cantando. Encontrou uma raposa que o observou por uns momentos: "Eu sou tão pobre quanto você, e nada melhor. Sou seu irmão".

Mas a raposa, desconfiada, se mandou.

Francisco chegou a uma clareira já conhecida das caçadas de outrora. Ali, eles haviam caçado um cervo. "Sim, sim, aqui por perto está o mosteiro dos monges pretos." E para lá foi ele.

Os monges eram homens que haviam dedicado toda a vida ao serviço do Senhor. Lá poderia viver algum tempo em oração e ao serviço cristão do amor ao próximo. Seria lindo!

Cheio de respeito e ansioso, bateu à porta. Curiosos, pois raramente recebiam visitas, todos juntos, o abade, os padres, os irmãos vieram atendê-lo. Eles o olharam desconfiados.

"Em nome de Deus", falou Francisco, e contou brevemente sua história, pedindo-lhes permissão para ficar alguns dias aí.

O abade, que era um tanto brusco, demonstrou mais vontade de mandá-lo embora do que acolhê-lo. Os outros, igualmente, fizeram uma cara de incomodados, mas, como a regra prescrevia acolher os desabrigados e mendigos, considerando-os como se fossem o próprio Jesus Cristo, permitiram que Francisco entrasse. "Mas é preciso trabalhar", observou o abade, e o cozinheiro acrescentou: "Se você pensa que aqui vai viver às nossas custas, está redondamente enganado". "Trabalhar e trabalhar", disseram todos, e nada de bancar o preguiçoso.

Ele trabalhou como uma mula. Davam-lhe os serviços mais grosseiros: lavar pratos e tratar dos porcos. Dormia num monte de palha e comia o que sobrava dos outros.

Era um mosteiro sem muita disciplina. Todos mandavam. Todos eram abades. A eterna solidão os fez insatisfeitos e rudes, mas eles não conseguiram eliminar o sol do coração de Francisco, que continuou prestativo, contente e amigo. Isso eles não conseguiram suportar, e, passadas algumas semanas, o cozinheiro o mandou embora por uma bagatela.

Certa nostalgia o invade, mas não se deixa vencer...

Não é o caloroso sol a roupa mais quente que se pode desejar? Francisco não estava muito longe da cidade de Gubbio. Lá morava um velho seu amigo, um poeta. Por que não ir procurá-lo? Sentiu vontade de abrir seu coração e desabafar.

Foi a Gubbio e reencontrou o amigo. Esse ficou espantado ao ver seu traje esfarrapado. Não conseguiu compreender e procurou dissuadir Francisco de seus pensamentos estranhos. O amigo sentiu tanta vergonha que levou Francisco para dentro de um quarto e não ousou sair de lá com ele.

Francisco riu-se dele e falou tão lindo e com tanto entusiasmo sobre Jesus e a pobreza que correram lágrimas pelas faces do amigo. Mas isso não modificou sua opinião. Pediu que Francisco vestisse outra roupa. Trouxe-lhe vários trajes e ele achou-os todos lindos.

Finalmente, o amigo tirou lá do fundo um velho traje de peregrino de seu santo pai. Francisco ficou contente com ele porque este possuía uma bênção garantida, e o vestiu satisfeito. Vestido como peregrino continuou seu caminho, mas não foi muito longe, pois seu coração, o ardoroso coração humano, tem igualmente seus desejos pessoais.

De fato, a primavera era linda com suas flores e a frescura do verde. Mas, em Assis, a primavera era bem mais bela. E como era linda! Lá, havia um padre muito bom e uma igrejinha que precisava ser restaurada; lá, havia uma cruz, uma santa cruz; lá, havia leprosos e, além de tudo, sua mãe. E todos o estavam aguardando... Eles não o deixariam mais partir.

Parou de cantar. Enquanto continuava seu caminho, sentiu-se tomado de uma forte saudade da terrinha natal, da sua cidade, da região, do povo. E o que se fazer contra a saudade da terra natal?... Sentia-se como numa prisão, que embora fosse grande e bela como era grande e maravilhoso o mundo, contudo, era uma prisão.

Deteve-se em um vale solitário e silencioso. Um pássaro sobrevoou sua cabeça na direção do Sul.

"Eu também", disse ele, e, dando meia-volta, caminhou para o Sul.

Então sentiu, novamente, vontade de cantar. Após dois dias, do alto do Monte Subásio, avistou, a seus pés, Assis espremida, lá embaixo, toda branca e brilhando ao sol. Francisco, abrindo os braços como uma criança para sua mãe, exclamou: "É lá que eu devo ser jardineiro!"

4
A Dama Pobreza

Reconstruindo igrejas e enfrentando humilhações

Francisco, sob um sol escaldante e usando sapatos maiores do que seus pés, dirige-se a Assis. Enquanto todos procuravam uma sombra, ele caminhava ao sol. Na praça do mercado dirige-se diretamente ao templo grego, sobe num pedestal, e abraça fortemente uma coluna com um dos braços e, erguendo o outro, começa a cantar. Sua voz soa clara e brilhante pela praça silenciosa. Os mendigos e vagabundos descansam à sombra, e o povo vai entrando. O silêncio do campo chega até à cidade e o canto de Francisco preenchia esse silêncio como um ressoar de sinos.

"Quem está aí?"

"Vejam só! Não diga! É Francisco, o que tem sido admirado como herói."

"Ele voltou? E agora, que novidade especial terá ele para nos brindar?"

Um depois do outro se aproxima dele dando risadas. Francisco continuou cantando tranquilamente e, completado um círculo de pessoas ao seu redor, ele disse: "Agora – a canção de Percival que, de rapaz ingênuo, se transformou num santo cavaleiro". "Por Deus, que voz! Uma voz verdadeiramente celestial."

Ao terminar a canção, acrescentou:

"Vocês sabem por que estou aqui cantando? Agora me tornei pedreiro, restaurador da igrejinha de São Damião, que está em ruínas. Lá, existe um lindo crucifixo. Quem rezar diante dessa cruz será atendido. É pena que um crucifixo tão lindo esteja em uma igreja em ruínas. Nas casas onde vocês moram, quando o telhado se estraga, logo o consertam, mas a casa de Deus está ruindo silenciosamente. Isso não está certo! Ele morreu por todos nós, por isso nós precisamos fazer todo o possível para que a casa do Senhor seja restaurada. Uma vez que vocês têm seu trabalho, eu vou reconstruí-la no seu lugar. Mas, como sabem, o padre de São Damião é pobre, e eu, que moro com ele, fico muito contente em receber as migalhas dessa pobreza. Agora, eu lhes peço, em nome de Deus, para que a gente consiga pedras, cal, uma colher de pedreiro, um fio de prumo e tudo o mais que seja necessário. Não estou pedindo nada de graça. Vou rezar e cantar lindas canções para vocês. Como não carregam pedras no bolso podem me dar o dinheiro para comprá-las. Eu mesmo vou buscar as pedras. Agora, primeiramente vou cantar, e em seguida farei a coleta."

De repente, de um canto, gritou um feirante avarento: "De mim você não vai ganhar nem meia pedra".

"Claro que não", respondeu Francisco. "Seria preciso antes que teu coração se partisse em dois."

"Bravo!" Gritou o povo. O espírito de porco bem mereceu tal resposta.

O feirante retirou-se resmungando.

Francisco começou a cantar uma conhecida canção romântica. E muitos derramaram lágrimas de arrependimento ao ouvirem este jovem de família rica, vestido como um camponês, calçando sapatos gastos, cantando para conseguir algumas pedras e um pouco de cal. Contribuíram com tanta generosidade que ele mal conseguiu segurar o dinheiro com ambas as mãos.

"Obrigado! Mil vezes obrigado!", disse ele. "Depois de usar todas as pedras voltarei." E, seguido de uma multidão de jovens, dirigiu-se apressado para a obra.

Pouco tempo depois, voltou curvado sob o peso de um saco de cal e com uma velha colher de pedreiro presa à cintura. Os jovens, que gostam de fazer qualquer coisa, traziam as pedras: um três, outro quatro, pois eram pedras grandes. Lá estava Francisco e seus primeiros ajudantes...

Transformar-se de uma hora para outra em pedreiro não é tão fácil! Precisa-se de uma escada, andaimes, uma tina para água, uma pá, um nível de água e muitas outras coisas. E conseguir isso tudo cantando não é café pequeno, não!

A cada novo dia, já de manhãzinha, lá estava ele na construção assobiando e cantando. Na parede havia uma larga rachadura causada por um terremoto. Muitas vezes, o padre entrava e saía por essa abertura, porque a porta da igrejinha era muito pesada para abrir. Francisco começou o trabalho pela rachadura: ergueu os andaimes, acertou as pedras, preparou a cal. Depois de três dias, suas mãos ficaram irreconhecíveis: cheias de ranhuras e cobertas de poeira e cal. Trabalhava desde cedinho até bem tarde como se fosse pago por hora. À noite, por causa do cansaço, mal e mal sentia suas costas. Mas era um prazer, no silêncio da noite, junto com o padre, rezar e conversar sobre Deus.

Foram dias magníficos. Além do trabalho, ajudava o padre, aqui e ali, ordenhando as cabras e fazendo outros serviços domésticos. Duas vezes por semana visitava os leprosos para tratar de suas feridas e consolá-los.

O padre, por sua vez, também queria ser prestativo e alcançava-lhe as pedras ou fazia algum servicinho: "Deixa disso", dizia-lhe Francisco. "Basta que o senhor reze para que as pedras cheguem até nós."

E elas chegavam. No mais das vezes, pelas crianças que as traziam arrastadas, com as recomendações dos pais que pediam a Francisco que se lembrasse deles em suas orações. De vez em quando, o empregado do mestre de obras trazia uma carroça cheia de pedras, ardósia e cal.

"Mas, afinal, quem está sempre mandando isso?"

"Alguém que não quer ser identificado", disse o empregado. Francisco pensava que fosse sua mãe, e procurou saber a verdade pelo empreiteiro. Soube de um mendigo, que trabalhava lá muitas vezes, que as doações vinham do Senhor Bernardo. Quem poderia imaginar isso? Bernardo era um jovem rico, sossegado, mais ou menos da mesma idade de Francisco. Ele não foi propriamente seu amigo, mas o conhecia do tempo em que juntos frequentavam a escola do convento dos padres.

Portanto, vinham do Senhor Bernardo! Quando Francisco, de vez em quando, o encontrava, saudava-o, como de costume, mas fazia como se nada soubesse das pedras.

O verão era magnífico, ao menos em seus corações, embora houvesse abundantes chuvas, trovões e vento. Quando o padre, durante a semana, às vezes, não celebrava a missa, Francisco ia à cidade para participar dela.

Antes e depois da celebração ele olhava atentamente ao seu redor para ver se sua mãe não se encontrava por lá.

Desde que ela o libertara do porão, os dois nunca mais se viram. Isso lhe doía na alma. Ele bem que gostaria de saber o que ela pensava dele, mas a esse respeito não podia perguntar a ninguém. Às vezes, quando à tarde se assentava junto com o padre e olhavam para o vale, sobrevinha-lhe certa tristeza e, então, logo sugeria:

"Vamos rezar juntos para minha mãe?"

E ficavam por longo tempo rezando por sua mãe.

Francisco notou que a cal estava terminando. Esperou três dias, e não veio nada. Então, não lhe restou além de ir até o mercado e cantar. No caminho, encontrou Silvestre, o pároco de São Rufino.

"Como vai vossa igreja", perguntou este.

"Vai bem, senhor vigário, estou novamente indo cantar para conseguir um pouco de cal."

"Ah! por favor, não faça isso", disse-lhe o vigário. "O povo já está começando a rir disso. Vocês estão sendo chamados os cantores ambulantes de Assis e tornam ridícula nossa religião. O senhor bispo deveria proibir isso..."

"Mas ele não vai fazer tal coisa", disse Francisco, "pois gosta de nos ouvir cantar. Mas, se o senhor me der a cal, então, não vou precisar cantar."

"Eu? Como fazer isso? Minha própria igreja está em ruínas."

"Eu o ajudarei com as minhas canções", disse Francisco.

"Não precisa, reerguerei minha igreja sem você!"

"Mas eu, a minha não sem o senhor padre, por isso preciso cantar!"

Por uns momentos, houve entre os dois alguma discussão e, por fim, o padre disse: "Retire um saco de cal na minha conta, contudo, você vai me devolver o dinheiro".

"Mas como? Deus não me paga com dinheiro."

"Então, trabalhe para consegui-lo. Que tal?" "Você me promete devolver o dinheiro?"

"Eu lhe prometo", disse Francisco. "Deus certamente vai cuidar disso." Deram-se as mãos e Francisco retirou, por conta do vigário de São Rufino, um saco de cal.

A cada dia uma nova humilhação

"Amanhã é Dia da Assunção de Nossa Senhora", disse o padre, "e não temos óleo para a lamparina do sacrário." Um olhou para o outro. Pois não tinham nem um tostão em casa.

"Dê-me o pote e não voltarei sem o óleo." Francisco saiu na direção de Assis, debaixo de uma chuva torrencial. Onde iria encontrar óleo? Andou ao léu. Queria apenas conseguir um sinal para onde deveria se voltar.

Estava molhado como um pinto. Chegou à casa de Alexandre, um amigo de outrora. O baixo e gordo Alexandre tinha sempre um bom coração e, certamente, não lhe negaria óleo para a lamparina do sacrário.

Ao bater com o ferrolho na porta, alguns pensamentos o assaltaram: Alexandre iria rir dele. O antigo e fantasioso medo de ser ridicularizado o deixou transtornado. De repente, ao se abrir a porta, teve vontade de passar adiante. "Posso falar com o Senhor Alexandre?", perguntou ele à jovem empregada. "Vou chamá-lo", e saiu rindo, pois imaginava que iria dar muita alegria ao seu senhor.

Ela abriu-lhe a porta que dava para uma sala clara e bem iluminada, onde o amigo de outrora estava sentado à mesa festivamente preparada. De súbito, levantaram-se altas vozes e ouviu chamar seu nome. Percebeu que seus amigos queriam fazer gozação à sua custa. Sentiu-se envergonhado e preferia estar longe daí e, num já, segurando a maçaneta da porta...

"Aqui, aqui", gritou Alexandre com a boca cheia e, tendo na mão uma rolinha assada, introduziu Francisco na sala de visita.

"Vou casar e estou festejando minha despedida de solteiro com os companheiros de juventude."

Gritam uns para os outros: "Viva Francisco, ele voltou! Viva nosso filho perdido! Vamos festejar! O gordo vitelo, o vinho mais velho, um novo traje com penas de avestruz, um bandolim, uma canção para a despedida de Alexandre!" Francisco parecia angustiado. Trouxeram-lhe um excelente vinho, carne e pastéis. Uma profunda tristeza tomou conta de Francisco ao pensar que também havia levado uma vida assim. Sentiu a raiva crescer no seu interior e calado olhava fixamente para eles.

Entretanto, Alexandre quis tomar-lhe o copo para enchê-lo de vinho novamente, mas Francisco o segurou com firmeza e fez um sinal com a mão. Todos se calaram. Então, ele falou: "Não quero comida e peço-lhes perdão porque eu os incomodei. Apenas queria um pouco de óleo para a lâmpada do Santíssimo da igreja de São Damião e nada mais".

Eles se mostraram polidos e o convidaram: "Venha, sente... e coma algo conosco e irá ganhar o óleo, por que não! Mas, por favor, conte-nos como tudo aconteceu?"

"Está bem, vou contar alguma coisa. Quando, há pouco, a porta se abriu, fiquei com vergonha de aparecer assim diante de vocês. Envergonhado preferia sair correndo daqui. Fui tentado pelo espírito maligno do orgulho. Quero me humilhar confessando isso a vocês. E sinto-me orgulhoso por ter que mendigar óleo para Jesus." Os amigos emudeceram totalmente.

"Venha", disse Alexandre, e conduziu Francisco pelo corredor e mandou a empregada buscar o óleo na adega.

Decidido a viver da mendicância

A cada dia, a igrejinha ficava mais bonita, o que fazia aumentar sua alegria. Francisco passou cal em todo seu interior. Pena que era inverno, senão ela ficaria pronta ainda neste ano. As uvas maduras estavam sendo colhidas.

Um dia, Francisco entrou no celeiro e o velho padre estava contando o dinheiro. Ouviu-o, então, murmurando consigo mesmo: "Como seria bom, de vez em quando, um pedacinho de toucinho, mas o toucinho é tão caro! Contudo, este jovem precisa se alimentar bem, caso contrário, não vai aguentar seus muitos jejuns. Como fazer para dar-lhe, no domingo, um pedaço de toucinho? Eu mesmo vou comer um pouco menos. Não há mais farinha para o pão".

Francisco não disse nada, saiu e bateu com os dois punhos na testa: "Eu sou mesmo um burro! Um imbecil! Desposei a Dona Pobreza e vivo à custa de outro. Vou acabar com isso. Cada um deve cuidar de si".

No dia seguinte, sentou-se junto ao riacho e lavou o balde da cal. "Você o está limpando tão bem, parece que vai comer nele", disse-lhe o padre. "Exatamente isso", respondeu-lhe Francisco ao ouvido. "Eu quero viver às minhas custas. Vou mendigar."

O vigário protestou: "Você não vai fazer isso! Eu tenho comida suficiente. Não faça isso, por amor à sua mãe".

"Nosso Senhor fez isso antes de mim e, com tal exemplo, não se pode ter vergonha de imitá-lo", disse Francisco.

Foi para Assis com o coração nas mãos. Por onde iria começar? Seria melhor entre os pobres. Num lugar qualquer, como um convite, encontrou aberta a porta da casa de um pobre. Foi até lá. "Eu peço, em nome de Deus, um pouco de comida."

Apareceu uma mulher com uma criança no colo. "Ei, este não era o jovem rico que se fez pobre?" Ele se assustou. "Senhor", disse ela, "eu não tenho nada que lhe possa agradar. Não ouso lhe dar algo, pois nós também somos pobres." "Dê o que tiver", respondeu Francisco, "o mínimo será o melhor."

A mulher foi procurar num armarinho e derramou no balde um resto de feijão verde e um pedaço de pão preto. "Deus a abençoe", disse ele, e foi adiante.

"Para onde vou agora?" – Lá foi ele para o alto, àquela casa rica onde moravam conhecidos de seus pais. Subiu a escadaria e uma empregada abriu-lhe a porta. Pediu-lhe um pouco de comida.

A empregada não voltou, mas apareceu o próprio dono, um homem de boa aparência e cabelos grisalhos. A dona da casa observava pela porta. E o velho vociferou: "Se fosse eu teria vergonha de causar esta desonra a teu digno pai! Preguiçoso, patife, filho ingrato! Trata de dar o fora ou eu atiço os cachorros atrás de ti", e bateu-lhe a porta na cara.

"Deus o abençoe", disse Francisco.

E agora, para onde irei? Lá para o outro lado, na casa do feirante. Apareceu toda a família na porta. Ninguém disse uma palavra, mas ele ganhou uma fatia de pão e restos de carne desossada. Eles o observaram da soleira da porta e correram depressa até o vizinho para contar-lhe a novidade.

Ao chegar à porta do Senhor Bernardo, intencionalmente, passou adiante. Chegou então à casa do pai de Maria. Ah! quanto riu dele! Precisou até segurar a barriga de tanto rir: "Este era o valente trovador de outrora! Como mudam os tempos!"

"Uma esmola? E com o maior prazer! Para um pobre diabo que anda de cá para lá, todo esfarrapado e que a gente precisa de pinças para poder pegá-lo, certamente, com todo o prazer! Maria, dê-lhe o repolho roxo de anteontem, está um pouco preto, mas quando se está com fome não se olha nada."

Maria, contrariada, ofereceu-lhe o repolho, mas Francisco disse-lhe rindo: "Jovem, fique tranquila pela sua caridade. É melhor ter preto o estômago do que a alma".

Bateu ainda em várias portas; mas, na maioria delas, só recebeu insultos e zombarias. A todos respondia: "Deus vos pague". Alguém lhe retrucou: "Você sempre diz: 'Deus vos pague', mas não ganhou nada".

A isso Francisco respondeu: "Deus lhes pague por vocês me humilharem, pois isto para mim é mais importante do que o seu pão".

Bateu à porta do palácio da nobre e ilustre família Sciffi. Quem abriu foi um criado. Imediatamente, apareceu, no lindo e decorado *hall*, uma delicada jovem, de cabelos loiros e olhos azuis, acompanhada de sua irmã mais nova. As duas meninas ficaram paradas diante do mendigo. "É o Senhor Francisco, aquele que por amor a Jesus se fez pobre", falou a donzela para sua irmã. Elas olhavam para ele admiradas. O criado, com certo ar de condescendência, falou a Francisco:

"Volte amanhã, pois é o dia em que a família Sciffi dá esmolas".

Francisco fez menção de ir embora, mas a donzela retrucou:

"Não! Não, dê algo ao senhor agora! Um momento, eu tenho alguma coisa lá dentro". Ela o deixou e, entrando sala adentro, voltou logo com um grande cacho de uva e com um punhado de pastéis.

"Isso não é comida de pobre, Senhorita Clara."

Ela o olhou admirada e cheia de respeito, e ao colocar a bela esmola em suas mãos pareceu-lhe um sonho.

"Deus vos abençoe, caridosa senhorita", disse ele, inclinando-se. Isto dá para hoje pensou ele, logo que alcançou a rua.

Teve vontade de sair da cidade para comer lá fora. Bem sabia ele que lá estaria cedendo a um sentimento de vergonha, mas não cedeu. Subiu até a praça do mercado e sentou-se na beira do chafariz. Deixou de lado as uvas e os pastéis. "Estes são para o vigário, aquela boa alma", disse ele.

E, em seguida, olhou para o balde e apavorou-se quando viu a mistura de restos de comida. Com o polegar e o indicador tirou cuidadosamente um pedacinho de carne e o comeu a contragosto. Então, pegou algumas folhas de repolho roxo e deixando-as cair de volta, suplicou: "Jesus".

Por uma janela entreaberta notou que uma mulher e seu filhinho o observavam. Ficou na dúvida. Era realmente necessário? Jesus estaria pedindo isso dele? – De repente, começou a rir. "Irmão asno", por acaso a alma sente algum gosto? Você acabou dando, novamente, ouvidos às palavras do velho diabo. Fora com ele!"

E começou a comer com as duas mãos. Fechou os olhos saboreando cada bocado. "Que gosto bom!" De olhos fechados, continuou a comer. "Burro, você precisa ver", e, abrindo os olhos, comeu até se saciar dos restos da mesa dos pobres e dos ricos. O suor pingava em sua barba. "O que sobrou fica para hoje à noite e para amanhã", disse ele. Então, para tampar os vazios do estômago, com as mãos em concha, bebeu duas mãos cheias da límpida e vigorosa água do chafariz. "Está mais gostoso do que eu pensava", disse ele. Neste momento, a alegria inundou-lhe a alma e, agradecido, elevou contente uma saudação aos céus: "Eu lhe agradeço porque me tornou semelhante aos passarinhos" e, cantando, voltou para São Damião.

Tempo de inverno, tempo de reflexão

Os montes estavam cobertos de neve. Durante todo dia nuvens sombrias rolavam pelo céu. O vigário disse: "Vai nevar". De fato, à tarde, começou nevar e nos dias que se seguiram, montanhas e vales ficaram cobertos de uma camada branca. A igrejinha estava completamente coberta pela neve e nem pensar em trabalhar nela. Por isso, os dois se assentaram junto a uma fogueira e, em oração, aguardavam a primavera.

Enquanto isso, Francisco trabalhava seu interior. Por longas horas, permanecia de joelhos diante do crucifixo rezando fervorosamente e com muito amor. Visitava os leprosos, doentes e mendigos. A essa altura quase ninguém mais o tratava como bobo ou louco.

As pessoas se haviam acostumado com ele. Ao vê-lo não se lembravam mais do jovem rico, e isso lhe dava grande alegria. Não o ajudavam por causa de sua origem nobre, mas por compaixão, pois se podia notar, por baixo de sua túnica surrada, os joelhos magros tremendo por causa do frio intenso. Ajudavam-no por piedade e, sobretudo, por sua inalterável amabilidade. Ao vê-lo de cabelos longos, barbudo, e belos olhos castanhos, rosto magro e pálido, à primeira vista, dava vontade de chorar, mas, logo a seguir, resplandecia em todo seu ser uma estranha e contagiante felicidade. Era maravilhoso como ele conseguia, com uma simples palavra, consolar espalhando bom humor! Era como se ele fosse o rico e os outros, os pobres necessitados. Havia gente que até o chamava de santo.

A neve, a distância, tornava tudo tão distinto e claro. As pequenas casas que mal e mal se enxergava, agora, por assim dizer, se tornaram transparentes. Assim, se podia vislumbrar, por entre o bosque de carvalhos, a torre inclinada da capela de Nossa Senhora. Também ela estava precisando de "um tratamento". "Vou cuidar dela na primavera", disse ele. Lá no alto da montanha estava a capela de São Pedro que, igualmente, reclamava por uma reforma.

Na verdade, trabalho não lhe faltava, nem vontade de trabalhar. Deus seja louvado! Contudo, sentia-se preocupado por estar fazendo tão pouco pelo Senhor. Erguer paredes? Seria apenas isso que ele teria para fazer? E se perguntava: "Certamente, Senhor, em tua vinha não haveria mais coisa para se fazer? Não seria eu jovem demais para levar uma vida tão fácil? Tu morreste por nós na cruz e eu o que tenho feito? Envia-me entre os selvagens, aceita minha vida caso ela seja útil para os outros!"

Ergueu as mãos vazias para o céu e pediu um trabalho mais pesado. Estas mãos, que outrora tinham o brilho das joias, se tornaram grosseiras, encardidas. Enquanto não recebia nenhum sinal ele não tinha outra saída, a não ser continuar o trabalho de pedreiro. Aguardava pela primavera e por sua mãe. E a encontrou.

Lá fora, no alto dos montes, fazia um inverno rigoroso, mas todas as manhãs lá estava ele diante da porta da igreja aguardando que fosse aberta.

Ainda estava escuro e continuava nevando. Ao sair da igreja, encontrou sua mãe à entrada.

Um ficou olhando para o outro. Ele reconheceu seu pálido rosto escondido no capuz do manto. Ela não falou uma palavra sequer e ele sentiu tremer-lhe as pernas. Mas uma pálida mão saiu do manto e veio pousar sobre seu braço. "Estou orgulhosa por você, meu filho." E logo, receosa, partiu apressada.

Depois disso, por causas dessas poucas palavras, Francisco se sentiu tão contente que saiu dançando e correndo de alegria na direção de São Damião. A partir de então, ele teve certeza de que o espírito de sua mãe o acompanhava, enquanto passava fome e mendigava. Era o que lhe dava confiança, carinho e permanecia ao seu lado, encorajando-o a seguir a vida de Jesus e imitá-lo, na medida do possível.

Extremamente feliz contou ao vigário a grande graça que precisava partilhar.

"Agora, tua pobreza está abençoada", disse o velho.

Findo o inverno, restaura a igrejinha de Nossa Senhora

Na Festa das Candeias, a neve caía sobre a terra quente. A primavera se anunciava nos campos pelos aguaceiros e dias sombrios e chuvosos.

Numa tarde silenciosa, o brilho do pôr do sol espalhava-se formando um jardim em brasa. "Quer dizer que teremos bom tempo", disse o vigário. "Você não percebe isso nas abelhas?" E, no dia seguinte, o sol apareceu majestoso no céu e nova vida recomeçava. Ouvia-se o murmúrio das cascatas, o grito das rolinhas e melros. Coelhos corriam pelos bosques e as penas dos patos brilhavam na relva.

Avante! Vamos em frente! Francisco podia reiniciar o trabalho e começar a pedir cal e pedras. E, de novo, começaram a chegar carroças com pedras, vindas, naturalmente, do Senhor Bernardo. E chegavam com tanta frequência e abundância que, com as sobras, pôde construir uma pequena casa paroquial.

Na Festa de Pentecostes, fixou a cruz no alto do telhado, mas antes lançou uma bênção sobre o mundo, voltando-se para os quatro pontos cardeais, pedindo: "Paz! Paz!" Paz para o mundo cristão dominado pela discórdia e pela guerra; cidade contra cidade, o rei contra o papa, regiões contra regiões; por toda parte, ódio, inveja e derramamento de sangue. Ah! Quando chegaria o dia em que ele iria conseguir pregar a paz ao mundo inteiro? No entanto, a Santa Cruz lhe havia pedido, por três vezes: "Reconstrói a minha igreja".

Na Festa de Pentecostes, o vigário celebrou a missa na igrejinha restaurada. Apareceu muita gente. Com lágrimas nos olhos, o vigário fez uma prédica curta, mas muito comovente. Agradeceu ao Espírito Santo e a seu humilde construtor.

Na mesma semana, Francisco começou o trabalho na capela de São Pedro. Depois de um mês de serviço, estava restaurada. E agora, veio a grande tarefa: Restaurar a pequena igreja de Nossa Senhora, lá embaixo no bosque dos carvalhos, a uma hora de distância. Ele foi até lá examiná-la, como um verdadeiro empreiteiro que no domingo vai examinar o trabalho a ser realizado durante a semana. De fato, essa era uma grande tarefa que não terminaria neste ano. Mas, isso não tinha importância, pois não era um prazer poder trabalhar para Nossa Senhora? Trabalhar assim era uma festa.

A igrejinha estava maravilhosamente situada numa clareira aberta na floresta, cercada de silêncio e mistério, em meio ao canto das aves. "Que bom se pudesse ficar aí para sempre", pensou Francisco.

E começou o trabalho. Ele arrastava escadas, cubas e andaimes, cal e pedras. Fazia tanto calor que parecia se estar respirando fogo. Mas Francisco não se queixava. Era, realmente, magnífico trabalhar como pedreiro na solidão, estar completamente a sós e trabalhar no silêncio da floresta, no meio do verde das árvores! Às vezes, durante o trabalho, sentia-se tomado por um indizível sentimento de beleza e bondade que, por uns instantes, se prostrava na grama e, com lágrimas nos olhos, adorava a Deus. Assim, as horas passavam sem ele se dar conta. Acontecia de ele não voltar à tarde para casa, pois permanecia na floresta, rezando sob o clarão da lua. Então, se deitava dentro da igrejinha ou ficava fora dela, dormindo ao relento.

O verão e o outono foram muito lindos. Dia após dia, crescia no fervor de espírito. E era cada vez mais instigante o questionamento: Não poderia fazer algo a mais para Deus do que apenas levantar paredes? Envergonhava-se de estar levando uma vida tão boa e, pouco a pouco, foi intuindo que as palavras do crucifixo poderiam, quem sabe, ter outro significado.

Algo de grande e poderoso lhe estava sendo preparado. Qual seria o resultado disso? O que deveria fazer?

Ficava aguardando e sua alma permanecia na escuta. Ele estava pronto para obedecer, bastava Deus falar.

O inverno chegou e, mais uma vez, em São Damião, os dois amigos se assentaram junto ao fogo para rezar.

Ao chegar a primavera, retornou ao trabalho. Para não perder tempo, Francisco ficou morando lá embaixo no vale. Construiu para si uma pequena cabana de junco e palha. Somente aos domingos passava com o vigário.

Como era gostoso estar lá, na solidão do bosque. Os pássaros começaram a conhecê-lo; os coelhos e esquilos já não fugiam quando o viam e vinham escutá-lo, quando cantava.

Embora cantasse, sua inquietação interior aumentava sempre mais. Não era uma inquietação que o apavorava. Era, antes, o prenúncio de uma grande felicidade. Não sabia o que o aguardava, e tal situação não o deixava dormir.

Então, um belo dia, o senhor vigário lhe disse: "Eu acho que você não vai ficar construindo igrejas por muito tempo. Acredito que Deus lhe reservou outros desígnios".

"Vamos aguardar com calma", respondeu Francisco.

"Você falou certo", acrescentou o padre. "Devemos aguardar." "Quando vai terminar a igrejinha?"

"Eu acho que até a Festa de São Matias o senhor vai celebrar a primeira missa nela."

"Virei", disse o vigário.

Na reinauguração da capela – Deus lhe aponta o caminho

Francisco servia na missa como coroinha. Havia apenas um convidado: um velho pastor, corcunda de nascença, que há muitos anos, pessoalmente, ouvira o cantar dos anjos. Francisco estava inquieto e nervoso. Seus pensamentos se agitavam como nuvens revoltas.

O vigário, ao chegar ao Evangelho, voltou-se para o povo, melhor, para o pastor, mas na verdade olhando para Francisco começou a ler o Evangelho.

Francisco ouviu a Palavra de Deus, atenta e respeitosamente. De repente, as nuvens ameaçadoras desapareceram e uma grande luz o envolveu. O senhor vigário dirigiu-lhe um olhar penetrante como jamais o fizera. Francisco sentiu que um poder misterioso lhe falava pela boca do senhor vigário. Encantado, ouviu as palavras de Jesus enviando os apóstolos pelo mundo: "A messe é grande, mas os operários são poucos. Pedi, pois, ao Senhor da messe que envie operários para a sua vinha. Ide, vede, eu vos envio como ovelhas entre lobos. Não leveis bolsa, nem sacolas, nem calçado nos pés e não saudeis a ninguém pelo caminho. Sempre que entrardes em alguma casa, dizei primeiro: A paz esteja nesta casa! Se houver um filho da paz, ela repousará sobre ele, mas onde não houver, então, ela retornará a vós. Permanecei na mesma casa e bebei o que eles tiverem, pois o operário é digno de seu salário". Uma luz o envolveu e seus olhos se encheram de lágrimas. Deus havia falado. Ser apóstolo! Espalhar a paz e o amor, erguer as almas enfraquecidas e ser pobre, tão pobre como um pardal.

Paz, amor, pobreza! Seu corpo frágil tremia de felicidade. Depois da missa, proclamou em alta voz toda sua alegria no ouvido do padre.

"Eu não sei", disse o velho vigário, "por que me senti tão fortemente forçado a olhar para você daquela maneira, pois uma estranha força me pressionava. De fato, você vai ver. Acha que vai ficar trabalhando como pedreiro para sempre? O que eu sei é que você vai fazer belas pregações!"

Francisco saiu correndo até sua cabana, pegou o dinheiro, algumas moedas de cobre, e deu-as ao vigário. Escolheu a pior roupa e a vestiu. Não precisou vestir a camisa, pois não tinha. No lugar do cinto de couro, cingiu-se com uma corda. Tirou os sapatos e saiu descalço, feliz, extremamente feliz, sem camisa, vestindo apenas um traje muito simples. "Estas são minhas penas", exclamou Francisco.

"Cotovia de Deus", acrescentou o vigário abraçando-o comovido.

O início da missão

Assim se apresentou Francisco e pregou na praça do mercado: descalço, vestido com um traje muito simples, amarrado na cintura com uma corda. Sua voz soava com entusiasmo. O povo o ouvia muito atentamente. Suas palavras tinham o sabor de um pão com manteiga. As pessoas estavam mais sintonizadas com a melodia de seu coração do que com as palavras que proferia.

"Minha gente", disse ele, "não; permitam que eu os chame de 'irmãos', pois Deus é pai de todos nós. Vivamos em paz, cordiais como irmãos e alegres como as crianças. Todos nós viemos da mesma massa, apenas fomos cozidos em diferentes fornadas. Cada um tem suas falhas; mas, da mesma forma, suas boas qualidades. Apesar de nossos defeitos, podemos elevar o olhar para Deus que, por sua graça, mora em nosso coração e, consequentemente, nós nos devemos amar uns aos outros, apesar de nossas falhas. Vivamos a vida do interior para o exterior. Amemos a Deus no próximo.

Deus é grande e infinito. Ele criou o sol e as estrelas e a nós igualmente. Vivemos pelo seu sopro e nos movemos em sua luz. Está no céu, na terra e em toda parte. Está em nós pelo seu Santo Espírito e, no Santíssimo Sacramento, Ele se doa a nós como carne e sangue de seu filho Jesus Cristo. Ah! Como é maravilhoso podermos viver assim, pois vivemos nele e por Ele. Enquanto vocês dormem, enquanto preparam uma sopa ou quando costuram uma sandália, Ele continua presente em seus corações. Não o esqueçam. Se não o esquecerem, vocês se tornarão como as crianças.

Olhem para as crianças. Elas são alegres e não se preocupam com os cuidados do dia de amanhã. Quando veem uma flor se alegram, quando cai a neve cantam e levantam suas mãozinhas para o alto, para o sol e, quando começa a chover, elas riem. Vocês precisam ser assim.

Elas amam seus pais sem saber o quanto seus pais fizeram por elas. Mas nós, que sabemos o que Jesus, nosso pai, sofreu por nós e, na cruz, deu-nos a última gota do sangue de seu santo corpo, nós devemos amá--lo, dia e noite, e nele confiar. Não devemos levar a mal quando o pai, às vezes, nos dá um puxão de orelha. Ele sabe o porquê. Mas o que é um pouco de sofrimento comparado com a eternidade? Por acaso um filho deixará de amar o pai só porque, de vez em quando, lhe dá uma chamada? Amem-no dia e noite, amem-no pela sua criação, pela chuva, pela neve, pelas estrelas e nos momentos de tristeza. Façam penitência! A penitência é um remédio amargo que cura e purifica nossa alma. Vocês não tomam ervas mais amargas para curar a dor de estômago? E não querem curar a alma? Deus quer almas puras. Somente uma alma pura pode ver a beleza da obra saída de suas mãos. Então, serão capazes de admirar e louvar o Senhor. Amem-no, vivam em paz com Ele, uns com os outros e com vocês mesmos. A paz nas pequenas coisas traz paz para as grandes. Nós perdemos o paraíso por causa do pecado. Lá no alto existe um novo paraíso, mil vezes mais bonito. Assim é o céu. Mas o caminho que nos conduz a ele não passa pelo mundo de luxuosas vestes, dinheiro e fama, mas passa pela alma, por uma alma purificada. Sigam esse caminho, que é o do amor que nos conduz pela porta da Santa Igreja. Nossa Senhora e os anjos os aguardam e irão acompanhá-los. Vivam como irmãos e como crianças!

A Paz esteja com vocês. Amém."

À disposição de Deus, sai a pregar

Não teria ele falado bem? Não estaria certo? Tal reflexão foi como se uma semente estivesse caindo em seus corações.

Às vezes não é preciso muito para despertar a devoção em alguém. Um belo dia alguém acorda com ela; o outro ouve uma única palavra, depois de anos, e então se abre como uma tênue concha que já estava trincada; outros ainda parecem estar cercados de muralhas, de tal modo que nem o martelo mais pesado consegue romper. A força da graça é singular. Francisco, com um golpe, conseguiu abrir as portas da Igreja para esse povo que se deixou envolver pelo fervor de Deus.

Não teria ele falado bem? Por várias vezes, ele observou uma profunda piedade em Bernardo, que estava entre seus ouvintes. E Pedro Catani, vigário da igreja de São Nicolau, volta e meia estava com lágrimas nos olhos e suspirava. Uma pobre senhora esfregava os olhos com o avental. E os outros? Apenas ouviam suas palavras que entravam por um ouvido e saíam pelo outro?

Francisco entrou na igreja e rezou para que a semente de suas palavras caísse em terra boa. O coração lhe falou: "Não olha para trás! O colono também, quando semeia, não olha para trás, mas sempre para frente. Faz o que tens de fazer: semeia! Deixe que Deus cuide da chuva e do bom tempo". Então, sentiu-se novamente livre e saiu.

Um mendigo se aproximou praguejando porque não tinha recebido nada das casas dos ricos. Francisco lhe disse: "Irmão, também Nosso Senhor mendigou. Contudo, teria Ele se revoltado quando nada recebia? Não! Ele dizia: 'A paz esteja com você'. Diga isso sempre, você também, tanto para os que lhe derem, bem como para os que não lhe derem nada, e você vai ver que conseguirá pão e paz!"

"Nosso Senhor não tinha seis filhos", resmungou o mendigo. "Ele não teve só seis, mas centenas e milhares. Ele teve o mundo todo com os bons e os maus, mas por todos Ele se deixou pregar na cruz e, por sua cruz, pediu perdão por nós. Dê amor e receberá amor."

"Com você a gente não consegue falar", disse o mendigo. "Você mesmo está vesgo de fome." Deu meia-volta e tomou outro caminho.

Francisco falava com cada um que, amigavelmente, lhe acenava. Ao encontrar um camponês, falava com ele sobre o gado e sobre Deus. Ele conversou com uma faxineira a respeito de seus filhos e sobre as dores da Mãe de Deus. Com o esfregão nas mãos, ela ouviu suas palavras como se lhe estivesse dando uma notícia triste, mas de grande importância. Pouco depois, sentado numa escada, falou do estábulo de Belém a um bando de crianças sujas... Quando à tarde chegou à igrejinha, sentiu fome, pois havia se esquecido de mendigar.

"Sossegue, irmão burro", disse ao corpo. "Amanhã vou dar um giro e pedir esmola." E o irmão burro se aquietou.

Ele atravessava a região e, como um trovador, com suas canções fazia sua pregação. Ativo como uma abelha, pregava aos camponeses nos campos, aos lenhadores nos bosques, nos lugares afastados ou no pequeno mercado de uma vila; junto aos leprosos nas vielas da cidade, na feira ou às portas de uma igreja. Falava sempre sobre o mesmo assunto: Jesus, a pobreza e a bondade do coração, mas sempre de modo diferente. Era uma alegria poder ouvi-lo.

Às vezes, queriam encher-lhe as mãos de comida ou de dinheiro. Aceitava só o tanto de comida que desse para uma refeição: um prato de sopa ou uma fatia de pão com manteiga e café que, pelo caminho, misturava com um gole de água do riacho, recolhida na concha das mãos. Não aceitava dinheiro. Dormia lá, onde a noite o apanhava: numa cabana, na gruta de uma pedra ou a céu aberto.

Falava-se dele por toda parte. Às vezes, lembravam de sua vida pregressa, seu comportamento desenfreado, mas, como agora, na floresta, de braços abertos rezava noites a fio. Alguns viam tudo como palhaçada, outros achavam bonito. De ambos os lados havia fantasia: uns afirmavam que ele comia capim, caracóis e minhocas; outros diziam que ele era um santo e que, à noite, era possível ver uma coroa de luz em volta de sua cabeça.

Encontro com Bernardo, o primeiro discípulo

Quando, numa tarde, Francisco, morto de cansaço, entrou na igreja, um jovem o estava aguardando. Entregou-lhe uma carta do Senhor Bernardo, com uma linda saudação. Nela ele pedia a Francisco que o fosse visitar à noite, para conversar com ele.

"Irei hoje à noite", disse Francisco. Sentiu que o Senhor Bernardo está angustiado espiritualmente e se pôs a caminho.

Eles fizeram juntos uma pequena ceia. Foi um momento todo especial. Francisco, usando uma túnica muito pobre, com as mãos ásperas de um pedreiro, estava sentado a uma linda mesa da nobre sala; o Senhor Bernardo, vestindo veludo e seda, era um homem alto, magro, de claros olhos azuis, pouco falante, tímido e de caráter delicado. Ele queria saber, sem rodeios, como Francisco chegara a levar essa vida de pobreza.

Francisco, percebendo, imediatamente, que o Senhor Bernardo estava em busca de uma saída para si, contou-lhe sua própria vida, e sentiu-se revivendo tudo de novo. Contou-lhe tudo com tanto ardor e entusiasmo que, volta e meia, rolavam lágrimas pela face do Senhor Bernardo.

Assim permaneceram noite adentro até muito tarde. Então, Francisco quis voltar para o bosque, mas o Senhor Bernardo, com muita insistência, lhe pediu que passasse a noite com ele. Por fim, Francisco aceitou. Os dois foram dormir no mesmo quarto onde havia duas camas. Uma lamparina ardia numa pequena estante. Estando ambos deitados, logo começaram a roncar. Contudo, os dois fingiam dormir.

O Senhor Bernardo tinha se proposto observar Francisco, pois tinha ouvido dizer que, durante a noite, ele costumava levantar-se para rezar. Seria verdade? O Senhor Bernardo desejava que fosse verdade, não para satisfazer sua curiosidade, mas para demonstrar seu profundo respeito e estimular-se espiritualmente. Há tempos cultivava grande desejo de, também, levar tal vida de pobreza e piedade. Entretanto, como era muito prudente por natureza, não ousou falar logo sobre isso. Preferiu dormir com tal desejo e esperar até de manhã. Entretanto, não conseguiu dormir. Fingiu estar dormindo e, furtivamente, ficou observando Francisco.

Este, da mesma forma, fez como se estivesse ressonando. Esperou algum tempo, até achar que o Senhor Bernardo estivesse dormindo. Então, levantou-se cuidadosamente, saiu da cama, colocou-se de joelhos e, de braços abertos, sussurrava: "Meu Deus e meu tudo. Meu

Deus e meu tudo". Fazendo uma pausa, voltava a repetir: "Meu Deus e meu tudo".

Às vezes, soava como um suspiro, em seguida, parecia um grito jubiloso e, novamente, seguia-se um lamento angustiado. Cobrindo então o rosto com as mãos, voltou a inclinar-se de braços abertos e profundamente concentrado. Que beleza! Que santidade!

O Senhor Bernardo, à luz da lamparina, observava tudo muito bem, tanto que até se esqueceu de ressonar. Chorava comovido e, quanto mais se aproximava a manhã, tanto mais decidido estava ele a seguir tal vida. A fervorosa invocação "Meu Deus e meu tudo" voltava à sua mente a todo instante, chegando por fim a repeti-la interiormente.

Quando o dia amanheceu, Francisco voltou depressa para a cama. Em seguida, soaram os sinos. Então, Francisco e Bernardo fingiram acordar e se levantaram. O Senhor Bernardo, acabando de se vestir, foi até Francisco e lhe disse: "Francisco, eu também quero seguir esta vida com você. O que devo fazer? Você pode dispor de meus bens".

Francisco assustou-se e, exultando de alegria, respondeu-lhe abraçando-o: "Ó Senhor Bernardo, Deus seja louvado! Caberia a mim decidir sobre isso? Não! Não! Não me cabe e nem posso! Que maravilha! Nosso Senhor vai nos ajudar... Vamos até a igreja e lá Ele nos mostrará sua luz. Que lindo! Que beleza!"

Guiados pelo Evangelho, Bernardo e Padre Pedro se decidem

Os dois se puseram a caminho da igreja. Começaram a andar tão depressa que, ao final, parecia terem apostado uma verdadeira corrida. Na Igreja de São Nicolau, o vigário Padre Pedro iniciava a santa missa. Acompanharam a celebração com toda concentração. Seu coração era uma janela aberta para Deus. Na ideia de Francisco o melhor guia seria o Evangelho. Não fora ele que lhe havia indicado o caminho certo? Ao terminar a missa, os dois acompanharam o senhor vigário até à sacristia. Francisco contou-lhe toda a história e pediu-lhe que abrisse o Evangelho para o Senhor Bernardo.

Foram até o altar onde estava o Evangelho. Francisco solicitou, em honra da Santíssima Trindade, que abrisse o livro por três vezes, e fosse lido um versículo em cada vez.

O senhor vigário fez o que Francisco lhe pedira. Na primeira vez, ele leu: "Se queres ser perfeito vai, vende tudo o que tens e dá aos pobres, pois terás um tesouro no céu e vem, e segue-me". Na segunda vez: "Não leveis nada pelo caminho: nem bastão, nem sacola, nem pão, nem dinheiro, nem deveis ter duas túnicas". E na terceira vez leu suspirando: "Quem não tomar sua cruz e me seguir não pode ser meu discípulo".

As lágrimas corriam pelas faces do vigário e ele tremia como uma vara verde. O Senhor Bernardo, demonstrando sua prontidão, caiu de joelhos, e perto dele se ajoelhou também o senhor vigário, e erguendo as mãos suplicou a Francisco: "Eu também, eu também!"

O fato, naturalmente, agitou a cidade e causou muita admiração pelos arredores. Dois homens conceituados, um rico cidadão e um padre, se juntaram a Francisco. A zombaria e a dúvida foram ficando mais raras, mas todos que haviam demonstrado algum respeito e amor por Francisco se comportavam como se só eles tivessem alcançado essa vitória. Porém, a maioria se perguntava o que o Senhor Bernardo iria fazer com o dinheiro. O dinheiro era a principal preocupação: ele o deixaria aos parentes, à cidade ou à Igreja?

Ele vendeu seus bens: casas, terrenos, móveis, e tudo lhe rendeu uma boa soma de dinheiro. O que faria com isso?

Toda a Assis ficou doida quando soube que o Senhor Bernardo, no dia seguinte, iria, pessoalmente, partilhar tudo com os pobres no mercado de São Jorge. Os pobres mal puderam dormir de tanta excitação e, antes mesmo do amanhecer, muitos já se encontravam à espera, lá no mercado. Os doentes foram tirados da cama e trazidos do hospital. Todos deviam estar lá, jovens e velhos, e quem não podia andar foi carregado. A alta burguesia e a nobreza se mostraram muito insatisfeitas. Não aceitar dinheiro algum, assim como fez Francisco, era incompreensível. Mas não ter dinheiro na mão para uma necessidade, ou doá-lo simplesmente aos pobres, isso nunca se ouviu dizer. Por que não o empregar nas obras públicas, na construção de uma estrada ou num hospital? Era um escândalo doá-lo aos pobres que logo o esbanjariam. A polícia ficou encarregada de cuidar da ordem.

Os pobres se colocaram espremidos em duas filas no meio da praça. A multidão se acotovelava ao redor. Francisco, o Senhor Bernardo e o vigário chegaram à praça pelas 3 horas. Então, os pobres começaram a gritar:

"Meu marido está há três anos sem trabalho".

"O meu é cego..."

"O meu aleijado..."

"Tenho lá em casa mais crianças..."

Eles exageravam e mentiam à toa, formando-se um tumulto que não se podia ouvir nem ver mais nada. A polícia fazia de tudo para manter o povo no lugar.

Cada um dos três amigos trazia duas sacolas recheadas de dinheiro. O Senhor Bernardo começou a distribuição. Um policial ficava ao seu lado. Dava a cada um tanto dinheiro quanto conseguia apanhar com a mão.

Essa distribuição de dinheiro arregalava os olhos curiosos de centenas de pobres e ricos. Enquanto aqui se fazia a distribuição, lá adiante os pobres se acotovelavam causando desordem. As lanças dos policiais os faziam recuar. Para que ninguém recebesse duas vezes, todos precisavam ficar no seu lugar até que a distribuição chegasse ao seu final. O dinheiro fazia cócegas nas mãos e cada um que ganhava alguma coisa contava e recontava as moedas de prata. Para fazer mais depressa, Francisco e o vigário distribuíam do outro lado.

Apenas haviam começado a distribuição, quando Padre Silvestre se enfiou no meio da multidão. "Por favor", disse estendendo a mão: "Agora quero receber o dinheiro do saco de cal".

Francisco olhou para ele com tristeza. Esse olhar transpassou-lhe a alma. Em seguida, encheu as mãos de dinheiro e lhe perguntou: "Isto é suficiente?"

O gesto teve o efeito de uma punhalada. O Padre Silvestre levou um susto e resmungou enfurecido. Sentiu-se humilhado e pensou se não deveria atirar o dinheiro na cara de Francisco. Mas mostrou apenas um riso de desprezo e foi embora com o dinheiro. No meio do povo, ouviu-se o murmúrio contra tamanha avareza e avidez diabólica.

Os três continuaram a distribuição e ao terminarem, em cinco minutos, a praça estava totalmente vazia, ficando os três sem um centavo. Francisco levou seus dois amigos a um comerciante de roupas onde mudaram seus trajes por um hábito cinzento com capuz, como usavam os pastores nas montanhas. "Se vocês precisarem trocar, eu tenho no estoque", disse o judeu esfregando as mãos.

Meia hora mais tarde, dirigiram-se para a capela de Nossa Senhora. Eram seis pés descalços caminhando um ao lado do outro.

Naquela tarde, as casas de comércio e as tabernas tiveram tanto movimento como jamais houve em nenhum dia de festa.

5
Irmãos, irmãos por toda parte...

Novos discípulos integram a fraternidade

Na mesma tarde, chegou o padre de São Damião para congratular-se com eles. Trouxe-lhes um cálice de estanho e um missal, um pouco de óleo, vinho e hóstias para a missa.

Abraçando Francisco como a um filho, disse: "Vocês vão continuar a crescer em número e, se eu fosse um pouco mais jovem, também iria juntar-me a vocês". Ao despedir-se os olhos se encheram de lágrimas. Pediu para que, de vez em quando, eles o visitassem, e foi o que lhe prometeram.

Dormiam no chão da cabana e, pela manhã, Pedro celebrava a missa. Como era bonita essa missa, pois era primavera e o aroma da mata, entrando porta adentro, impregnava o ambiente com seu perfume. Depois da missa, cada irmão tomava seu caminho para ganhar o sustento e falar de Deus aos homens. À tarde, retornavam, e cada um relatava sua experiência. Pedro contou que comeu junto com um lavrador e, numa encruzilhada, falou sobre a pobreza para mais de vinte pessoas.

Francisco, primeiramente, mendigou um pouco e, daí, foi visitar um doente conhecido como Morico, o qual, outrora, cuidava dos leprosos. Francisco disse: "Irmão Pedro, pois agora queremos nos chamar de 'irmãos', amanhã eu vou molhar um pedaço de pão na lamparina do Santíssimo, e você vai levá-lo ao doente pedindo-lhe que o coma em jejum".

Irmão Bernardo mostrou as mãos delicadas e como suas palmas ficaram cheias de bolhas. Ele havia ajudado um camponês a carregar esterco ganhando com isso um prato de sopa e uma fatia de pão. Ele tomou a sopa, e trouxe o pão consigo.

"Alegremo-nos pelas nossas mãos que se tornaram ásperas e feias, pois não podemos nos esquecer de que Nosso Senhor quer colocar à prova tanto nossas mãos quanto nossas almas. As mãos rudes de um trabalhador e uma alma pura são as primeiras que abrem as portas do céu. Peçamos a Deus que nos dê muito trabalho."

Oito dias depois, ao sair da floresta, Francisco encontrou um filho de camponês, vestido com a melhor roupa de domingo, ajoelhado e rezando ao lado de um grande pão branco. Levantou-se e veio ao encontro de Francisco e, ajoelhando-se, lhe suplicou: "Posso ficar com vocês?"

"Qual sua profissão?", perguntou Francisco.

"Lenhador, senhor padre."

"Eu sou Irmão Francisco, e você como se chama?"

"Egídio, senhor Irmão Francisco."

"O 'senhor' pode deixar fora", sorriu Francisco.

"Trouxe comigo um pão", disse o jovem.

"Vamos comê-lo juntos, Irmão Egídio. Quando o imperador vai escolher alguém para sua companhia todos gostariam de ser o escolhido. Alegre-se e sinta-se orgulhoso, pois o próprio Deus o escolheu para ser contado entre os cavaleiros da Senhora Pobreza."

De mãos dadas, entraram floresta adentro. Primeiramente, rezaram na igrejinha e, em seguida, Egídio contou, um tanto tímido, que ele vinha das florestas do Monte Subásio. Um pastor lhe havia falado de Francisco. Ficou pensando nisso dia e noite, e não podendo mais resistir, sentiu-se impulsionado a abraçar tal modo de vida.

Hoje de manhã, ele se despedira de seu pai e este lhe dera para a viagem um pão que ele próprio tinha assado. Teve a sorte de chegar até aqui.

"Você tem um bom faro", observou Francisco. "Creio que podemos fazer de você um excelente irmão. Hoje à noite, que alegria não hão de sentir os outros quando ouvirem isso! Quem imaginava que eu iria ganhar irmãos! Bem, primeiramente, vamos cuidar de sua plumagem." Puseram-se a caminho para Assis até a loja de roupas. O traje dominical de camponês que era feito de tecido bom e forte, bem como as botas e um lindo cachecol de seda e o chapéu, tudo foi substituído por uma túnica de lã usada pelos pastores e dois metros de corda. "Adeus", disse o negociante. "Eu tenho estoque desta roupa e já encomendei mais." E – lembrando o ditado que diz: "Oferece-se um peixe pequeno para apanhar um grande" – deu a cada um uma fatia de pão seco.

Os irmãos: admirados pelo povo e menosprezados por alguns

Todos os dias saíam, dois a dois ou cada um por si, para pregar, mendigar ou trabalhar. Pernoitavam onde a noite os apanhava, mesmo a céu aberto e no chão duro; pouco se importavam com isso, e até levavam na brincadeira. Eles mesmos se tornaram como uma parte da terra, um produto da natureza, cheios de vigor como a primavera.

Ao chegarem aonde as pessoas não os conheciam, as crianças ficavam com medo e gritavam: "bruxos". As mulheres, apavoradas com o que poderiam fazer, pensavam que fossem ladrões da floresta. Mas, ao ouvirem os irmãos falar sobre Deus tão bem e com tanta suavidade, desaparecia o medo e recebiam suas palavras como uma revelação. Não necessitavam de muitos ouvintes para iniciar a pregação. Bastava que vissem, em qualquer lugar, um pastor sozinho sentado numa colina, subiam até lá para falar-lhe de Deus e do Evangelho; vissem eles uma camponesa ordenhando as vacas, para lá iam eles; ou se um camponês com seus bois estivesse arando o campo ele não precisava perder tempo algum, pois enquanto conduzia seu arado um dos irmãos, ao seu lado, acompanhava-o falando-lhe de sementes e do Reino dos Céus. Eram incansáveis.

O povo achava muito bonito eles não aceitarem dinheiro algum e nem mesmo um pedaço de pão com manteiga se não estivessem com fome. Aqueles que os ouviam de boa vontade sentiam-se repletos de doce felicidade.

Os irmãos iam às cidades circunvizinhas e até a outras províncias. Entretanto, nas cidades, às vezes, acontecia que enquanto um dos irmãos estava pregando, homens e mulheres começavam a cantar canções vulgares e instigavam as crianças a atirarem lixo neles. Contudo, os irmãos se alegravam em poderem sofrer por amor do Senhor Deus. Eram homens de ânimo sempre alegre e não se deixavam abater em seu entusiasmo nem pela fome, desprezo, humilhação ou mau tempo.

"O tempo é sempre bom, apenas de formas diferentes", dizia Francisco, e os irmãos concordavam com ele.

Mais irmãos, cada um com seu tipo

Depois de muitos dias, ao voltar Francisco da região de Ancona com o zeloso Irmão Egídio, mais outros três homens estavam à sua espera, sentados diante da capela, já trazendo consigo o hábito.

Eram todos de Assis. Morico, de estatura pequena e forte, tendo se restabelecido depois de comer o pedaço de pão mergulhado no óleo da lamparina do Santíssimo; o outro, conhecido como Sabino, parecia piedoso e instruído, e o terceiro, de nome João, rapaz forte com um queixo altivo e um nariz afilado, usando um chapéu grande. Era filho do avarento mercador da cidade que, certa vez, não quis dar nem meia pedra a Francisco e, agora, seu filho se dá a ele todo inteiro. Quando os três viram Francisco, atiraram-se de joelhos pedindo ser admitidos como irmãos. Eles já haviam estado aqui várias vezes. Então, foram informados por um carroceiro que Francisco estava a caminho, por isso o aguardavam desde hoje de manhã.

"Deus seja louvado", disse Francisco. "Três coelhos numa só cajadada." Foram a um canto qualquer, vestiram o hábito e se apresentaram.

"Você não tem o capuz por cima do hábito como nós", disse Francisco ao filho do mercador.

"Eu o tirei", respondeu João, "porque não consigo suportar. Tenho um chapéu que é tão bom quanto um capuz."

"Isso não pode ser assim", observou Francisco. "Nós somos aves do mesmo ninho e devemos ter a mesma plumagem."

"Eu não posso usar um capuz", retrucou o outro. "Ele me sufoca."

Houve uma longa discussão sobre o chapéu, pois João não queria se desfazer dele. Contudo, seria justo despedir alguém que quisesse seguir a vida de pobreza de Nosso Senhor, só por causa de um chapéu, de um simples chapéu?

"Está bem", disse Francisco sorrindo. "Assim como se costuma denominar os cavaleiros a partir das terras que conquistaram, assim, nós o chamaremos de Irmão Chapéu, por causa desse chapéu que lhe é tão precioso. Eu te abençoo, Irmão Chapéu!"

Os sete primeiros irmãos e as dificuldades

Agora, já eram sete. Formavam uma família completa. Os sete riram quando, no dia seguinte, se assentaram em círculo para comer o pão mendigado. De agora em diante, Irmão Chapéu, indicado por Francisco como merceeiro, tinha a incumbência de distribuir a comida. Desempenhava seu papel como um merceeiro pão-duro, bem no jeito de seu pai. Pesava o pão com as duas mãos, e sempre em partes iguais, para cada um.

Quando Francisco, uns dias mais tarde, foi a Assis com Irmão Bernardo para mendigar, encontrou por toda parte caras feias. As pessoas, que sempre lhe deram alguma coisa, entravam depressa, batiam-lhe a porta na cara e o deixavam esperar. Outros passavam por ele sem olhar. Francisco, assustado, não entendia o que significava isso, e Irmão Bernardo menos ainda.

Ao chegarem à praça do mercado, perceberam o que havia de errado. O pai do Irmão João atirou-se sobre eles enfurecido, xingou Francisco de bruxo e agitador, tratando-o como um ladrão de filhos, pois roubava os filhos de seus pais.

"Eu exijo meu filho de volta", gritou ele. "Vou reclamar ao senhor bispo. Você está completamente louco. Primeiro, deu embora tudo e, agora, vem mendigar."

Um gordo açougueiro, com as mãos todas sujas de sangue, falou em alta voz:

"Se meu filho falar uma palavra querendo segui-los, vou picá-lo em centenas de pedaços junto com vocês. Podem mendigar e vestir-se como bobos quanto quiserem, mas deixem em paz as famílias".

Uma senhora de idade e outras pessoas se encontraram e começou um verdadeiro fogo cruzado com xingatórios e maldições contra eles.

Na hora, os dois irmãos bem que tiveram vontade de revidar alguma coisa, mas os outros gritavam mais alto. Começaram a aparecer mais e mais pessoas engrossando a multidão.

Só os mendigos não tomavam parte. Muitos deles seguiam o exemplo de Bernardo. Toda a cidade estava em alvoroço. Ao chegarem lá fora, em campo aberto,

Francisco disse: "Vamos rezar, pois uma nuvem negra paira sobre nossas cabeças, mas Deus cuidará para que a tormenta passe".

Abençoado pelo bispo para o viver em fraternidade

Alguns dias mais tarde, uma mensagem do palácio episcopal comunicou a Francisco que deveria ir até o bispo. Uma nuvem sombria de angústia veio perturbar a paz dos irmãos. Puseram-se a rezar com redobrado fervor. O que poderia acontecer se o bispo os condenasse?

Francisco ficou pálido como cera, mas em plena luz do dia foi direto a Assis. Não se incomodou com as caras feias que as pessoas faziam. Elas não esperavam tanta ousadia.

O povo havia se queixado junto ao senhor bispo e acreditava que ele iria lhe passar uma descompostura. Com isso, toda essa comédia, que há tanto tempo provocou tanto tumulto em Assis, se esvaziaria.

A multidão esperava lá fora diante da porta.

De fato, o senhor bispo chamou a sua atenção, mas não com violência, e sim com muita mansidão. Disse-lhe que essa pobreza absoluta não seria possível por muito tempo, e que deveria fundar um convento onde os irmãos, na verdade, pudessem viver pobres, mas que precisariam ter certas reservas ou algo semelhante.

Francisco reconheceu logo que o senhor bispo falava desta forma influenciado por pessoas estranhas, pois fora ele mesmo quem o estimulara a seguir uma vida de pobreza. E lendo em seu coração ousou, então, lhe responder:

"Senhor bispo, se possuirmos bens deveremos, igualmente, manter-nos armados para poder proteger nossos bens e contratar advogados para conduzir os processos. Desta forma, não nos sentiremos livres para servir a Deus."

O senhor bispo ficou pensativo. Francisco tremia de medo que ele fosse responder-lhe com palavras de desaprovação, mas este lhe disse:

"Levante-se e vai em paz", e o abençoou.

Ao chegar o verão, ocupavam-se com o trabalho, a pregação, a oração e a mendicância, mas primeiramente com a oração. Como era bom rezar lá no bosque dos carvalhos sem ser incomodado por ninguém, à luz de um verde crepúsculo, do silêncio, da santa natureza e dos meigos animaizinhos e o vento soprando nas folhagens das árvores. Podia-se ficar lá ajoelhado, por horas a fio, e perder-se na eternidade de Deus. Ao se dirigirem ao trabalho ou se reunirem para comer, caso faltasse alguém, já sabiam que ele estaria em algum lugar na floresta rezando e não o incomodavam. Quando à noite faltasse alguém não o chamavam e, calmamente, se recolhiam nas cabanas para dormir. Pela manhã, lá vinha ele molhado pelo orvalho e sedento por comunicar sua felicidade.

O Espírito Santo estava, de fato, presente nestes sete homens.

Francisco era como a estrela da manhã. Sua alma ardente iluminava-lhe o corpo e servia de luz para outros. De vez em quando, algum deles beija-lhe as mãos, respeitosamente, e confiava-lhe o que se passava em sua alma. Francisco o consolava. Contudo, as palavras atingiam seu próprio coração de tal sorte que assim como os irmãos se sentiam pequenos diante dele, igualmente sentia-se ele mil vezes mais insignificante e desprezível aos olhos de Deus. Tinha consciência da sua nulidade e da total miséria de seu corpo, pois embora o dominasse pela penitência e jejum, voltava a querer aquilo que seu coração desprezara. Todos os dias experimentava sua humanidade, e era preciso retomar a luta continuamente. Contudo, trazia em si a vontade de vencer. Enquanto trabalhava a si mesmo, purificava seus irmãos e a todos quantos dirigia sua pregação.

No fim do verão, juntou-se a eles um novo irmão: Felipe, que por causa de sua altura, quase dois metros, foi chamado de "Felipe o Longo". Naturalmente seu hábito ficou muito curto. O Irmão Morico precisou cortar um pedaço do seu, que era comprido demais, e foi emendado no do Irmão Longo. O Irmão Chapéu, que entendia de costura, emendou o pedaço com uma agulha emprestada e logo devolvida com o resto do fio, pois não queriam possuir nada, nem mesmo uma agulha.

Chegou o outono com seus dias sombrios e chuvosos e os caminhos cheios de lama. Como a palha tinha apodrecido, chovia dentro pelo telhado esburacado, e os pés descalços se encharcavam na lama, ficando todos molhados dos pés à cabeça. O vento uivava por entre as árvores; era escuro e fazia frio; eles tremiam tiritando de frio. Quando conseguiam acender um fogo, a chuva o apagava e as noites se tornavam terrivelmente longas. De vez em quando, alguns ficavam sentados meditando e, com um olhar cheio de melancolia, sonhavam. Não estariam pensando em sua casa aquecida onde havia toucinho refogado na frigideira?

Francisco não gostava de vê-los sonhando assim. "Venham", disse ele um dia. "Cerca de 20 minutos daqui, em Rivotorto, nas proximidades do leprosário, há uma choupana com um telhado bom. De fato, a cabana não é muito grande, mas com boa vontade todos nós cabemos nela.

A fraternidade em Rivotorto e a primeira missão

Então se dirigiram para lá sem levar nada, pois nada possuíam. Seu primeiro trabalho foi plantar uma grande cruz diante da choupana.

O inverno se aproximava rapidamente. Francisco temia que alguns perdessem o entusiasmo. O que iriam fazer no inverno? Noites longas, dias curtos, caminhos ruins, nenhum trabalho junto aos camponeses; tempo ruim e portas fechadas. Ele rezou para que Deus lhe desse um conselho, e o conseguiu. Ao estarem todos reunidos, Francisco falou: "Meus irmãos, o irmão inverno chegou e não podemos permanecer aqui sentados, à toa. Deus pede que trabalhemos. Por isso, amanhã, dois a dois iremos pregar o Evangelho em terras desconhecidas. Recordando a Santa Cruz de Cristo, vamos nos separar em forma de cruz: Bernardo e Egídio para o Oeste: dois para o Norte; dois para o Leste, e Morico e eu vamos para o Sul. Quando chegar a primavera, nos reuniremos aqui, novamente".

"Sim, isso é bom, muito bom", disseram todos.

Eles se alegraram por poderem trabalhar para Deus e saírem para longe, livres como os pássaros. Assim, se recolheram mais cedo para dormir. Na manhã seguinte, nevava. Era o começo de um lindo dia. Reuniram-se ainda uma vez na capela para rezar. Francisco fez um lindo sermão: "Sejam delicados no caminho, preguem, trabalhem. Peçam esmola e saibam que Deus está com vocês". Deu-lhes ainda outras instruções úteis que eles ouviram com solicitude e entusiasmo. Abençoou um a um, e eles se abraçaram. Em seguida, renovados no vigor e na coragem, partiram na direção dos quatro pontos cardeais.

A neve caía nos capuzes, no telhado da capelinha e se estendia sobre toda terra numa límpida cobertura. Ouviam-se quatro canções que, pouco a pouco, iam se distanciando uma da outra.

Francisco dirigiu-se para o Sul na companhia de Morico irmão robusto e de bom coração. O ninho ficou vazio, as aves de distanciaram e se dispersaram por regiões desconhecidas. Não estaria ele exigindo demais deles? Eles ainda precisavam dele, pois eram principiantes.

"Mas Deus velará por eles". Assim Francisco procurava consolar-se. A preocupação não o abandonava, e o sentimento de sua indignidade o atormentava cada vez mais.

Eles pregavam nas aldeias e cidades, no Vale de Rieti, aos pés dos Abruzos. Quanto mais Francisco pedia às pessoas que colocassem sua alma acima dos sentidos, tanto mais se sentia ele próprio nada mais do que um pedaço de carne, impregnado pelos pecados da vida passada. Na verdade, já não pecava tanto, mas, em seu interior, os desejos se agitavam como vermes num ninho. O povo também não lhe dava tanta atenção. Riam-se dele e o rejeitavam como herege, expulsando-o das aldeias. "Bem-feito para mim", censurava-se ele. "Um pecador como eu não deve querer dar lições aos outros."

123

Por toda parte, tudo parecia conspirar contra eles: passavam frio e fome; as pessoas tinham medo de acolhê-los; dormiam nos pórticos das igrejas, debaixo de uma carroça ou numa gruta das rochas; estavam expostos ao vento, à chuva, à neve e ao gelo.

Tudo era muito desgastante: o tempo e as pessoas. Francisco não encontrava consolo nem em seu próprio coração. Contudo, não queria demonstrar sua tristeza, por isso cantava. O Irmão Morico entoava com ele uma triste melodia. Em Poggio Bustone, o vigário os colocou porta afora dizendo: "Vão para um convento senão essa história toda vai transformar vocês em ladrões". Morico chorava.

"Vamos procurar uma gruta para nós", disse Francisco. "Lá, toda alma sedenta sempre encontrará consolo."

Subiram as escarpas de pedra que se elevavam por trás da cidade. Numa altura de uns 500 metros, encontraram uma gruta, um buraco escuro como a garganta de um dragão. Havia morcegos pendurados por toda parte. Ali, passaram a noite. Na manhã seguinte, Irmão Morico foi à cidade mendigar, enquanto Francisco colocou-se em oração buscando consolo para si e para os irmãos. Como essa ovelhinha poderia aguentar isso?

Logo que Morico saiu, Francisco se estirou ao chão sobre a terra, e começou a clamar tão alto que a gruta ecoava como uma igreja: "Meu Deus, quem sois Vós e quem sou eu, um miserável verme? Concedei-me, ó Senhor, que apenas o amor por Vós habite em meu coração".

Esmagado sob o peso da dúvida, sentindo toda responsabilidade e reprimido pela angústia, arrastava-se pelo chão da gruta como um cão moribundo. Subitamente, observou suas mãos imundas repletas de luz.

Levantando os olhos viu toda a caverna se iluminar e uma voz suave lhe falou: "Tem coragem, todos os teus pecados te foram perdoados". Seus olhos contemplaram magnífica visão: De todas as direções vinham até ele milhares e milhares de irmãos radiantes de alegria.

A visão se dissipou. Então ergueu-se e saiu cambaleando. Caía a neve e ventava muito. O vento uivava castigando suas vestes, levantava o manto atirando os longos cabelos pelo rosto. Francisco, enfrentando o vento, as nuvens escuras e a tempestade de neve, gritou: "Irmãos, minhas queridas ovelhas, voltem de sua viagem. Deus nos abençoou. Venham, vamos dançar de alegria". E sua voz se dissipou no barulho do vento. As palavras, como sementes, se espalharam ao vento e pela neve.

Os relatos da missão e a visão de Francisco

Como se haviam separado a partir da capela, em forma de cruz, assim, pouco a pouco, voltaram a se reunir em forma de cruz. A alegria era grande e agradeciam a Deus pelo reencontro. Numa cabana de Rivotorto, agachados em torno ao fogo, contavam suas experiências.

As lágrimas brotaram em seus olhos quando Francisco lhes narrou a visão, dizendo: "Estou ouvindo e vendo a chegada de novos irmãos. Não tenham receio algum e não se deixem desencorajar porque somos poucos e nem pela nossa simplicidade de vida. Eles estão chegando de todos os países. Os caminhos ecoam sob seus pés!"

Então se abraçaram e cada um contou o que viveu.

Irmão Bernardo e Irmão Egídio estiveram em Florença e foram expulsos de uma casa porta afora, e então, acolhidos por um homem, não quiseram receber dele nada em dinheiro. Com isso, ele ficou profundamente impressionado que, em seguida, repartiu com os pobres parte de seus bens. Irmão Egídio voltou sem capuz. Ele o dera a um homem que estava quase com as orelhas congeladas. Em consequência disso, correu o risco de perder as próprias. Pedro e o Irmão Longo foram recebidos a pedradas e, para proteger o companheiro, um se colocava diante do outro

Quanto ao Irmão Sabino arrancaram-lhe as mangas do hábito e, pegando-o pelo capuz, o carregaram nas costas como um saco de farinha.

Ao Irmão Chapéu forçaram a tomar vinho e jogar os dados. Como ele se negou deram-lhe uma camada de pau. Fizeram seu hábito em trapos, mas o chapéu ele conseguiu salvar. Com isso todos riram à vontade.

Infelizmente, tiveram para contar muitas malvadezas que os homens lhes fizeram e poucas coisas boas. Suportaram muita coisa e, frequentemente, sua coragem esmorecia. Mas, tendo Francisco relatado sua visão, voltaram a encarar o futuro com toda alegria e coragem. Quão felizes sentiam-se eles por estarem enamorados pela Dama Pobreza! Podia chover a cântaros ou a neve chegar até o joelho; o estômago podia estar vazio a ponto de precisar apertar mais o cordão para diminuir o espaço vazio, mas, como traziam a chama sagrada dentro de si, ninguém se queixava da vida. Cheios de esperança cantavam.

As dificuldades da vida em comum

Sobreveio um tempo difícil. Eram oito robustos moços que precisavam comer o suficiente, ao menos duas vezes por dia, mas o que eles tinham mal e mal dava para dois! Irmão Chapéu pesava as porções nas mãos como se fossem o ouro mais precioso. Muitas vezes eles precisavam ir, mesmo debaixo do granizo ou da chuva, até às aldeias distantes para conseguir algo e, no mais das vezes, voltavam sem nada. Num desses dias, quando o estômago roncava de fome, enquanto saíram para procurar trabalho e comida, foi deixada no chão, dentro da cabana, uma bolsa com moedas de ouro. "Esterco, para o lixo!", disse Francisco, e, na mesma tarde, Irmão Pedro foi obrigado a atirar o dinheiro numa esterqueira.

Um dia, Sabino contou que ele ganhara de um camponês um grande pão branco, mas, no caminho de volta, ele o dera a uma mulher pobre com duas crianças. Quando Felipe ouviu isso, disse: "Quão bela é a santa pobreza!" Apesar da miséria, resistiam com coragem e continuavam pregando. Em seguida, foram dormir com o estômago vazio, mas com um sorriso nos lábios.

Francisco, por vários dias, rezou quase ininterruptamente. Os demais tiveram o cuidado de não o incomodar. Numa tarde, todos se assentaram junto ao fogo. Começava o degelo. Pingava por toda parte: gotejavam as árvores, o telhado e as roupas molhadas pela chuva. Francisco se levantou e falou: "Meus queridos irmãos, daqui para frente nós nos chamaremos 'Irmãos Menores', pois somos os menores dentre quaisquer outros. Eu tenho algo a lhes dizer".

Colocou-se de pé e seus olhos brilhavam no reflexo das chamas do fogo, sua voz era doce como o mel. "Eu fico muito contente por vocês estarem confiantes no aumento do nosso grupo, embora, até agora, ainda não tenha aparecido mais ninguém. Mas eles virão. Tenho certeza, e já os estou ouvindo chegar. E uma vez que hão de vir de todas as regiões e porque teremos esposos da Dama Pobreza vindos de todos os países precisamos ter uma regra. Uma regra fixa porque senão um se comporta de um jeito, o outro de outro, não é mesmo, Irmão Chapéu?"

"Isso é verdade!", assegurou Irmão Morico.

"Essa regra deverá ser confirmada por Deus, mas a gente não se encontra facilmente com Ele e nem podemos dizer-lhe: "Por favor, entre e assine este documento". Contudo, existe alguém na terra que pode fazer isso em seu lugar". "O papa em Roma", disse o Irmão Egídio.

"É isso mesmo", respondeu Francisco. "Nós iremos a Roma, até o papa, tão logo o tempo melhore. Amanhã, com a ajuda de Deus, vou escrever a regra e, quando estiver aprovada, ninguém mais nos poderá censurar chamando-nos de hereges, como os mendigos da França."

"Muito bem! Muito bem!", exclamaram todos. Francisco declarou: "Queremos, a partir de agora, um jejum para valer e, começando, vamos renunciar à refeição de hoje à noite, pedindo a Deus que me ilumine na redação da regra".

Todos concordaram, exceto o Irmão Chapéu. "Não!", disse ele. "Eu não preparei meu estômago para isso. Não comi nada o dia todo. Poderia jejuar amanhã, mas agora não! Já reparti o jantar. Há comida e precisamos consumi-la. "E se não houvesse nada?", perguntou Francisco.

"Mas há!"

"Mas supondo que não tivesse?"

"Eu não estava contando com isso", e pegou sua parte.

"Querido Irmão Chapéu", disse Francisco, "coma! e coma também nossa parte. Nós continuamos com fome e então jejuaremos em dobro no teu lugar." "Não", disse o Irmão Chapéu envergonhado, "eu vou jejuar também."

E se atirou de joelhos diante de Francisco.

A redação da regra e sua apresentação aos irmãos

No dia seguinte, dois irmãos foram para Assis a fim de encontrar um pedaço de pergaminho e emprestar um pouco de tinta e uma pena de ganso. Uma hora mais tarde, Francisco ajoelhou-se aos pés da cruz e começou a escrever. Os outros foram ao bosque ou à capela para rezar.

Por sorte, brilhava um sol de fevereiro, amarelo e tão fraco que não conseguia nem dissipar a névoa. Francisco escrevia a regra da Pobreza e a cantava. Às vezes, enquanto escrevia, cantava algumas frases da regra e elevando o olhar, cheio de amor, fixava-o na grande cruz vermelha:

"Oh Santíssima Trindade, nós vos louvamos e adoramos e, como humildes filhos, nos colocamos sob a proteção de vosso vigário, o papa, em Roma... Nós, Irmãos Menores da Pobreza, nos reunimos para que, pela obediência, castidade e pobreza voluntária, procuremos seguir Jesus em sua humildade e pobreza... Quem quiser nos seguir para servir ao Senhor será recebido com toda alegria, depois que tiver dado seu dinheiro aos pobres. E todos os irmãos vestirão um hábito que poderá ser remendado com pano de saco. Entre nós não haverá aquele que domine como chefe. Trabalharemos, pois quem não quiser trabalhar também não deve comer e, por nosso trabalho, receberemos o que necessitarmos, exceto dinheiro e podemos pedir esmola... Nós nos contentaremos com pouca comida e com um traje simples. Devemos, em primeiro lugar, procurar a companhia dos simples e desprezados, dos pobres, fracos e doentes, dos leprosos e mendigos... Não devemos ocasionar disputas nem brigas entre nós e nem com os outros... e não levaremos nada conosco, nem bolsa nem sacola de pão, nenhum dinheiro, nem bastão... e por toda parte e a todos vamos desejar a paz do Senhor... e se alguém nos bater no rosto lhe ofereceremos o outro lado; àquele que nos rouba a túnica lhe daremos também o casaco. E nada do que nos tirarem exigiremos de volta. Queremos ser católicos, viver e falar como cristãos católicos. Respeitaremos o alto e o baixo clero, os superiores e os inferiores. Queremos considerá-los como nossos superiores e em sua função tê-los em grande estima no Senhor... Irmãos, de hoje e do futuro, evitai todo o mal e sede perseverantes no bem, até o fim. Temei e venerai o Deus todo-poderoso na unidade da Santíssima Trindade, o Pai, o Filho e o Espírito Santo criador do céu e da terra. Amém..."

Francisco, chorando e rindo, levantou-se e, colocando as mãos em concha na boca, exclamou:

"Irmãos, venham, venham e ouçam, a regra está pronta!"

Os sete apressados vieram correndo por entre as árvores da floresta. Ele estava de pé, junto à cruz, e eles se colocaram à sua volta. Com grande alegria e voz comovida, Francisco leu para eles o Contrato com a Dama Pobreza.

Transbordando de alegria, Francisco não sossegava. Por isso, subiu a montanha. À tarde, ao retornar, trouxe consigo um cavaleiro montado em seu cavalo. Lá do alto, levantando os braços, Francisco comunicou aos irmãos que estavam rezando ao pé da cruz: "Mais um novo! Um dia ele me ouviu pregar no Vale de Rieti e hoje, movido por Deus, ele mesmo vem juntar-se a nós. No mundo ele era um cavaleiro, nós, agora, o faremos cavaleiro do exército de Cristo. Seu nome é Ângelo. A primavera começou bem". Ainda nessa primavera, antes mesmo que florescessem os primeiros brotos nas árvores, chegaram mais três jovens: João, Bárbaro e um que também se chama Bernardo. Com mais esses três, a cabana se tornou tão pequena que se sentiam espremidos como sardinha em lata.

"Vamos nos achegar mais um ao outro. Nós precisamos nos afinar um pouco mais."

Mas acontecia que cada um procurava dar maior conforto ao outro e ele mesmo saía e até pernoitava do lado de fora. Era esse o jeito deles. Francisco queria tê-los todos dentro. E para evitar qualquer incômodo, ele marcou com giz na parede o local de cada um dormir. No seu lugar, Francisco marcou uma cruz em forma de Tau; para o Irmão Pedro, o padre, um cálice; para o Irmão Egídio, uma flor; para o meigo Bernardo, uma pomba; para o Irmão Chapéu, naturalmente, um chapéu. Para os demais, algo que correspondesse ao nome ou a seu caráter.

"Nós já somos 12", exclamou jubiloso Francisco. "Doze apóstolos. Não se esqueçam que Cristo está em nosso meio. Vamos cuidar para que nenhum de nós o atraiçoe."

Viagem a Roma e apresentação da regra ao papa

O tempo começava a melhorar. Com o sol cada vez mais forte e a pino enfeitando toda a terra com flores, os irmãos, conduzidos pelo prudente Irmão Bernardo, com o rolo de pergaminho, cantando e rezando, puseram-se a caminho de Roma.

Num traje branco deslumbrante, lá estava o papa, poderoso como trovão, assentado e cercado pelos cardeais vestidos de púrpura. Francisco ajoelhou-se a seus pés: descalço, com os cabelos longos e revoltos, trajando uma túnica desbotada e toda remendada. Colocou as mãos sobre o coração para conter seus batimentos. Atrás dele estavam os irmãos ajoelhados, suando, rezando e tremendo, pois logo saberiam se a regra será aprovada ou rejeitada.

Os cardeais pareciam ídolos egípcios, sábios, austeros e frios. Lá estavam eles, com uma cruz dourada sobre o peito e volumosos livros nas mãos. As velas ardiam nos castiçais de prata e os mosaicos dourados do teto refletiam um misterioso brilho. E aí estava o papa em pessoa! Quem não tremeria, uma vez que era desse papa que eles esperavam um favor? Embora ainda não tivesse cinquenta anos, seu rosto liso mostrava-o ainda mais jovem e violento como o mar. Ele tinha um alto conceito do papado e sobretudo o desejo de dominar. Nada temia e tinha planos de construir impérios. Era um papa ouvido com respeito, pois quando pisava o chão de Roma fazia estalar do outro lado da Inglaterra, e arrasava os hereges como um ninho de vespas e com braço férreo mantinha sob suas ordens os súditos espirituais. Organizou uma nova cruzada e jamais se intimidou com uma guerra; coroou os imperadores e, à sua frente, ajoelham-se príncipes e reis com o coração palpitante.

Diante desse gigante, desse dominador, Francisco esperava a aprovação de sua regra da pobreza. Apenas uma palavra seria suficiente ou para extinguir seu ideal ou garantir-lhe o maior brilho.

Era a terceira vez que ele comparecia diante desse papa. Na primeira vez, Francisco dirigiu-se a ele amigavelmente e com alegre confiança encontrou-o num corredor do palácio, mas o papa lhe dera uma resposta curta e grossa. Ele estava cheio desses irmãos pobres. Sempre acabavam hereges. Foi assim na França com os pobres de Lyon. Como um andarilho poderia falar de renovação e reorganização da Igreja? Para essa tarefa o papa precisava de outra pessoa. Francisco devia deixá-lo em paz. O papa não queria mais pensar nisso.

Contudo, Francisco ardia de entusiasmo. Conseguiu ser recebido por um cardeal conhecido por João Paulo, e quando este o ouviu falar bateu com o punho na mesa e declarou: "Você é o homem que pode salvar a Igreja. Eu vou interceder por você". E ele o fez com o entusiasmo de um homem que descobriu um mundo novo. E o resultado foi que os mendicantes de Assis tiveram permissão de apresentar sua regra ao papa.

Quanto à reação dos cardeais, ouvia-se o seguinte: Isso é impossível, a fraqueza humana não poderá suportar – e assim por diante. Eles lançavam seus raios fulminantes de sabedoria contra essa regra curta e simples como se fosse uma heresia.

Então, levantou-se o Cardeal João Paulo e falou indignado: "Se vocês acham que é impossível as pessoas viverem conforme o Evangelho e querem impedir aqueles que pensam vivê-lo, para que estamos nós aqui reunidos? Isso é uma blasfêmia contra Cristo".

Os cardeais se calaram envergonhados e o grande papa sentiu-se de tal modo tocado por essas inflamadas palavras e tão comovido com a simplicidade da regra de Francisco que falou: "Meu filho, vá e reze para que Deus nos mostre sua vontade".

Pode-se imaginar com que devoção Francisco e os irmãos rezaram. Esta era a terceira vez que se apresentava diante do papa. Agora seria a hora da decisão final.

Na noite anterior, ambos, o papa e Francisco, tiveram um sonho estranho. O papa sonhou que a Igreja se mostrava com profundas rachaduras e, estando para ruir, apareceu um homenzinho que apoiou seu ombro contra a parede da Igreja e a restaurou renovando-a. Francisco sonhou que estava diante de uma grande árvore e elevando as mãos para a copa ele crescia na medida em que estendia os braços e, de repente, a copa se inclinou espontaneamente diante dele.

Francisco acreditou que essa árvore seria o papa, e o papa acreditava firmemente que o homenzinho, reconstruindo a Igreja, seria Francisco.

Discutida a regra, o papa aprova o modo de vida de Francisco

Então, o papa lançou sobre ele um olhar como se tentasse alcançar sua alma em toda profundidade. Novamente recomeçaram os argumentos falando da impossibilidade dessa regra. Contudo, o papa não lhes deu ouvidos e, de repente, perguntou a Francisco: "Meu filho, você está convencido que Deus e os homens continuarão a ajudá-lo?"

"Certamente, santo padre!", respondeu Francisco. "Eu gostaria de contar uma pequena história. Havia uma vez uma moça linda e pobre que vivia no deserto. Um rei muito rico a encontrou e a tomou como esposa e eles tiveram muitos filhos parecidos com os pais. O rei voltou para seu país e a mãe ficou criando os filhos. Quando se tornaram maiores, ela não conseguia mais alimento suficiente para eles. Então, para não os deixar morrer de fome, os mandou para o pai. Esse, imediatamente, os reconheceu como filhos, abraçou-os e deu-lhes o melhor lugar à sua mesa, diante dos estrangeiros."

"E o que quer dizer esta história?", perguntou o papa, que ouvira atento como se fosse a canção de um trovador.

"Que a pobre e amada por Deus sou eu, os irmãos são meus filhos e o Rei dos reis, o mesmo que abençoa os pecadores com bens temporais, não abandonará a nos seus próprios filhos."

O papa ficou profundamente comovido. Pensou: este homem é irresistível. É o homenzinho que, pela sua força espiritual e pela pureza de sua fé, reconduzirá a humanidade para a religião do amor.

Para espanto de todos os presentes, levantou-se de seu trono dourado, foi até Francisco e o abraçou. A grande árvore se inclinou. Com voz forte, para que ficasse profundamente gravado nos ouvidos dos cardeais, ele falou: "Vá em frente com Deus e pregue a penitência a todas as pessoas como o Senhor o inspirar. Quando o Senhor o tiver enriquecido em número e graça, volte com alegria para mim e eu espero poder lhe conceder maiores favores. Dou minha bênção a você e a seus filhos. Seja um bom guia para eles!"

O grande papa os abençoou enquanto os cardeais, entre si, trocaram olhares questionadores.

Recebe do papa a autorização para pregar ao povo

A grande igreja de São Rufino não podia conter toda a multidão. O povo se espremia diante da entrada. Francisco ia fazer a pregação. Tinha recebido a aprovação do papa, e o bispo lhe pedira para pregar em sua igreja.

Todo mundo estava presente: autoridades religiosas e civis, nobres, ricos, burgueses, operários, mendigos e camponeses. Até sua mãe, seu irmão e o próprio pai estavam presentes. Embora Pedro Bernardone tivesse envelhecido e até ficado grisalho pelos reveses da vida, contudo, voltou a sentir alegria por ser este seu filho a quem o papa tinha abraçado; por ser este seu filho de quem, por toda parte, se faziam comentários elogiosos; por ser, este seu filho que iria pregar, o homem mais célebre de Assis.

Ah! Se ele, por ser filho do maior comerciante de tecidos, procurasse se vestir melhor! O pai, embora um tanto envergonhado, contudo, orgulhoso demais para ficar em casa, veio ouvi-lo pregar.

Francisco permanecia de joelhos diante do altar, enquanto o padre celebrava a missa. Depois do Evangelho, Francisco dirigiu-se ao púlpito. Fez-se um grande silêncio e todos os olhares estavam voltados para ele. Como era pequeno e magro, mal podia alcançar com o peito a beira do púlpito. Lá estava o homem que havia conseguido comover o papa e, no passado, tinha levado uma vida de trovador. Ao olhar para ele agora, mal se podia imaginar isso. Um brilho celestial transparecia em seu semblante.

Começou a pregar. Sua voz clara ecoava no alto da abóbada. Não parecia sermão e sim um poema. O tema era sempre o mesmo, mas sendo ele quem falava, tornava-se tão soberano, belo, radiante e tão atual. Eram suspiros de amor, explosões de fortes sentimentos divinos. Que nome dar a esse momento? Era simplesmente belo! "Amem-se uns aos outros e esqueçam que vocês são pobres ou ricos. A pessoa somente vale o que vale diante de Deus. Eu sou um simples verme e não um homem, e não devemos aspirar ser mais do que os outros, mas submissos e humildes uns para com os outros. Deus está em nós, tanto no mendigo quanto no rico, pois nós somos irmãos. Contudo, Deus não está em nós quando vivemos em pecado, pois é noite dentro de nós e nosso coração é a morada do demônio. Devemos conhecer apenas uma riqueza: a luz divina em nós. Transmitam essa luz uns aos outros como uma tocha na noite... Desse modo, vivendo virtuosamente serão não apenas filhos de Cristo, mas também seus irmãos, seus esposos e sua mãe."

Nesse momento, dirigiu o olhar para sua mãe. Seu pai estava de pé perto dela, levemente inclinado. Ele olhou com alegria para seus pais, e, sobretudo, sabendo que sua mãe estava entre seus ouvintes. Suas palavras saíam como flechas de fogo atiradas para o alto. Era como uma canção que o céu soprava de cá para lá.

Ah. A vida era tão simples. A essência da vida era o amor.

Como tudo parecia tão fácil quando se ouvia isso de sua boca. O sagrado entusiasmo de sua alma arrebatava a todos. Corações se comoviam, almas se abriam, lágrimas de consolo corriam abundantes. Durante uma hora a igreja ressoou com sua canção de amor. Ele parecia estar dançando no púlpito. Seus gestos eram uma chuva de estrelas cadentes. Ao final, fez o sinal da cruz, descendo apressado.

O povo, encantado com sua pessoa, precipitou-se ao seu encontro como uma onda, gritando, soluçando; e chorando estendia as mãos para tocá-lo e beijar sua túnica. Houve, de repente, uma confusão e parecia que a igreja viria abaixo. Francisco lançou um grito de alarme que ultrapassou o tumulto: "Nada para mim, somente para Deus; para Deus tudo, a mim nada!" Então, colocando-se de joelhos, eles o deixaram passar.

Padre Silvestre se integra à fraternidade

A lua cheia se derramava de galho em galho pelas árvores. Os irmãos dormiam. Por entre o arvoredo, apareceu uma figura humana aproximando-se lentamente.

Ouviam-se suspiros e soluços reprimidos. Por detrás de uma árvore observava, demoradamente, os irmãos que dormiam ao luar, tranquilos como plantas. De vez em quando, uma frase: "Ah! Que bom poder repousar assim... Paz! Paz! Paz!... Senhor, dai-me força para confessar... dai-me coragem..."

"Um dos irmãos se remexeu, colocou-se de joelhos e, inclinando-se profundamente por terra, pôs-se a rezar. Em seguida, a aparição voltou cautelosamente para a floresta. No dia seguinte, ao pôr do sol, a figura reapareceu.

Os irmãos estavam assentados, pés descalços, à beira de uma cova sem água, e conversavam sobre como tinham passado o dia. Egídio estava contando quantas árvores havia cortado, quando o Irmão Chapéu, que tinha um bom faro, disse: "Lá embaixo há um espião".

A figura permaneceu parada, mas pronta para fugir. Francisco, rápido como um esquilo, saltou sobre a cova e correu atrás dele. Conversou um pouco com o homem, e os irmãos viram como o estranho, de repente, caiu de joelhos e beijou os pés de Francisco. E ele exclamou: "Uma nova ovelhinha, venham ver!" Todos desceram correndo. Quem encontrariam lá? – Padre Silvestre, aquele que havia recebido muito dinheiro por um saco de cal. Aquele homem forte e de faces coradas, agora mostrava-se abalado e muito arrependido. Quase irreconhecível, soluçou: "O tempo todo o remorso não me deixa tranquilo. Não quero mais ver dinheiro algum. Quero fazer penitência com vocês e encontrar a calma e a paz. Fico agradecido se me receberem".

Francisco o abraçou e os irmãos cantaram um salmo. "Mas nós não temos mais lugar na cabana", disse o

Irmão Chapéu um tanto aborrecido. "Não podemos nos espremer mais."

"Eu vou te pegar no colo, Irmão Chapéu", disse Francisco. "Isso é tão bom!" E o Irmão Chapéu emudeceu.

A vida fraterna e seus limites

A vida simples e alegre seguia seu curso. Um dos irmãos cortava lenha e fazia pequenos feixes e os vendia para comprar pão. Os trabalhos comuns estavam a cargo do robusto Irmão Morico. Egídio retomou o serviço de cesteiro, suas mãos davam jeito em tudo. Andava para cima e para baixo oferecendo seus cestos: "Quem precisa de cestos bons e fortes?" De vez em quando, ao encontrar algumas pessoas, ele fazia uma pregação. Sabino trabalhava nas plantações de oliveiras. O Irmão Longo ajudava na colheita em qualquer lugar e, diariamente, trazia para casa uma pequena sacola de grãos, que o Irmão Chapéu moía e com a farinha preparava pãezinhos cozidos. Ângelo pescava e, em seguida, indo de casa em casa, trocava os peixes por óleo. Assim, cada um tinha seu trabalho. Também Francisco trabalhava nos vinhedos.

Todos tinham sempre o que fazer. Além disso, pregavam, faziam visitas, cuidavam dos doentes e leprosos e, quando lhes sobrava algum tempo, logo se embrenhavam na floresta ou dentro de uma gruta para rezar à vontade. Estavam sempre alegres e de bom humor. Francisco era para eles o exemplo em tudo. Ele substituía o pai e a mãe a quem abria seu coração. Quando algo não estivesse em ordem, ele os aconselhava com sabedoria. Satisfazia-lhes os pequenos caprichos, enquanto não prejudicassem o espírito. Todos dependiam muito dele. Quando estava ausente, ficavam sem jeito e inseguros.

Sua maior felicidade era ouvi-lo falar da saudade do céu ou sobre as dores do Senhor Jesus. Realmente, ele vivia o que lhes transmitia e sabia falar tão bem e com tanto fervor que eles soluçavam, pois lhes parecia ver o que estava acontecendo.

O inverno chegou cedo e com chuvas constantes. Transbordaram os rios, as terras foram inundadas e a água chegou até diante das cabanas. Quando queriam sair precisavam erguer as túnicas e passar pela água. A cruz havia se inclinado e necessitava ser apoiada. Debaixo do telhado não havia sequer um lugar seco. Qualquer trabalho se tornou impossível. Eles se assentavam em círculo e contavam-se vinte dois pés descalços, um ao lado do outro. Três novos integraram o grupo: Rufino, Junípero e um sábio, Nicolau. Nessa altura, dentro da cabana não cabia mais nem uma agulha. A chuva continuava, bem como a autêntica pobreza...

Choveu a manhã toda e o tempo não dava sinais de melhora. O céu continuava escuro. Os irmãos, sentados, vagueavam em sonhos e sua fisionomia demonstrava profunda tristeza. Há dias que estavam passando fome. Já era meio-dia e não havia nada para comer. Um depois do outro retornava com as sacolas vazias.

Francisco procurava fortalecer os ânimos cantando. Bernardo começou a cantar junto para dar-lhe uma alegria. No entanto, os demais, tremendo de frio, continuavam calados, ou rezando. Como estivesse pingando muito do telhado, levantaram o capuz.

Francisco parou de cantar e disse: "Queridos irmãos, esta é a verdadeira pobreza que, se a suportarmos com paciência, nos conduzirá ao céu. Alegremo-nos porque Deus nos enriqueceu tanto com esta graça. Devemos nos sentir sempre felizes, pois tudo o que acontece é por vontade dele. Rostos tristes não entram no céu".

É bom não falar mal dos outros em sua ausência

"Então, vamos saciar nosso estômago com aquilo que temos", disse Pedro um pouco mais animado. O Irmão Pedro era quem cuidava da economia doméstica, do trabalho e de todos os serviços, e Francisco o nomeara "nossa mãe".

"Mas não sem antes dar uma olhada se veio algo para comer", acrescentou o Irmão Chapéu. Tirando rapidamente o chapéu da cabeça saiu, debaixo da chuva, para verificar se alguém estava chegando pelo caminho.

"É sempre o mesmo", observou Sabino: "Ele nunca consegue estar de acordo".

"Irmão, não diga isso, enquanto ele não está aqui", repreendeu-o Francisco. "Por isso você vai lhe dizer que falou mal dele."

O Irmão Chapéu voltando, observou: "Nada, além da chuva".

Sabino foi-lhe ao encontro, e tomando sua mão disse: "Irmão Chapéu, há pouco eu falei mal de você, dizendo que nunca concorda com nada. Eu lhe peço que me perdoe".

Irmão Chapéu sentiu-se lisonjeado por Sabino ter-se humilhado diante dele na presença de todos os outros. De fato, Irmão Chapéu era um tipo esquisito, embora não deixasse de ser um irmão, até mesmo um dos cinco primeiros. "Eu te perdoo de coração, Irmão Sabino", disse ele abraçando-o, e acrescentou: "Se alguém falar mal de mim, gostaria que viesse me pedir perdão, pois eu não o mereço".

"Isto é bonito de tua parte", disse Francisco estreitando-o fortemente em seus braços.

Todos ficaram contentes com o fato que contribuiu para melhorar a convivência. Então, comeram daquilo que sempre tinham à mão na necessidade: nabos silvestres. Eram nabos cinzentos de gosto ruim, repugnante e amargo. Irmão Chapéu fatiou alguns nabos em rodelas.

Após a oração à mesa, começaram a comer sem muita vontade. Mas como estavam com muita fome, os nabos foram degustados e se tornaram saborosos e, além disso, todos faziam gracejos dessa refeição tão festiva e maravilhosa. Francisco completou: "Agora que o diabo no inferno se descabele de raiva".

Terminada a refeição ouviu-se ao longe um entoar de canções. Eram o Irmão Nicolau e o Irmão Junípero, dois novos, que voltavam cantando de suas andanças para esmolar. "Não só conseguimos pão suficiente para doze homens", disse o grande Junípero.

"Apenas um meio quilo de feijão", acrescentou Nicolau, e recomeçaram a cantar.

"Isso é maravilhoso", observou Francisco. "Abençoado o irmão que caminha rápido e a passos largos pede esmola com humildade voltando para casa bem disposto. Saiu ao encontro deles e beijou a ambos.

O pão foi logo consumido. Francisco nem tomou conhecimento. "Eu jejuaria de bom grado por três dias, para que vocês jamais perdessem a alegria da pobreza." O silencioso Ângelo nada falou, guardando secretamente sua parte. Ele também queria jejuar, mas na sua humildade não disse nada.

Depois da refeição saíram: alguns foram para junto dos leprosos; outros, em alguma igreja na direção de Assis, ou algum hospital ou para rezar numa gruta nas redondezas. Francisco, Silvestre e Pedro ficaram em casa enquanto Irmão Chapéu foi à floresta com uma pazinha a fim de colher mais nabos.

O desejo de sempre ser o mais pobre

Continuava chovendo ininterruptamente. Toda a floresta estava envolta em neblina. No interior da choupana, três irmãos assentados em oração. Sem que ouvissem qualquer barulho apareceu, de repente, junto à porta entreaberta, uma mulher pobre com uma criança ao colo e segurando outra pela mão.

"Uma esmola, por favor! Meus filhos não comeram nada desde ontem."

"Ah! caríssima mulher", disse Pedro, "sinto muito, mas tenha certeza de que, neste momento, não temos mesmo nada para dar. Não temos nem para nós, não é verdade, pai?"

"Pois sim", respondeu Francisco. "Temos um cálice de estanho, um livro dos evangelhos e duas lanternas para a missa. Vá buscá-los e dê a ela, Irmão Silvestre."

"Então, não celebraremos mais a missa", disse o Irmão Pedro entristecido.

"Podemos ir à missa em Assis", respondeu Francisco. "O que não podemos permitir é que exista gente mais pobre do que nós. Nosso único orgulho é sermos os mais pobres."

Solícito, o Irmão Silvestre foi buscar o cálice, o livro e as lanternas.

No início da tarde, os irmãos voltaram e ninguém perguntou pela comida. Irmão Chapéu cortou bastante rabanete em fatias. Ele nunca foi tão generoso. Chegando a noite, a chuva continuou persistentemente. Grossos pingos caíam sobre o capuz, em seus pés descalços e no fogo, fazendo muita fumaça por causa da lenha molhada. Dentro da choupana havia tanta fumaça que era preferível ficar na chuva, do lado de fora. Mas o Irmão Junípero abanava seu manto para fazer sair a fumaça.

Penitência: cada um na sua medida

Francisco, para entreter os demais, apresentou uma linda meditação sobre a pobreza de Nossa Senhora. Cantaram alguns salmos e foram dormir. A incômoda fumaça pairava no alto da choupana. Pelos buracos do telhado as gotas de chuva estalavam úmidas sobre seus hábitos. A noite, lentamente, tomou conta da terra. De repente, um grito fez estremecer as pernas. Todos acordaram de um salto. O silencioso Ângelo estava se revolvendo de dor.

Um dos irmãos acendeu a luz. Francisco tomou logo o irmão doente nos braços como um cordeirinho. "O que há, meu jovem? Vamos, diga o que sente." "Pai, eu não posso, eu não ouso dizer."

"Você deve falar, assim eu quero."

"Pai, eu jejuei demais, procurando imitá-lo, mas não consegui aguentar"... "Você não comeu há pouco?"

"Não, pai, eu escondi minha comida, aqui está ela." Ele a mostrou debaixo da palha.

"Coma", ordenou Francisco. "Coma! imediatamente! Embora eu tenha prometido jejuar por três dias, para acabar com suas dúvidas eu vou comer com você."

Comeram juntos, cada um meia fatia de pão e meia pera, e, em seguida, beberam um gole de água fresca caída do céu. "Isto lhe fez bem?", perguntou-lhe Francisco. Ângelo acenou positivamente.

"Levante as mangas e o hábito mostrando os joelhos, pois enquanto eu o segurava nos braços senti alguma coisa de ferro. Mostre isso!"

Todos se aproximaram amedrontados – menos Irmão Chapéu. Como Ângelo se mostrasse hesitante, o próprio Francisco levantou-lhe as mangas e o hábito. Irmão Ângelo tinha amarrado nos braços, depois do cotovelo, e nas pernas, atrás dos joelhos, grossos arames, e estavam tão cravados na carne que, ao mínimo movimento, causavam violentas dores. Francisco ficou irritado. "Há mais alguém fazendo o mesmo? Então pode se apresentar e tirar estas coisas."

Todos se apresentaram, menos Irmão Chapéu.

"E você, Irmão Chapéu?"

"Não, eu não faço isso não", respondeu ele, levantando as mangas e mostrando seu braço cabeludo.

"Eu só faço o que você diz."

Os demais, envergonhados, um ajudou ao outro a tirar os arames de tortura. "É uma vergonha", disse Francisco. "Cada um deve jejuar e fazer penitência conforme suas possibilidades e forças, mas tudo o que vai além disso é do mal. Deus quer misericórdia e não sacrifício. De agora em diante a ninguém é permitido jejuar ou fazer penitência sem que eu o saiba."

Enquanto todos voltaram a dormir, Francisco permaneceu ainda por longo tempo de joelhos, em oração.

Perderam Rivotorto e ganharam a Porciúncula

Na Festa de Nossa Senhora das Candeias, tendo o tempo esquentado um pouco mais, morreu o velho padre vigário. Foi encontrado morto junto a suas cabras. Todos os irmãos estiveram presentes ao enterro. "Ele é nosso padrinho", disse Francisco, "devemos rezar muito por ele."

Certa manhã, Francisco chegou radiante de alegria trazendo nas mãos uma primavera. "Irmãos, alegrem-se, a primavera está chegando! O sol fez brotar do chão esta flor dourada! Vamos louvar a Deus pelo sol e pelas primaveras."

Mas, o que estaria acontecendo dentro da choupana? Os irmãos todos permaneciam do lado de fora e olhavam tristes para dentro. Quem estaria fazendo aquele barulho lá dentro.

Francisco vinha apressado. Bernardo e outros dois foram correndo ao seu encontro, lamentando-se: "Um carroceiro nos expulsou lá de dentro e não quer sair."

Francisco entrou na choupana. Um rude carroceiro estava acocorado no interior da cabana, ao lado de uma garrafa de vinho, acompanhado por um burro magro tremendo em suas velhas pernas. Antes que Francisco pudesse fazer qualquer pergunta, o carroceiro berrou: "Aí está mais um preguiçoso! Vão para onde quiserem, porque eu vou ficar aqui com meu burro".

Os dezesseis irmãos foram expulsos por um bandido. Junípero bem que teve vontade de lhe dar uma sova, mas eles procuravam viver conforme o prometido. "Venham, meus irmãos", disse Francisco: "Deus não nos chamou para sermos empregados de estrebaria. Vamos voltar para a capela de Nossa Senhora". Assim, expulsos por um burro, deixaram Rivotorto, onde viveram tempos felizes, embora difíceis.

Francisco pediu aos irmãos: "Fiquem em oração, enquanto vou pedir aos monges beneditinos se podemos morar lá".

O abade dos beneditinos, que morava no Monte Subásio, alegrou-se com o pedido. "Eu lhes dou a propriedade da Porciúncula."

"Isso nós não queremos", disse Francisco. "Nós não queremos nenhuma propriedade. Podemos arrendá-la, pagando com o nosso trabalho."

"Eu não quero receber nada por isso", respondeu o abade.

Francisco não mudou de ideia, e depois de algum tempo de discussão o abade disse: "Como não tem outro jeito, traga-me, uma vez por ano, um cesto cheio de peixes do rio".

"Com isso estamos de acordo", disse Francisco.

"Mas", acrescentou o abade, "com a condição de que esse lugar permaneça sempre como a sede principal da ordem".

"Também estamos de acordo", respondeu Francisco. E se deram as mãos como dois camponeses fazendo um acordo no mercado.

No caminho de volta, Francisco, entusiasmado, disse ao Irmão Bernardo: "Vamos construir pequenas cabanas de madeira e barro. Uma cabana para cada irmão dormir e rezar! Oh, será uma beleza viver neste lugar à sombra da capelinha. Diga-me uma coisa: Você não acha que Deus, de fato, é bom demais? Plantaremos um carvalho para que jamais homem algum deste mundo nos possa incomodar. Tudo o que se falar dentro desta área terá como referência Deus e a alma. Isto será muito bonito".

Os irmãos, ao receberem a boa notícia, ficaram com vontade de dançar de alegria. "Vamos logo ao trabalho!", convocou Egídio, e, imediatamente, começaram. Foi preciso cortar galhos, preparar o barro e, dentro da área demarcada, cada um devia escolher onde ele gostaria de ter sua cabana. Um queria a sua perto da igrejinha, o outro, debaixo das árvores; este, com a abertura para o Oeste, aquele, no meio dos arbustos de avelãs. Um ajudava o outro e se chamavam com gritos de alegria. Iluminados pela lua trabalharam a noite toda. Bem, na verdade, ergue-se com rapidez uma pequena cabana de palha e argila, sobretudo, quando o Irmão Egídio, esse factótum, dá uma mãozinha.

Ao nascer do sol, todas as cabanas estavam prontas. "Amanhã é a vez da cerca", lembrou Francisco. "Gostaria de pagar os bons monges antecipadamente."

Todos foram para o rio, exceto Irmão Chapéu. "Eu não consigo segurar um peixe com as mãos, é muito viscoso", disse ele.

Irmão Chapéu, em tudo, sempre encontrava uma desculpa. Mas, mesmo que um filho seja um tanto rebelde, o pai não o ama menos, até, ao contrário, se preocupa mais com ele. Assim, Francisco mostrava-se indulgente com o Irmão Chapéu, dedicando-lhe os maiores cuidados e, às vezes, sussurrava: "Espero que, depois de tudo, não aconteça nada de mal para essa ovelhinha".

A partir de então, vigiava muito o Irmão Chapéu. Mandou que ele ficasse em casa e medisse em passos quantas estacas seriam necessárias para fazer a cerca. Irmão Chapéu mediu com largos passos um grande quadrado. Depois de cada dois passos parava, girava sobre os calcanhares e, desta forma, fazia um buraquinho redondo. Em cada buraco seria colocado um palanque.

Enquanto isso, os outros estavam pescando no grande rio cheio de cascalho. Alguns estavam dentro da água até os joelhos. Pescavam com sacos e cestos. Pegaram um cesto cheio de peixes agitados e reluzentes: bagres, tilápias e carás. Os dois irmãos mais jovens levaram o cesto para os monges, enquanto os outros foram pedir esmolas. Os dois irmãos voltaram com um grande jarro de óleo que receberam como recibo.

Agora que as cabanas estavam prontas, amanhã será levantada a cerca; tendo já pago o aluguel e ganho um recibo tão belo, agora sim podiam vivenciar um sentimento até então ausente: a sensação de terem um lar. Isso precisava ser festejado! Francisco abençoou cada cabana e, em seguida, houve uma refeição festiva. Eles embebiam o pão mendigado no óleo gostoso e limpo que lhes escorriam pelos dedos. Como era costume durante uma festa, coube, a cada um na sua vez, cantar uma canção. Egídio cantou o *Laudate*; o Irmão Chapéu, o *Miserere*; Sabatino, um canto de Nossa Senhora; Francisco cantou o cântico da "Dama Pobreza".

As várias formas de imitar o santo

Um ano mais tarde já havia mais de 40 cabanas no local. O sol brilhava. Era verão, as montanhas, na claridade da luz, se revestiam de azul, e o calor intenso fervilhava nas montanhas e sobre as casas. Aqui, à sombra do velho carvalho, debaixo da densa folhagem, é fresco e agradável.

Francisco foi à capela para rezar. Irmão Tiago sentou-se atrás dele. Quando Francisco se inclinava para frente em oração, o Irmão Tiago também se inclinava. Se Francisco suspirasse, o irmão suspirava junto; se tossisse, ele também tossia. Era essa a maneira de o Irmão Tiago imitar Francisco.

Certo dia, Francisco chegou a uma igreja, em algum lugar na montanha. Encontrou-a tão suja e descuidada que saiu e imediatamente fez uma vassoura de galhos e se pôs a varrer. Enquanto estava ocupado com isso, entrou um camponês para rezar um Pai-nosso. Era Tiago. Ao observar este raro espetáculo e reconhecendo Francisco, pois um dia ouvira uma pregação dele, sentiu-se tomado de respeito e solicitude. Saiu, fez também uma vassoura para si e veio ajudá-lo. Em seguida, pediu para ficar com Francisco, e ele concordou. Tiago, prontamente, levou para casa seu carro de boi, vestiu o traje dominical, despediu-se de seus irmãos e irmãs e seguiu a Francisco.

Tiago, como a sombra de Francisco, o imitava em tudo, exceto no falar. No início foi motivo de muita risada, mas essa simples pombinha afirmava: "Francisco é um santo; se eu o imitar em tudo, o diabo não me poderá fazer mal algum".

Quando acontecia de Francisco permanecer ausente por longo tempo, Tiago emudecia completamente, escondia-se em um canto e rezava.

Na comunidade – Cada qual com seu dom

Sabino e Rufino caminhavam pelo bosque rezando. Rufino descendia da nobre família dos Sciffi. Era uma alma profundamente piedosa, mas quando precisava pregar, por causa do medo, ficava vermelho como um pimentão.

Morico e Silvestre, com alguns outros, construíram mais quatro novas cabanas. Do outro lado ficava Irmão Masseo, que na primavera do ano passado entrara e falava para um grupo de jovens irmãos sobre o Espírito Santo. Tinha a dignidade de um rei e pregava com tanto entusiasmo e profundidade de inteligência que vários, como que em êxtase, ouviam suas palavras ajoelhados.

O Irmão Longo e o Irmão Bárbaro cortavam lenha e Bernardo Vigili esculpia cálices.

Irmão Leão – com sua barba rala e olhinhos azuis – a quem Francisco chamava de "Ovelhinha de Deus", por ser tão santo, humilde e perfeito, ficava sentado em sua cabana escrevendo. Era o secretário e confessor de Francisco. O povo o chamava de anjo. De vez em quando, levantava os olhos de seu pergaminho, e parecia que seus olhos estivessem vendo uma beleza de brilho incomparável.

Irmão Chapéu costurava túnicas com uma agulha grossa e comprida. A cada ponto a enfiava debaixo de seu chapéu, por entre seus volumosos cabelos, para que ela atravessasse com mais facilidade o tecido duro. Aqui, reina por toda a parte o silêncio, o brilho do sol e o sentimento de amizade. Os passarinhos cantam, e os coelhos atrevidos correm e brincam, livremente, em torno das cabanas e dos pés descalços dos irmãos.

Até onde chega a caridade!

Mas um dos irmãos está muito doente. É João. Pálido e ofegante, estava deitado na cama de palha. A seu lado ficava sentado Junípero, esse grande companheiro de barba revolta, olhos profundos e mãos grandes. Mantinha-se vigilante perto de João e, de olhos fechados, rezava. De quando em vez, ele os abria para observar o doente com compaixão. "Você quer beber novamente?", perguntava Junípero.

"Não", sussurrava João, "mas eu gostaria de comer um pé de porco assado. Ele poderia me curar."

"Um pé de porco assado?"

"Sim!"

Junípero arregalou as sobrancelhas e franzindo a pequena testa pôs-se a pensar. De repente, como se já tivesse um para apanhar, disse: "Aguarde, eu vou lhe buscar um".

Saindo, foi direto ao Irmão Bernardo Vigili pedindo-lhe: "Dê-me, por favor, uma faca afiada".

Apanhando a faca afiada desapareceu. De fato, a faca está bem-afiada, pois ele a experimentou, passando o polegar sobre ela. Encontrou Francisco na capela rezando de braços erguidos. Bem que ele gostaria de lhe pedir licença, mas não seria um pecado incomodá-lo em sua oração por causa de um simples pé de porco? A passos largos, foi adiante. Saiu da mata; o sol escaldante ardia em sua cabeça descoberta. Caminhou por montes e vales. Ele sabia para onde estava indo.

Então sorriu, pois viu, lá embaixo, os porcos, e ouviu, como sempre, o que cuidava deles, tocando gaita, sentado no oco de uma árvore.

Junípero foi na direção do porco mais gordo que deitado dormia. O camponês começava a cantar uma nova canção e, de repente, Junípero atirou seu pesado corpo sobre o animal, agarrou com habilidade sua pata traseira e zás, cortou-a fora com a faca! O porco saiu gritando e o sangue jorrava, mas ele tinha conseguido seu pé de porco.

Sorridente, Junípero foi embora correndo com ele. O camponês saiu atrás dele praguejando; e os irmãos o seguraram, pois, furioso, poderia despedaçá-lo. Esbravejando, gritava: "Ladrão! Assassino!"

Francisco, levantando-se, disse: "Deixe o homem em paz. O que está acontecendo?"

O camponês furioso não conseguia falar uma palavra. Junípero então, gesticulando vivamente com suas mãos ensanguentadas, contou toda a história: "O pobre João, que está tão doente, gostaria tanto de comer um pé de porco assado, por isso fui lhe buscar um. Pé de porco a gente não colhe em árvores, mas somente nos porcos. Nós não temos dinheiro para ir a Assis e comprar um, então eu simplesmente tirei um de um porco. O que representa, pois um pé de porco em troca da saúde de um irmão! Se o porco soubesse para que seria usado seu pé ele certamente daria de boa vontade seus outros três pés".

"Por que você não me pediu primeiro?", disse Francisco. Junípero respondeu:

"Porque o senhor estava profundamente concentrado em oração."

Depois que ouviu tudo isso, a raiva do camponês desapareceu.

"Escutem", disse o camponês, "agora que sei o como e o porquê, não tenho mais nada a dizer. Há muito tempo eu precisava fazer algo para vocês, pois esqueci muitas vezes nosso Salvador, e devo fazer algo por Ele. Por isso, vocês podem ficar com o porco inteiro."

O Irmão Junípero começou a dançar de alegria. Ele mesmo foi matar o porco, colocou-o nos ombros e, cantando, o trouxe para casa.

"A metade para os doentes", falou Francisco.

Enquanto os outros retalhavam o porco, Junípero colocou para assar o pé de porco e, numa folha de couve, o levou para o Irmão João que estava doente. Este o degustou com verduras.

Francisco, sorrindo de satisfação, disse: "Ah! Tivesse eu toda uma floresta de tais Juníperos!"

E fixou, profundamente, seu olhar nos olhos do Irmão Chapéu.

É Deus quem indica o caminho

Francisco tinha saído com o Irmão Masseo para pregar e fundar eremitérios por toda parte nas montanhas. Eram pequenos ninhos evangélicos, onde três ou quatro irmãos moravam juntos. Masseo caminhava à frente e Francisco o seguia, totalmente absorto em oração. Chegaram a uma encruzilhada onde, a todo instante, pessoas e carroças se encontravam, pois era o tempo da vindima. Um dos caminhos conduzia a Siena, o outro, para Arezzo, o terceiro, a Florença.

Masseo perguntou: "Pai, qual dos caminhos seguiremos?"

"Por qual caminho?" – "Por aquele que o Senhor nos indicar."

"Como poderemos saber, pai?"

"Da seguinte forma: Em nome da santa obediência, eu lhe ordeno que se coloque no centro da encruzilhada, comece a girar em torno de você mesmo como um pião com o qual as crianças brincam, até que eu lhe diga: "Pare!"

Irmão Masseo olhou para Francisco admirado, mas não hesitou nenhum segundo. Este magnífico homem, que tinha a dignidade de um rei, começou a girar como um bobo, com os braços estendidos, apoiando-se alternadamente sobre a perna direita e a esquerda.

As pessoas riam, as mulheres cochichavam. Enquanto isso, Francisco rezava, com os olhos fechados, para conhecer a vontade de Deus. De repente, ele gritou: "Pare!" O Irmão Masseo parou imediatamente.

"Para onde está voltado o seu rosto?", perguntou Francisco.

"Para Siena", sussurrou Masseo, completamente tonto.

"Então iremos para Siena, pois esta é a vontade do Senhor", disse Francisco abrindo os olhos. E se puseram a caminho, indo à frente o grande e sério Irmão Masseo e, atrás dele, como um humilde servo, ia Francisco, com as mãos cruzadas sobre o peito, e a cabeça um tanto inclinada, absorto em profunda oração.

O reconhecimento do próprio limite

Tendo deixado uma gruta no Monte Subásio, onde havia permanecido durante uma semana, Rufino chegou. Parecia como que iluminado interiormente pelo Espírito Santo. Francisco, ao perceber que ele estava cheio de Deus, falou-lhe: "Irmão, amanhã eu devia pregar, às 10 horas, na Igreja de São Nicolau, mas, como estou vendo sua grande piedade, você deverá fazer tal pregação".

"Ah, pai, por favor, não! O senhor sabe que eu não sei pregar." O suor já lhe escorria pela testa.

"Confia em Deus, e tudo sairá bem", acrescentou Francisco.

Rufino tremia como uma cana verde e não conseguiu dormir durante toda a noite. No dia seguinte, suplicou a Francisco que o dispensasse dessa prédica. Mas Francisco ficou um tanto irritado por causa dessa falta de confiança, e disse: "Eu lhe ordeno que vá. E por você não confiar em Deus, como penitência, irá lá pregar sem o hábito, vestindo apenas as calças".

Rufino mudou de cor; de vermelho ficou pálido e os outros irmãos refletiram consigo e acharam que tal penitência seria exagerada. Mas, Rufino tirou o hábito, vestiu apenas as calças e saiu todo envergonhado e arrasado, mas foi.

Em Assis, o povo parecia estar possesso. As crianças e moleques corriam atrás dele divertindo-se e os adultos riam e assobiavam. A missa já tinha começado. O padre, quando o viu, levou um susto. "Francisco quer assim", disse Rufino, subindo ao púlpito.

O povo não sabia como se comportar, quando viu aparecer, no alto do púlpito, aquele peito magro e peludo. Então, saiu aquele sermão! Rufino procurava dizer alguma coisa sobre a hipocrisia, mas as palavras ficavam presas na garganta. Gaguejava, dizia várias vezes a mesma coisa e, mais de uma vez, silenciou durante um longo tempo não conseguindo mais falar palavra alguma. O suor brotava-lhe de todos os poros. O povo sentiu-se envergonhado em seu lugar e nem ousava olhar para ele...

Mal Rufino havia partido, Francisco se apercebeu de sua falha. Como poderia ele ter permitido que tão santo homem fosse ridicularizado, diante do povo, por causa de uma limitação pessoal inata? Francisco repreendeu a si mesmo: "Desprezível homenzinho, verme, que tem demasiadas dificuldades consigo, não se envergonha em humilhar tanto assim os outros? Levante e dê a você o mesmo castigo!"

Imediatamente despiu-se da túnica e saiu correndo. "Ah! Um segundo louco", gritavam as pessoas. Toda a comunidade ficou louca. "Daqui há pouco vamos vê-los correndo por aí sem calças. Que sejam trancafiados na prisão!" Francisco alegrou-se com essa humilhação. Aceitou-a como bem merecida. Logo que chegou à igreja, subiu ao púlpito e solicitou a Rufino que descesse. Com isso o povo ficou mais admirado ainda, mas por pouco tempo. Francisco explicou por que ele tinha vindo até aí, humilhou-se diante de todo o povo e fez um sermão tão bonito, tão profundo e elevado sobre o despojamento e a pobreza de Cristo como jamais se tinha ouvido. Assim, depois da missa, as pessoas se aglomeraram em torno dele para poder tocá-lo.

Penitência e humilhação publicamente

Francisco havia estado um tanto doente. Junípero apanhou um melro e o fritou cuidadosamente no óleo de oliva. Francisco ficou contente com o delicioso petisco e o saboreou com muita verdura, lambendo o polegar e os dedos um por um. Mas não todos. Quando chegou ao oitavo dedo ele disse: "Alto lá!"

Começou a sentir remorso. "Comilão, patusco!", disse ele. "Essa é boa! Eu, Francisco, prego sempre ao povo que deve viver uma vida de pobreza e penitência e até mandei embora o irmão mosca. Sim, eu o afugentei porque preferia petiscar a trabalhar. Não aceitei um irmão porque não deu seus bens aos pobres, mas aos parentes. Enquanto isso, eu mesmo, às escondidas, saboreio os melhores petiscos. Irmão burro, como você é covarde e hipócrita. Deverá fazer muita penitência!"

Chamou Tiago e lhe pediu que fosse até Assis com ele e levasse uma corda. Quando se aproximaram da cidade, Francisco fez um laço numa das pontas da corda, a colocou no seu pescoço, e instruiu o que Tiago devia fazer e dizer: "Está bem", respondeu Tiago. Ele fez, cegamente e de boa vontade, tudo o que Francisco exigia, pois Francisco era um santo.

Tiago conduziu Francisco pela corda através das ruas e gritava o mais alto que podia: "Vejam, este é o homem que exige de vocês que jejuem e façam penitência, enquanto ele mesmo, por causa de um insignificante mal-estar do estômago, regalou-se, às escondidas, com um pássaro assado. Vejam o comilão! O guloso! O santo do pau oco!" Assim caminharam por todas as ruas da cidade, e muitos curiosos os acompanhavam.

A mensagem de Francisco se espalhava pela região como a aurora. No início, precisava correr atrás dos camponeses para pregar, agora os camponeses deixam seus trabalhos para poderem ouvir seus sermões. Todas as igrejas onde pregava ficavam superlotadas. Suas palavras e exemplos despertavam a fé e o amor. Todos os que o ouviam ficavam como que encantados e sentiam-se interiormente atraídos pela simplicidade e bondade.

O número dos que desejavam ser recebidos em sua fraternidade aumentava tanto que Francisco tinha muito trabalho fundando por toda parte, nas florestas e nas montanhas, novos ninhos do Evangelho. Pessoas que outrora o ridicularizaram e zombaram dele se tornaram seus fiéis discípulos. O pai de Maria, que na primeira caminhada em que Francisco foi mendigar lhe tinha dado o repolho roxo que já estava estragado, agora colocava por ele sua mão no fogo. Tornou-se piedoso e pacífico e, ao entalhar a figura do Cristo, procurava exprimir em suas feições as profundas dores e o grande amor do qual Francisco falava sempre de novo. Pelo seu exemplo, os que se mostravam amargos, indiferentes ou desordeiros, tornaram-se amáveis e piedosos.

Mas, dentre os muitos que ouviam ansiosamente suas palavras havia uma moça loira muito linda, Clara de Assis. Quando Francisco saiu a esmolar pela primeira vez, foi ela quem lhe ofereceu pastéis e uvas. Ele observou como ela ouvia com interesse e como, de vez em quando, em sua fisionomia pálida e nobre transparecia um brilho de mansidão e profunda piedade. E ele mesmo, tocado pela beleza celestial que a animava, direcionava para ela suas palavras como a luz de uma lanterna.

"É um anjo", pensou ele, "um anjo em forma humana". E disse ao Irmão Masseo: "Em Assis vive um anjo. Vamos rezar para que esta bela alma não seja devorada pelo mundo".

Francisco ficava contente ao ver, por toda parte, germinar entre as pessoas a primavera de Deus. Isso lhe trazia força e entusiasmo. Alegrava-se em poder ser o semeador de Deus, mas não conseguia se livrar de um receio: o de não amar a Deus o bastante. Esse medo o apanhava, muitas vezes, durante o sono levando-o a rezar e fazer penitências sem fim.

O que é a perfeita alegria?

Certo dia, Francisco e o Irmão Leão vinham voltando de Perúgia, onde tinham ido pregar. A neve estava alta e continuava caindo sempre mais. Eles caminhavam com dificuldade. Irmão Leão ia à frente. Mantinham os pés envolvidos em sacos, o capuz afundado na cabeça e as mãos enfiadas nas mangas. O vento assobiava por entre a túnica, mas eles, inclinados para frente, rezando e tremendo de frio, continuavam a caminhar.

De repente, Francisco chamou: "Ovelhinha de Deus, se todos os frades menores dessem um grande exemplo de santidade e edificação, se eles expulsassem o demônio, fizessem os cegos enxergar e curassem os aleijados, os surdos ouvirem, os paralíticos andarem e fizessem os mudos falar, e mesmo que fizessem até os mortos ressuscitar: escreve, pois, e toma cuidado: não é nisso que consiste a perfeita alegria".

Irmão Leão nada respondeu e eles continuaram seu caminho.

Depois que haviam andado mais um pouco, Francisco o chamou novamente: "Se nós compreendêssemos todas as línguas e todas as ciências e todos os escritos, se nós soubéssemos profetizar, não apenas o futuro, mas também soubéssemos revelar os segredos dos corações, escreve, nisto não consiste a perfeita alegria".

Irmão Leão continuou andando silencioso e nada respondeu por respeito e para não perturbar Francisco em sua meditação.

E novamente, após algum tempo, falou Francisco: "Se os frades menores pudessem falar a língua dos anjos e conhecessem o percurso das estrelas e a força das plantas; e se a eles fossem revelados todos os tesouros da terra e lhes fosse concedido conhecer a essência das aves, dos peixes e de todos os animais; dos homens, das pedras dos vermes e animais que estão nas águas, escreve: nisto também não consiste a perfeita alegria".

Irmão Leão se inclinou profundamente diante do vento que soprava grande quantidade de neve em seu rosto, contudo, ouvia com interesse, pois sabia que algo de bonito estava por acontecer.

E novamente, algum tempo depois, exclamou Francisco: "Cordeirinho de Deus com o nome de Leão, se os frades menores pregassem tão bem que convertessem todos os infiéis para a fé em Jesus Cristo: escreve, nisto não consistiria a perfeita alegria.

Entretidos com tal conversa, já haviam caminhado bem uma légua e, por fim, o Irmão Leão não pôde mais dominar sua santa curiosidade e perguntou em que, pois, consistiria a perfeita alegria.

Então Francisco gritou com grande júbilo como um órgão que abre todos os seus registros: "Quando nós daqui a pouco chegarmos ao convento, molhados pela neve e enrijecidos pelo frio, todos sujos de lama, atormentados pela fome, batermos à porta e o porteiro perguntar: 'Quem são vocês?' E nós dissermos: 'Somos dois de vossos irmãos', e ele retrucar: 'Vocês estão mentindo, vocês são dois vagabundos que enganam as pessoas e embolsam as esmolas dos pobres! Vão embora!' E se ele nos deixar do lado de fora, na neve e no frio até altas horas da noite, e nós, humildemente e resignados, pensarmos que ele nos identificou verdadeiramente, e de novo batermos, e se ele então sair furioso, nos atirar ao chão e nos bater com um bastão, e se nós tudo isso com paciência e na alegria suportarmos, assim julgados como seguidores de Cristo e tudo suportarmos por seu amor: então, Irmão Cordeiro, escreve: é nisto que consiste a verdadeira alegria. Pois, além de todas as graças e dons do Espírito Santo que Cristo concede aos seus amigos está o dominar-se a si mesmo e, por amor a Cristo, espontaneamente esforçar-se por suportar injustiça, injúrias e aflição. Não podemos nos vangloriar de todos os outros dons de Deus, pois eles não são nossos, mas de Deus. Por que haveríamos de nos gloriar daquilo que não é nosso? Contudo, devemos nos gloriar da cruz das aflições e dos sofrimentos, pois isso devemos assumir de boa vontade porque é nosso. Não quero me gloriar a não ser na cruz de Nosso Senhor Jesus Cristo".

Emocionado e inflamado pelas belas palavras de Francisco, Irmão Leão abraçou-o fortemente e chorou de alegria.

6
Uma sagrada canção de amor

O encontro de Francisco e Clara

A lua crescente brilhava exatamente sobre a cabana de Francisco. Irmão Tiago, o irmão encarregado de acordá-lo, observou este fato. Para o Irmão Tiago essa meia-lua sobre a cabana tinha um grande significado: era como a estrela de Belém. Francisco encontrava-se de joelhos. Irmão Tiago se ajoelhou também e falou: "Pai, eu venho lhe avisar que já são seis horas, como me pediu". Francisco nada respondeu. Elevou os braços e os cruzou sobre o peito, como se estivesse tirando algo do ar para escondê-lo em seu coração. Irmão Tiago o imitou. Francisco levantando-se o saudou. Tiago, da mesma forma, respondeu-lhe a saudação.

Francisco retirou-se apressado, saiu porta afora e distanciou-se sob as árvores, indo até uma pequena fonte. Aí se deteve. Na penumbra, tudo estava em silêncio, nada se ouvia a não ser o murmúrio da água. As árvores anunciavam a primavera. Francisco olhou ao seu redor e não viu ninguém. Havia emagrecido muito pelos constantes jejuns e penitências. Sua aparência demonstrava que naquele tempo da quaresma havia partilhado das dores de Nosso Senhor. De vez em quando, um lampejo de alegria brilhava em seus olhos.

Inclinou-se e, com as mãos em concha, sorveu água da fonte e disse: "Clara irmã Água. Criatura casta e inocente, quão bela e quão boa Deus a fez para o bem-estar dos homens, para seu santo batismo e para matar sua sede. O Senhor conserve igualmente a pureza da jovem Clara para a salvação da humanidade!"

Em pensamento ele a viu diante de si, como a tem visto diversas vezes na igreja, quando mendigava ou cantava na praça do mercado ou, sobretudo, nas pregações quaresmais que ele fez na Igreja de São Rufino. Às vezes, tem pregado só para ela. De todo coração lhe suplicava que buscasse somente a Deus, e pelo brilho de seus olhos reconhecia que ela o escutava solícita, pois lentamente estava se desligando do mundo.

Quantas vezes desejara falar com ela. Delicadamente dominava seu desejo, mas hoje, ao meio-dia, quando voltava da visita a um doente, uma sua tia, falando com ele, perguntou-lhe se a jovem Clara não poderia conversar com ele a sós. Francisco escolheu esta fonte como o lugar do encontro...

A água escorria-lhe por entre as mãos. "Irmã Água, Irmã Árvore! Alegrem-se comigo, logo mais virá ao meu encontro um anjo. Enquanto deixava as gotas de água cair por entre os dedos, ouviu o barulho do estalar de galhos, e rapidamente enxugou na túnica as mãos molhadas. Ali estava ela com sua tia. Esta parou e Clara, sozinha, aproximou-se dele. Trazia um longo manto sobre um vestido de seda verde-claro. Francisco deu um passo em sua direção e cheio de respeito lhe disse: "A paz do Senhor esteja contigo!"

Viu diante de si esta mocinha franzina de 18 anos, qual um sonho; um sonho de juventude e beleza. De rosto pálido, grandes olhos azuis, o nariz afilado, boca pequena e redonda e com exuberantes cabelos louros, parecia uma manhã primaveril em forma humana. Olharam-se comovidos. O mundo ao seu redor desvaneceu-se como uma névoa. Viam Deus um no outro; o Deus que os reuniu como alguém que juntou as mãos de ambos para rezar.

"Irmã", disse ele fazendo um sinal para que chegasse mais perto.

Ela se espantou. Aquele que ela tanto admirava chamou-a de irmã. Clara tomou a mão úmida que lhe havia estendido e sussurrou:

"Irmão..."

De mãos dadas, permaneceram diante da fonte. O brilho do pôr do sol tingia de ouro a copa das árvores e todo barulho emudeceu. Permaneciam em silêncio. Tinham muita coisa para dizer um ao outro; mas, agora que estavam juntos, sentiam-se tomados de tanta alegria que não encontravam palavras. Ela veio se encontrar com ele para queixar-se de sua tristeza e de seus medos, pois o pai queria casá-la com um cavaleiro, enquanto ela ansiava dedicar sua vida a Deus. Agora, perto dele, toda tristeza e todos os receios desapareceram. Embalados pela cristalina música dos céus, sentiam-se transportados acima do mundo e dos homens. Ele havia se esquecido de lhe perguntar o que a tinha trazido até ali – ela estava diante dele, isso era mais do que qualquer resposta. Eles irradiavam mutuamente sua beleza e força interior.

"Eu gostaria de partilhar de sua vida de pobreza em Cristo", sussurrou ela. "Deus seja louvado pela primeira irmã da pobreza!" Exclamou ele com toda calma e reverência. "Abençoa-me, irmão", pediu ela, e, inclinando a cabeça, ajoelhou-se. Seus cabelos caíram sobre o rosto, e com as mãos postas sobre o peito esperava sua bênção. Francisco, igualmente, colocou-se de joelhos. Com mão trêmula traçou o sinal da cruz. Levantando-a, disse: "Volte amanhã, irmã".

"Eu virei, irmão", respondeu ela. Lentamente, retirou-se, caminhando sobre o musgo macio.

Ele ficou de pé acompanhando-a com o olhar. Estando sozinho na floresta, cobriu o rosto com as mãos.

Clara decide seguir Francisco na vida de pobreza

Ninguém soube dos encontros secretos entre Clara e Francisco a não ser os irmãos e a tia de Clara que sempre a acompanhava. Todas as conversas entre eles eram sobre os mesmos assuntos com novas palavras. Falavam sobre Jesus, o céu e a pobreza. Francisco dizia a Clara: "Irmã, o caminho da pobreza é cheio de flores, mas também repleto de espinhos". "Eu quero ser forte como você, irmão", respondia-lhe ela. "Eu sei que me tornarei forte por causa de você. Sou a flor que você cultivou, e pode plantá-la entre espinhos ou na sombra, mas ela florescerá."

"Que beleza, irmã, você é forte como um exército em batalha." "Irmão, por meio dele e por seu intermédio, desejo fazer de meu corpo um templo de Deus. Minha alma se consome em desejos de celebrar as núpcias com o Rei celestial."

A seguir, ele voltou a lhe contar sobre sua vida, e ela, como desde jovem, estava à espera de um milagre que transformasse sua vida simples numa chama flamejante e luminosa como agora, em que se realizou este milagre por meio dele, pela sua pobreza e sua pregação... Decidiram então que ela deveria se integrar à fraternidade no Domingo de Ramos. Mas a figura do pai de Clara era uma sombra que pairava sobre sua mística felicidade. Esse homem, caso lhe roubassem a filha, seria capaz de assassinar todos os irmãos menores.

Francisco tomou muito cuidado. Contudo, nem milhares de pais assim poderiam fazer Clara desistir. Sua única arma era sua oração.

Numa tarde, reuniu os irmãos e lhes contou tudo. "Irmãos, ajudem-me com suas orações! Na próxima semana, Jesus vai iniciar sua via-crúcis, e vamos suavizar suas dores entregando nossa primeira irmã ao seu coração. Por isso, antecipadamente, agradeçamos a Deus."

Ajoelhou-se, e todos se ajoelharam com ele. A lua rompeu entre as nuvens e espalhou sua luz por entre as árvores sobre os irmãos prostrados com a cabeça inclinada até o chão. Contudo, um deles, de chapéu na cabeça, permanecia de pé. Este, enfiado em seu chapéu, deu meia-volta. "Não", disse em alta voz para si mesmo. "Aqui não há lugar para mulher ordinária", e fechou a porta.

Era um lindo Domingo de Ramos. Durante a missa solene, o órgão tocava e o bispo abençoou os ramos de oliveira. Clara e seus parentes, ajoelhados em almofadas, ocupavam a primeira fila. Seu pai era um homem altivo e forte, de olhar desconfiado e obscuro, uma barba loura rente ao rosto avermelhado. Conversava sem parar com o Irmão Monaldo. Clara estava sentada entre a mãe e Inês, a irmã mais nova. Atrás dela, magro e tímido, estava sentado o cavaleiro que lhe fora destinado em casamento. Além de sua tia, ninguém mais saberia que hoje à noite Clara iria fugir da casa de seus pais. Ela trajava um vestido branco de seda crepitante e exalava um perfume de flores. Suas mãos e seu peito brilhavam com as joias. Seus grandes olhos azuis olhavam para o altar, mas não o viam, porém, a visão que tinham era do Amor e da Pobreza. As pessoas jamais a tinham visto tão bonita e pensavam consigo: Que grande felicidade ser tão rica e tão bela! Ela era bela e rica, mas nesta noite abraçaria a vida dos mais pobres. Sua alma rejubilava, mas mantinha-se calma como uma estátua. Estava calma e forte. O bispo começou a distribuição dos ramos e o povo vinha recebê-los de suas mãos. O coral cantava: "Com ramos de oliveira em suas mãos, os filhos dos hebreus vinham ao encontro do Senhor, cantando: Hosana nas alturas! Esse canto que parecia ser cantado para ela comoveu-a profundamente. Seus parentes levantaram-se para buscar um ramo de oliveira, mas ela permaneceu sentada. Emocionada, ela nem se deu conta de que o bispo a esperava. Todos os olhares se voltaram para ela. O bispo, ao perceber que ela não se aproximava e estava demorando, foi ele mesmo até ela e colocou em suas mãos o ramo de oliveira. Olhou profundamente para seus olhos cheios de pureza. Ela percebeu que ele sabia de tudo. Então inclinou-se para esconder as lágrimas que lhe brotaram dos olhos.

Passou o dia entre os parentes e conhecidos e o cavaleiro não saía de perto dela. Passeou e brincou no jardim. Houve música e cantos que Clara também cantou. Do jardim podia-se ver o bosque lá embaixo onde moravam os irmãos. Ninguém olhava para aquele lado e muito menos Clara, que permanecia calma e firme. Mas a tia ficou nervosa e angustiada e precisou se retirar para seu quarto. O sol maravilhoso se pôs e naquele dia tudo se tornou lindo! Rapidamente o céu se cobriu de estrelas, trazendo uma noite maravilhosa, perfumada e silenciosa. Aos poucos a vida se extinguia em Assis e todos foram dormir.

Clara foge de casa e se entrega ao Senhor

Num vestido de seda branco, Clara velava na escuridão de seu quarto, ajoelhada no genuflexório. Ela não rezava, estava ansiosa e atenta à noite, mas não se ouvia ruído algum. Na ponta dos pés, ela se aproximou da janela, jamais tinha visto tantas estrelas. Depois de um longo tempo surgiu uma meia-lua sobre o vale. Na densa escuridão ela procurava distinguir o bosque, mas nada conseguia ver. Então, uma luzinha movimentava-se lá embaixo; devia ser no bosque. Seu coração começou a palpitar fortemente. Pôs-se à escuta. Alguém bate à porta suavemente. Ela percebeu que, mesmo sem corrente de ar, a porta se abriu. Às apalpadelas ela se aproximou e pegou na mão estendida que a procurava. Era a mão trêmula de sua tia.

No meio da escuridão elas desceram os degraus da escada de pedra e chegaram ao jardim. A tia envolveu Clara num manto e a conduziu lá para baixo, pelo gramado, chegando até onde havia um pequeno portão, que há muitos anos não era usado. Na tênue luz das estrelas podia-se vislumbrar o bosque, pedras cobertas de musgo e uma estátua de Vênus quebrada misturada com a hera. A tia prudentemente se apressou a preparar o caminho.

"Se o portão não se abrir", sussurrou Clara, "eu pulo o muro!" De repente, apoderou-se dela grande ansiedade. Parecia-lhe que todos de sua casa e toda Assis vinham atrás dela para trazê-la de volta.

Contudo, a tia, arrastando para o lado mais algumas pedras, com um empurrão abriu o portão. O vale estava a seus pés, iluminado pela tênue luz da lua. Caminharam por uma trilha estreita semeada de grandes pedras e então chegaram a uma estrada larga. Nesse momento, a tia sentiu-se perturbada. "E seu pai?", sussurrou ela angustiada. "Ele vai me matar!" "Vamos rezar", disse Clara.

Foram caminhando ao lado de um riacho e no alto viram mover-se uma luz, mais uma, e mais outra, enfim uma dezena.

"Os irmãos", disse Clara.

Eles foram se aproximando cada vez mais e, no meio deles, o pequeno Francisco. Clara se deteve e inclinou a cabeça.

"Deus seja louvado que você chegou, Irmã", disse Francisco. Juntas, e ladeadas pelos irmãos, elas foram caminhando silenciosamente pela mata adentro.

Clara veste o hábito da penitência e desposa o Cristo

Ajoelharam-se diante do altar, olhando felizes para a escura imagem de Nossa Senhora. Então, Francisco se colocou de pé diante dela, com uma túnica nos braços. Alguns irmãos se colocaram ao redor dela com tochas, parecendo estátuas de bronze. Os demais ficaram de fora, pois a capela era muito pequena. E dentro, no mais sagrado silêncio, Francisco falou: "Irmã, eu lhe concedo a veste celestial da pobreza".

"Eu lhe agradeço", respondeu Clara.

A tia a ajudou tirar as joias e o vestido de seda branco. Francisco a vestiu com o hábito, uma rústica túnica marrom, remendada em vários lugares e amarrada na cintura com uma corda grossa.

"Teus sapatos, irmã", disse ele.

Ela descalçou seus sapatinhos de seda vermelha, suas meias brancas, e calçou um par de sandálias de madeira.

"E"... Não chegou a falar nada, mas um irmão lhe alcançou uma tesoura.

Ela o fixou com alegria porque quanto mais lhe tirava, tanto mais rica ela se tornava para o serviço do Reino dos Céus. Ela ajeitou os cabelos soltos que caíam sobre seus ombros como um manto dourado e inclinou-se para frente.

Ele, com as mãos escuras, longas e magras apanhou os maravilhosos cabelos e abriu e fechou a tesoura três ou quatro vezes. Cada vez que sua mão se abria, os cachos de cabelo iam caindo desordenadamente sobre suas roupas de seda, sua gargantilha de prata, sua boina enfeitada de pérolas, suas joias e sapatilhas que estavam espalhadas no chão como um buquê de flores murchas.

Então, concedeu-lhe sua bênção. "Irmã", disse ele, "agora você é a noiva do Rei da Luz."

Agradecida, ela olhou para ele e lágrimas correram pelas suas faces. Os irmãos começaram a cantar: "Os filhos dos hebreus, com ramos de oliveira, foram ao encontro do Senhor". Suas vozes ecoaram pela floresta respondendo a este canto.

"Vem, irmã", chamou Francisco, e juntos saíram do círculo dos irmãos que continuavam cantando, ladeados por dois irmãos conduzindo tochas. Para esconder da fúria de seu pai o precioso tesouro, puseram-se a caminho do Convento de São Paulo que ficava em algum lugar perto do lago.

A lua caminhava com eles.

7
Uma coroa de rosas e espinhos

O missionário sonha com o martírio

Toda Cristandade exultou em grande alegria ao se espalhar a notícia de que os mouros tinham sido expulsos da Europa, enxotados para além-mar, de volta para as florestas e desertos. Foram esses antipáticos pagãos seguidores de Maomé que desonraram o Santo Sepulcro de Nosso Senhor!

"Esta é uma notícia muito boa e bonita", disse Francisco, "mas o Salvador morreu por nós, sem distinção de cor, e quem irá levar a essa pobre gente a alegria da Boa-nova? Quem irá acender neles a luz da fé?"

Constantemente pensava neles. Tinha grande compaixão para com eles, e pedia em sua oração: "Permita-me, Senhor, se eu for digno, que eu vá até eles".

Na verdade, eles poderiam castigá-lo até a morte, pregá-lo numa porta ou fazer seu corpo em milhares de pedaços. Haveria algo de mais belo do que derramar o sangue para sua conversão?

Nada mais o deteve e, certo dia, viajou até Roma, a fim de pedir licença ao papa para ir converter os pagãos.

A licença lhe foi concedida, pois o papa estava muito satisfeito com o crescimento e a perseverança dos frades menores e com a fundação das irmãs pobres.

De fato, Clara não ficou muito tempo sozinha, pois Inês, sua irmã mais nova, também fugiu da casa dos pais e pediu que Francisco lhe cortasse os cabelos. Outras jovens donzelas vieram juntar-se a elas e os beneditinos permitiram que as irmãs da pobreza permanecessem em São Damião. Os parentes, que inicialmente tinham decido raptar Inês, se resignaram inteiramente e o pai de Clara declarou, com um certo orgulho: "Somente pessoas de sangue nobre podem realizar tais coisas com tamanha determinação".

Em Roma, "Irmão" Jacoba e o início de uma grande amizade

Enquanto Francisco permaneceu em Roma, todas as igrejas onde ele pregava ficavam lotadas. O povo o assediava de todos os lados para que ele os visitasse. "Será uma bênção e uma grande honra para nós", diziam eles. Mas ele não ia visitar ninguém. Permaneceu no convento da Ordem da Cruz.

Um dos convites veio de uma jovem senhora com dois filhos, Jacoba Frangipani. "Vá visitar essa senhora", disse-lhe o prior da Ordem da Cruz. "Ela vive como uma santa." E Francisco foi visitá-la.

Jacoba era uma linda e imponente mulher de 25 anos, de olhos grandes e negros. Ela não o recebeu numa das mais ricas salas de seu palácio, mas o conduziu ao quarto onde vivia. Era um lugar simples, um quarto com paredes caiadas, uma mesa de madeira rústica, algumas cadeiras de madeira e um colchão de palha numa cama simples. Nas paredes havia apenas um crucifixo.

Ela lhe ofereceu pão e água.

Ele, juntando as mãos cheio de alegria, exclamou: "É assim que deve ser!" E conversaram sobre a simplicidade de vida no Senhor.

"Agora", disse ela, "você também deve experimentar os bolinhos cozidos que eu faço de vez em quando para as crianças."

Trouxe-lhe uma travessa com bolinhos dourados, preparados com mel, amêndoas moídas e farinha de trigo. Ah que gostosura de bolinhos! Eles têm um sabor tão maravilhoso que a gente se lambuza, e precisa lamber todos os dedos. "Bom! Excelente!", exclamou ele.

Francisco apanhou uns três, depois mais um quarto até não conseguir mais. Ele, o mendigo que se saciava com as sobras e as migalhas, que se fez conduzir pela cidade com uma corda no pescoço por ter comido um passarinho assado, comeu à saciedade esses bolinhos e não sentiu o mínimo remorso.

Enquanto permaneceu em Roma, visitava Jacoba todos os dias, falava-lhe de Deus e comia seus deliciosos bolinhos. "Senhora Jacoba", disse ele, "sua grande piedade e seu amor à pobreza a tornam um de nossos irmãos. Você é 'Irmão Jacoba'."

O sonho do martírio amarga a primeira decepção

Com uma sacola de comida e uma grande confiança em Deus, Francisco e o Irmão Bernardo singraram os mares na direção da África. Contudo, após alguns dias, levantou-se uma terrível tempestade. O navio, com mastros partidos e velas rasgadas, foi lançado em algum lugar da costa eslava. Por ora, nem pensar em continuar a viagem antes da primavera.

Procuraram um porto e encontraram um navio que estava voltando para seu país, mas não lhes foi permitido viajar nele. "Deixe comigo", disse Francisco. Ao anoitecer, entraram furtivamente no navio, esconderam-se entre os fardos e caixotes e apareceram somente quando o navio já estava em alto-mar. Faltou pouco para que os marinheiros os atirassem de cima do navio. "Só temos comida suficiente para nós", disseram eles. Então Francisco mostrou-lhes sua sacola de comida e os rostos malvados se transformaram. Durante a viagem, Francisco volta e meia olhava para trás. Lá do outro lado moravam os povos cujas almas obscurecidas procuravam pela Luz. "Deus não me achou digno para o martírio", sussurrou ele.

Cresce a fraternidade, nela há lugar para todos

Em Ancona deixaram o navio e, pregando, voltaram a pé para casa. Enquanto isso, muitas novas ovelhas se achegaram a eles. Eram quase trinta os que, abandonando pais e irmãos, profissão e riquezas, os seguiram atraídos pelo amor e pela pobreza. Eram colonos e trabalhadores com mãos calejadas e de poucos conhecimentos; advogados, estalajadeiros e soldados. Mas todos se sentiam homens novos e de boa vontade transformados pelo ardor da fé.

Um dia, estando a caminho, Francisco pregou num convento de irmãs. Casualmente, estava lá em visita a sua irmã o grande poeta e trovador Divini que, em Roma, tinha sido coroado rei dos poetas. Era famoso por toda parte. Em suas viagens havia participado de todo tipo de festas nas cortes reais e nos castelos. Apesar de sua fama e arte, estava longe de se sentir feliz. Era um homem insatisfeito, cansado da vida, um espírito agitado e inquieto. E já estava quase com quarenta anos de idade!

Ao ouvir a pregação de Francisco, pensou inicialmente: "Que bobagem!" Mas continuou a ouvi-lo. Seus olhos, bem como seu coração, se abriram e, aos poucos, as lágrimas rolaram em sua face. Como era lindo e sublime o que esse monge conseguia dizer e com grande simplicidade levava a entender as coisas impregnadas de celestial claridade. Divini foi vencido. Juntando as mãos sobre o coração, disse: "É isso o que eu tenho procurado ao longo de toda a minha vida sem o saber".

Pensamentos agitaram sua mente durante todo dia, e, ao anoitecer, uma nova visão o transformou tão ardentemente que decidiu acompanhar os irmãos. Ele os encontrou aqui e ali, no campo, cantando debaixo de chuva. Caiu de joelhos aos pés de Francisco e disse chorando: "Paz! Paz!"

"Levante-se e venha conosco, Irmão Pacífico, Irmão Paz", disse-lhe Francisco abençoando-o.

Ao ouvir que este era Divini, Francisco ficou espantado, pois quando, outrora, ele pretendia tornar-se um trovador, Divini tinha sido seu ídolo. E agora, o próprio rei dos trovadores vem até ele.

Francisco beijou sua face emagrecida. Debaixo de chuva, cantaram um cântico de agradecimento. Divini entregou seu cavalo a um camponês pobre. Deixou seu bandolim aos pés de Nossa Senhora, numa capelinha do interior, e, vestindo uma simples túnica, subiu a montanha junto com os irmãos.

O caminho para casa tornara-se uma verdadeira marcha triunfal. O povo saía das aldeias apressado, exclamando: "Eis o santo!" E por toda parte os sinos ecoavam.

"Por favor", pedia Francisco, "parem com isso! Não se esqueçam de que eu sou um homem como todos vocês e posso ter mulher e filhos. Tudo o que faço qualquer pecador também pode fazer. Jejuem e rezem, chorem e castiguem vossa carne, pois qualquer pecador pode fazer tudo isso; mas permanecer fiel a Deus, isso um pecador não pode fazer. Toda a Assis vinha ao seu encontro com bandeiras e música e os irmãos cantavam salmos. Essa grande veneração não lhe trazia nenhuma alegria.

Se eles soubessem quanto precisava lutar diariamente contra seu irmão burro, então teriam eles menos razão para enaltecê-lo. Mas como fazê-los entender isso? Em meio a toda honra e os muitos elogios ele permanecia só e abandonado e seu coração clamava por Deus. Estava triste e ninguém o conseguia consolar. Cantava para se animar, mas ficava pior. Apenas uma pessoa poderia trazer-lhe um pouco de luz: Irmã Clara. Logo no dia seguinte foi até ela.

O consolo de Clara

O convento estava totalmente coberto de neve. Entre duas muralhas de neve, ele chegou a São Damião. Lá dentro era escuro e frio como num porão. As paredes úmidas estavam completamente cristalizadas. Clara e mais uma irmã tinham ido à cidade para mendigar.

Francisco ficou um bom tempo rezando diante do crucifixo que outrora lhe havia falado.

Quando Clara voltou e soube que ele tinha chegado correu logo ao seu encontro e o levou ao refeitório. Ah, como estava envelhecido! Tinha o rosto magro e os lábios muito pálidos. Ela mandou logo acender o fogo para esquentar seus pés.

Francisco não tirava os olhos dela. Como ela havia mudado em poucos meses! Que grandeza de alma emanava de seu ser. Parecia respirar uma profunda paz e seus olhos transmitiam a pura felicidade.

Ele sentiu a infinita distância entre ambos. Ela possuía a verdadeira pureza que ele, por sua vez, para conquistá-la, precisava lutar diariamente. Diante da luz de Clara ele sentia sua própria escuridão.

E com que veneração ela o tratava! Sorvia as palavras, quando numa fala simples descrevia sua malograda viagem. Seus conselhos tinham pouca ressonância. O que teria ele a dizer-lhe? Sentindo-se ridículo e envergonhado, disse: "Voltarei em breve", e saiu.

A tentação do desânimo e do sentir-se inútil

Estando lá fora, experimentou sua própria nulidade como nunca tinha sentido antes. Andava pesadamente pela densa neve. "Jamais devia ter iniciado tal obra", pensava ele. "Sou um inútil e apenas um peso para os outros. Clara, o Irmão Leão e as demais esplêndidas almas não teriam chegado tão longe na santidade mesmo sem mim? Tenho um conceito exagerado de mim mesmo. Teria sido melhor eu ter permanecido um homem comum, como aquele camponês que vem aí. Ele, ao menos, alcançou seu objetivo: tem filhos."

Um camponês passava por ele levando uma criança nos ombros e outra mais velha pela mão e lhe desejou um alegre bom-dia.

Francisco voltou-se e o observou: "Ele tem filhos".

É estranho como um pensamento ou um desejo pode se desenvolver repentinamente. Durante o dia todo ficou pensando nisto: ter filhos e tornar-se um homem útil. Ninguém ousava falar com ele e a dúvida lhe sussurrava: "Qualquer um pode ser feliz, exceto aquele que, como você, fica se atormentando tanto".

A noite toda não conseguiu descansar e, no dia seguinte, saiu a caminhar sozinho. Precisava ficar a sós, pois lhe parecia que a cabeça iria explodir. Saiu caminhando para longe, montanha acima, a fim de poder extravasar aos gritos suas angústias. A montanha coberta de neve devolvia o eco de seus clamores. Mas nem com isso sentiu-se melhor.

Ao cair da tarde, tinha alcançado o alto da montanha de onde avistava o Lago Trasimeno que, lá embaixo, aparecia como uma mancha negra na alva paisagem. Lá, bem ao longe, o sol ia morrendo. Anoitecia em Assis. Ficou observando a cidade até escurecer totalmente e a lua cheia aparecer no céu. No eterno silêncio da montanha, seu coração pulsava cada vez mais forte. Titubeando, foi um pouco mais adiante até uma das ermidas que, cá e lá, ele tinha fundado. Era grande a alegria para os irmãos cobertos de neve, quando alguém vinha reanimá-los. Mas, infelizmente, Francisco não conseguiu trazer-lhes nenhum consolo. Ficou sentado, acabrunhado e tomando um pouco de leite morno, sem muita vontade. "Pai, você está doente?", perguntou-lhe um dos quatro irmãos.

"Aqui, por dentro", respondeu-lhe. "Eu preciso de ar", e saindo começou a caminhar.

Constituir uma família, e daí?

Um dos irmãos o foi seguindo, de longe, com medo que lhe pudesse acontecer algo. O vento soprava forte, varria a neve respingada de luar, levantando longas nuvens de nevasca.

Francisco não encontrava sossego. Agachava-se em qualquer lugar numa gruta, atirava-se de joelhos, inclinava a cabeça até o chão e rezava. Mas tudo continuava o mesmo: Sentia-se um inútil no mundo, e com saudades de filhos. Pensava na mãe de seus filhos, qualquer mãe. Então, começou a sentir sucessivos impulsos carnais.

"Isso não!" Contra tais desejos ergueu-se todo seu ser. "Isso, jamais! Fora com o diabo!", gritou ele. "Já vou expulsá-lo!"

Tirou o hábito e com a corda começou a açoitar seu corpo esquelético. Batia ao léu como se estivesse açoitando um lobo feroz. Seus gritos cortavam o silêncio da montanha. Continuou batendo, e, por causa da dor, ao passar a mão nas costas ficou ensopada pelo sangue. E mesmo assim as visões impuras não o deixavam.

De repente, despiu-se totalmente e saiu correndo ao clarão do luar. Revolveu a neve com as mãos, juntou com os braços um monte e construiu uma grande coluna de neve. Mal havia acabado esta, nervoso e apressado, recolheu mais neve e fez mais outras seis pequenas colunas perto dela. O suor lhe brotava por todos os poros, sua respiração era ofegante como a de um moribundo.

Sob a misteriosa luz do luar, pôs-se a contemplar diante dele as colunas de neve que lá estavam envolvidas pelo eterno silêncio da montanha. "Pois esta é minha família", disse ele. "A coluna grande é minha mulher, as outras minhas filhas e filhos, o empregado e a empregada. Agora devo me responsabilizar por todos eles. Quando estiverem com frio eu preciso vesti-los; se estiverem com fome, eu devo providenciar comida. Mas isso eu não consigo, pois não ganho dinheiro suficiente nem para mim mesmo. Se você já acha que esta preocupação pesa demais", disse de si para si, "então, alegre-se porque não precisa servir a mais ninguém senão a Deus."

Então, caiu na risada. Era o riso de um homem que se sentia interiormente liberto.

Pouco depois, soou entre as fendas da gruta uma doce e afetuosa canção que parecia vir de um contrabaixo. "Meu Senhor e meu Deus, eu vos amo sobre todo ser vivente, eu vos amo acima de tudo!"

O jejum quaresmal no Lago Trasimeno

Na noite da Quarta-feira de Cinzas um barco dirigiu-se a uma pequena ilha do Trasimeno. Francisco estava nele e levava dois pãezinhos sobre os joelhos. Um marinheiro, que teria se tornado um frade menor se não tivesse tido mulher e filhos, pilotava o barco. Só se ouvia a batida dos remos e o cair das águas.

As estrelas brilhavam com tanta claridade nas águas calmas como no céu e, por longo tempo, o barco seguiu sua rota. "Chegamos", anunciou o piloto.

Francisco saltou para a praia com seus pães e disse: "Vamos combinar, não fale nada a ninguém! E você virá me buscar na Quinta-feira Santa de manhã. Deus o abençoe!"

O barco desapareceu na escuridão. Francisco estava sozinho, cercado de água, numa ilha, onde jamais um mortal havia ficado. Assentou-se em qualquer lugar sobre uma pedra, aguardando o amanhecer. Com o olhar voltado para as estrelas suspirava sedento por Deus.

Mais tarde, o Subásio tingiu-se de uma claridade rósea. A manhã foi surgindo de uma montanha a outra. Tão logo Francisco conseguiu enxergar o suficiente, foi à procura de um lugar apropriado para rezar.

Toda natureza ainda estava desnuda por causa do inverno. Pássaros voavam no céu e os coelhos saltitavam de cá para lá. Intensos raios de luz, surgindo por detrás das longínquas montanhas, se projetavam pelos altos céus e brilhavam nas águas formando filões dourados.

De repente, ele se deteve diante de um espinheiro cujo interior estava vazio. "Magnífico!", exclamou jubiloso. "Uma cabana de espinhos em forma de coroa! Obrigado, Senhor! Melhor do que isso não poderia encontrar!" Afastou alguns galhos para o lado e entrou. Atirou-se de joelhos e pediu: "Deus, dá-me força para passar aqui, junto com teu divino Filho, os quarenta dias da Quaresma". E a partir de então, sem se importar com o sol nem com a lua, começou a rezar, invocando a Deus em alta voz e cantando.

Os dias foram passando. Todo dia, ao entardecer, dava uma volta pela ilha do tamanho de um vilarejo, e retornava ao seu espinheiro, deitando-se para dormir.

Um dia, ao acordar, viu perto de lá um coelho, que o observava com um olhar de doçura, e por lá ficou. Deixava que o acariciasse e, quando Francisco saía, o coelho ia saltando atrás dele. Enquanto rezava, ficava junto dele e, ao cair da tarde, quando dava seu passeio, o coelho o acompanhava. Enquanto seu próprio estômago roncava ardendo de fome, ele buscava alimentos tenros que o coelho vinha comer em suas mãos.

A fome o torturava terrivelmente. Estava enfraquecendo, dia a dia perdendo peso, mas não tocava no pão. De vez em quando, tomava um gole de água para abrandar a queimação da garganta e do peito.

A fome a as privações enchiam sua alma de enorme felicidade interior. Agora que concedera espaço a Deus, envolvido totalmente por Ele, podia erguer os braços e cantar. A solidão, a água, a montanha e o silêncio infinito, tudo era muito lindo e o elevava aos céus. Fazia muito ou pouco tempo que estava na ilha? Disso nem se dava conta. Quanto mais enfraquecia tanto mais pura era sua felicidade. Desprezou o pão.

Certa manhã, ao sair de sua moita, e mal podendo ficar de pé, viu o barco se aproximando. Quinta-feira Santa! Pulou de alegria. Como Jesus, havia jejuado quarenta dias!

Subitamente, começou a sentir profunda tristeza. Iria voltar ao convívio dos homens e seu espírito se acabrunhava deprimido. Que bom seria se pudesse ficar aqui! Começou a observar, admirado, a presença da primavera por toda parte: o verde dos pés de couve, as margaridas e as violetas. A cabana de coroa de espinhos ficou toda cheia de botões brancos em flor. E, no arvoredo, os passarinhos cantavam! Tinha a atenção totalmente voltada para o interior, para Deus, e pouco se ligava ao mundo exterior.

O barco chegou à praia. Francisco deu uma olhada nos pãezinhos. Como Jesus, ele havia jejuado durante quarenta dias! De repente, ficou vermelho de vergonha e espantado. "Não, Senhor", disse ele, "eu não quero me comparar ao Senhor!" Rapidamente, com uma pedra, partiu um pão em dois, mergulhou um pedaço na água e comeu a metade. "Adeus, irmão dos lábios trêmulos", disse ele despedindo-se do coelho, e subiu ao barco com a outra metade do pão. O piloto do barco, ao observá-lo e percebendo em seus olhos um brilho celestial, ajoelhou-se.

O Capítulo de Pentecostes

No Pentecostes, chegaram de todas as partes os irmãos e se reuniram todos na Porciúncula para um capítulo no qual Francisco quis transmitir-lhes instruções. Pelo crescimento do número dos irmãos, e morando eles muito longe uns dos outros, não era possível visitá-los individualmente. O capítulo foi colocado na Festa do Divino Espírito Santo para que pudessem se alegrar confraternizando-se na mais pura amizade e fraternidade espiritual.

Fizeram cabanas de galhos. O povo trazia a comida e as aves se alimentavam com eles. Cada um tinha sua vez e a oportunidade de falar, colocando seus desejos com toda caridade. Francisco fez um lindo sermão e, ao final, todos voltaram para suas casas encorajados e fortalecidos com novo ardor.

A pregação aos nobres na arena dos torneios

Depois que os irmãos partiram, Francisco e o Irmão Ângelo se puseram a caminho para pregar. Permaneceram um dia todo na pequena cidade de Montefeltro. Haveria uma grandiosa festa no castelo, pois um nobre tinha se tornado cavaleiro. Toda a nobreza da região brilhava em seus luxuosos trajes e estava sentada nas tribunas para se divertir com os torneios e desafios.

"Aqui há trabalho", disse Francisco. "Venha!"

Um torneio estava quase no final e um novo deveria começar. As trombetas iam soar, quando, de repente, sem ser chamado nem aguardado, um monge descalço apareceu no meio da praça. Todos se espantaram; mas, antes que alguém pudesse dizer algo contra ele, pôs-se a cantar a primeira estrofe de uma canção e, em seguida, começou a pregar sobre a grande recompensa de uma vida de penitência que é Jesus Cristo. Com os cabelos desgrenhados, emagrecido pelos jejuns, vestindo uma túnica surrada e desbotada, lá estava ele falando em alta voz aos nobres e senhores das terras. De vez em quando, deixava-se levar pelo entusiasmo que parecia dançar.

Todos prestavam atenção às suas palavras como se ouve um trovão ou uma música. O silêncio era total. Podia-se ouvir o tremular das flâmulas e bandeiras. Viam-se lágrimas, olhos fechados, batidas no peito e suspiros. E quando ele foi embora houve acenos e aplausos...

O presente do Monte Alverne e o conselho de Clara e Silvestre

Mal Francisco havia deixado o castelo e um célebre conde de nome Orlando correu atrás dele para falar-lhe sobre a salvação de sua alma. "Muito bem!", disse Francisco, "mas primeiro vá comer." Mais tarde se encontraram num pomar. O conde chorou pelas lindas palavras que Francisco lhe dissera e ofereceu-lhe, com todo respeito, um monte, onde poderia rezar: o Monte Alverne que se erguia até as nuvens, lá pelos lados da província de Casentini. Francisco aceitou o presente Contudo, pelo caminho, parecia-lhe que deveria carregar sozinho o peso de todo esse monte. Um monte para rezar!

Desde sua estadia na ilha, o desejo por solidão tornava-se cada vez mais forte. Sentia necessidade de ficar sozinho com Deus, no alto do monte! Mas isso não seria egoísmo? O mundo não o estaria chamando para ouvir suas palavras? Estava procurando, pois, seguir o Salvador, e este também esteve entre os homens. Ficou tão confuso que não sabia mais qual das duas coisas deveria escolher. Voltou a perguntar ao Evangelho. Numa primeira vez ouviu: "Sirva a Deus na solidão"; e em outra vez: "Vá e pregue a todos os povos". Pediu a Deus, mas não obteve nenhuma resposta.

Estando em casa, assentou-se e, voltando-se profundamente para seu interior, fixou o olhar vago na direção de uma calma definição a partir dos irmãos. E, de repente, pensou em Clara. Somente ela, que não tinha dúvidas, poderia ajudá-lo. Ele mesmo pretendia ir até ela, mas mudou de ideia. Ela iria querer venerá-lo novamente como um mestre e isso ele não suportaria, pois sabia que não servia para isso. Chamou Masseo, este digno irmão, colocou-lhe sua dúvida e pediu: "Vai até Clara, essa brilhante luz, e pergunta-lhe o que eu devo fazer. Vai também ao Irmão Silvestre, em sua gruta no Subásio – o que eles disserem, farei".

Francisco passou a noite ajoelhado, reprimindo todo impulso de solidão. Queria ouvir a voz clara de Deus por meio destas duas almas cristalinas. E de manhã, quando Masseo vinha tateando pela névoa, com muita reverência, foi ao seu encontro: "Não diga nada", pediu Francisco. "Primeiro, vamos até a floresta, vou lhe lavar os pés e dar-lhe de comer, pois como anjo traz em sua boca a Palavra de Deus".

Lavou os pés de Masseo, deu-lhe pão e leite, e então os dois foram juntos para a floresta. Lá, no silêncio, no frescor do orvalho da manhã primaveril, Francisco se ajoelhou perto dele, cruzou os braços sobre o peito e ouviu, cheio de humildade e abnegação, como fizera Maria, quando o anjo lhe trouxera a boa-nova.

"Pregue", disse Masseo.

"Pregue!", respondeu Francisco. E o Espírito de Deus pousou sobre ele. Jubilando, ele levantou-se e disse: "Pregue, pregue! Hoje mesmo vamos começar!"

A pregação aos passarinhos

Liberto de toda dúvida, saiu pela região. Dois irmãos o acompanharam: Masseo e Ângelo. Tamanho era seu desejo de poder pregar que eles mal conseguiam acompanhá-lo. Ele cantava. Sentiu-se imbuído da beleza da vida. As nuvens, a relva, os animais, os homens, a terra, o sol, as estrelas, tudo saiu das mãos de Deus, tudo está impregnado pelo seu Espírito. Ele está em toda parte; nele vivemos e nos movemos.

"Irmãos! Irmãos!" e, elevando os braços abertos em direção a tudo o que via, continuou: "Nós somos todos irmãos! Vamos servir ao nosso Pai".

Assim, chegaram a um vale no caminho de Bevagna. E o que encontraram junto às árvores solitárias? Milhares e milhares de pássaros diferentes, grandes e pequenos, pousados, saltitando ou voejando. Sons de flautas e assobios, cantos e gorjeios enchiam o ar. Quanto mais Francisco se aproximava, mais alto e mais forte as aves cantavam, trinavam e se entrecruzavam voejando inquietas pelas árvores, na relva e no ar.

Os dois irmãos, que ficaram um pouco para trás, admirados batiam palmas. Ao verem os pássaros em grandes bandos voarem em círculos em torno de sua cabeça, disseram um ao outro: "Eles estão aqui por causa dele" e, respeitosamente, se mantiveram a certa distância.

Francisco ficou admirado com esse estranho espetáculo. Entre os pássaros encontrou muitos conhecidos como a cegonha, o rouxinol, o melro, a gralha, o pintarroxo, suas amigas as cotovias, as pombas, os pardais e também outros desconhecidos e tão lindos e que não se sabe o nome. Eram vermelhos, azuis, malhados, com mechas e outros com reflexos dourados, alguns vermelhos e ainda outros verdes. Uns ainda traziam o colorido da aurora, outros se pareciam com a madrepérola das conchas, com brocados, com a cor das chamas, com sedas, com fios dourados, ou com a neve e a prata. Outros, ainda, tinham formas estranhas: eram belos, mostrando um colarinho, um boné ou um atrevido topete de penas, uma cauda como um pôr do sol ou vestidos iguais a filetes de flores congeladas nas vidraças das janelas. Era um sonho de cores matizadas à luz do sol, transformando tudo em brilho e cintilações.

Cada ave tinha sua própria voz, seu grito, seu canto. Todas voavam e adejavam em torno de Francisco. Ele rezava de contentamento. "Ah! Isso não é por minha causa, pensava ele, mas por meu amor a Deus."

Seu coração inquieto sentiu necessidade de falar. Levantou os braços como sinal de que iria falar. De repente, milhares de aves, silenciaram e se colocaram em círculo ao seu redor. A partir da primeira fila, as menores se colocaram diante das maiores. As árvores ficaram forradas e não se podia ver nenhuma folha. Algumas aves se assentaram em seus ombros, outras até em seus braços estendidos.

"Ouçam, ele está falando para elas", disse o Irmão Masseo, com lágrimas nos olhos. Elas o escutavam.

"Queridas aves, minhas irmãs! Louvai o Senhor e agradecei ao nosso Pai comum, pois nós somos obra de suas mãos. Seu amor jamais nos abandonará. Vejam como cuida de vós. Ele vos preservou na arca de Noé. Deu-vos a liberdade de voar para onde quiserem. Todo o céu vos pertence. Deu-vos penas quentinhas, uma veste dupla ou até tripla contra a chuva e a neve, e vestiu igualmente, vossos filhotes de tal sorte que não precisais nem tecer. Como é linda a vossa plumagem, bonita como as flores e o arco-íris. Ele cuida do vosso alimento, o qual encontrais pronto nas árvores, nos prados, nos rios, nas fontes e pelos caminhos. Ele vos deu montanhas e vales como abrigo; árvores altas para poderem lá construir os ninhos. Deu a cada um de vós um canto e uma linguagem pela qual vos entendeis e podeis louvá-lo e agradecer-lhe. Tendes noção de quanto o criador vos ama, pelo tanto de bem que vos concede? Por isso, não sejais ingratas, continuai simples e pobres, como exemplo aos homens e aos irmãos menores, e fazei esforço para louvar e agradecer a nosso Pai todos os dias. Vosso canto é vossa oração. Cantai! Cantai!"

Nesse momento, as aves todas começaram a cantar, cada uma a seu modo, inclinando as cabecinhas para demonstrar a grande alegria que sentiram com seu sermão. Depois de Francisco ter visto e ouvido isso, elevou os braços e, com muita alegria, agradecido cantou com elas.

A certa distância, lá estavam os irmãos ajoelhados e abismados com o milagre. Então viram Francisco abençoando as aves. Aí, em bando, parecendo um chafariz, todas se projetaram para o alto, sempre mais alto, revoando em forma de cruz pelos céus na direção dos quatro pontos cardeais.

"Obrigado, Senhor! Obrigado, Senhor", exclamou Francisco. Apressado, foi até os irmãos e falou-lhes: "Venham, venham, precisamos pregar! Se as aves escutam nossas palavras, os homens não haveriam de escutá-las?"

Os irmãos saíram a pregar por toda parte

Puseram-se a pregar com grande entusiasmo. Francisco cumprimentava as flores, dava bom-dia a um cão e chamava ao porco de "irmão".

Pregou para uma família pobre na porta de sua casa e para uma camponesa que ia ao mercado com uma cesta cheia de ovos; cantou uma canção para uma criança que brincava na estrada empoeirada. Pregava nas igrejas repletas e para grandes multidões ao ar livre.

Contudo, para ele não havia diferença: quer houvesse um ou mil ouvintes, pregava sempre com o mesmo fervor, com o mesmo entusiasmo. Sua prédica, às vezes, parecia-se com um buquê de violetas, mas quando falava do inferno, a pregação era sombria e aterradora.

O povo se sentia atraído. Corria atrás dele seguindo-o em procissão com velas e bandeiras, e o cercavam de doentes e aleijados. Os sinos bimbalhavam nas torres, o povo beijava sua túnica e, tendo uma oportunidade, cortavam um pedaço dela. Uma travessa ou qualquer outra coisa que ele tivesse tocado era venerada como uma relíquia.

A situação começou a se complicar, pois precisou impedir que os casados não se separassem para seguirem a ele ou Clara. "Não, não", disse ele. "Tenham um pouco de paciência, com a ajuda de Deus, vou cuidar de vocês, sem precisarem se separar um do outro."

Sentia crescer a angústia diante do grande número de irmãos que se juntavam a ele.

Milagres e curas brotavam como flores na primavera. Honras e fama, que outrora lhe causaram profundo sofrimento, agora já não o incomodavam tanto. Tinha certeza de que a fama não lhe pertencia.

"Eu sou apenas o violino onde Deus toca sua melodia, e os homens se aproximam para ouvir sua música."

Por que a ti, por que a ti, Francisco?

Até o Irmão Masseo estava muito admirado com todo esse sucesso e falou para Francisco: "Você não é lá um homem de grande beleza, nem é estudado, nem é..." "Exatamente por isso", respondeu-lhe Francisco. "Bem por isso você vê que tudo é obra de Deus. E exatamente para mostrar que é obra dele, escolhe, para realizá-la, o mais feio, o mais indigno, e o maior pecador. A quem, melhor do que a mim, poderia ele ter escolhido? Sem Deus eu não sou nada, sou como uma criança desamparada. Vamos, pois, agradecer a Deus e amá-lo por ter se servido de um mísero pecador."

E acrescentou: "Amar é tudo", pois qualquer um pode carregar uma vela na procissão, ou dar dinheiro na coleta, mas alegrar-se por tudo que vem das mãos de Deus, isso é amor!

Irmão Elias, o novo integrante da fraternidade

Durante todo o verão eles pregaram pelas aldeias e cidades. E quando as parreiras estavam prontas para a vindima, Francisco falou: "Irmãos, agora vamos para casa, pois ainda neste mês eu preciso voltar junto aos mouros".

Retornaram ao convento cantando e pregando pelo caminho. Ao anoitecer de um certo dia, percorrendo eles, à luz do luar, um caminho que se perdia entre as montanhas, encontraram um homem que trazia nos braços uma túnica e aguardava por eles. Era um homem alto, um nobre senhor de barba densa e preta.

Solenemente caiu de joelhos diante de Francisco e, escolhendo as palavras, pediu-lhe se poderia ficar com ele, pois nos livros não conseguira encontrar paz e queria, a partir de então, por amor a Jesus, viver na pobreza. "Levante-se", disse-lhe Francisco. "Quem é você?" E o homem disse seu nome:

"Elias, notário de Bolonha".

Eles se entreolharam por um bom tempo. Seus grandes olhos negros penetravam direta e friamente no coração das pessoas. De mais a mais, era difícil de saber se aquele sorriso significava chacota ou alegria. Ambos se olharam fixamente.

"Venha conosco", disse Francisco em voz baixa, parecendo um tanto forçado. Teve um leve pressentimento, quase um arrependimento, mas tinha apenas uma palavra, "sim", que para ele queria dizer "sim", por isso disse de imediato: "Venha conosco, Irmão Elias, venha conosco!"

E Elias seguiu com eles. Para os outros dois irmãos a coisa não parecia tão tranquila. A boa disposição desapareceu. Eles deixaram de cantar e se entreolhavam como se quisessem dizer: "Que tipo ele está aceitando agora?"

Elias contou-lhes, em linguagem acadêmica, que, quando ainda ele era apenas um fabricante de colchões em Assis, conhecera Francisco. Contou-lhes também ter saído de Assis bem cedo e, depois de estudos especiais e grande força de vontade, disciplina e inteligência, tornou-se tabelião em Bolonha.

Eles pernoitaram num celeiro. Os três irmãos se deitaram sobre a palha. Elias sentou-se num caixote e recostou a cabeça na parede. Assim, estava mais limpo.

Quando acordaram ele já havia vestido sua túnica, que a mantinha limpa e bem cuidada, como se fosse de seda.

Os outros pouco se incomodavam por onde passavam, quer sobre pedras, no meio da poeira ou nos banhados. Para eles tanto fazia andar com roupas esfarrapadas e pés sujos, contanto que a alma permanecesse limpa.

Elias disse: "Uma túnica suja não significa uma alma pura!"

Por isso, limpava a mínima mancha de sua túnica e tinha muito cuidado com suas mãos grandes e bem-feitas.

Mostrava, igualmente, um grande respeito por Francisco. À noite, lavava-lhe os pés e preparava um colchão macio. Enquanto Francisco dormia, o observava cheio de reverência, com aquele estranho sorriso nos lábios. Elias também pregava, mas sua pregação soava como a leitura de um contrato, com primeiro, segundo etc.

Passados alguns dias, Francisco conheceu que tipo de irmão era Elias: um homem com dupla personalidade; por um lado mandão, despótico; por outro, muito piedoso. Francisco lhe disse: "Se você conseguir dominar sua vaidade se tornará um bom irmão".

"Foi para isso que vim até você", respondeu ele, ficando muito vermelho, o que demonstrou sua luta para dominar a raiva.

Francisco continuava refletindo: ou ele se tornará um grande santo ou morrerá fora da ordem. Era estranho que Francisco o tratasse igualmente com muito respeito. Por quê? Esta é uma das coisas que não se conseguiu esclarecer. E falou ao Irmão Ângelo: "Querido irmão, não pense mal. Nós devemos aceitar a todos, a partir do fato de que aquele que vem até nós tem boa vontade. Muitos dos que aceitamos, no começo podem nos parecer mensageiros do diabo e depois se tornam autênticos discípulos do Evangelho. "Não foi o que aconteceu comigo?"

Ângelo suspirou.

Quando chegaram à Porciúncula, Elias parecia ser o senhor com seus três servos maltrapilhos. Todos se alegraram muito pelo retorno do pai espiritual; contudo, quanto ao Irmão Elias, sentiam-se pouco edificados. Ele se comportava como um erudito.

Junípero, que era alto e forte, o evitou desde o primeiro dia. O Irmão Tiago o observava desconfiado, temendo brigar com ele. Mas o Irmão Chapéu viu nele um homem de seu feitio.

Francisco, já na semana seguinte, enviou Irmão Elias a Florença para defender o espírito dos irmãos menores contra os intelectuais, advogados e teólogos. Para isso, Elias era o homem certo: primeiro, segundo...

"Vamos rezar, meus queridos irmãos", convidou Francisco. "É preciso cuidar de minha bagagem espiritual, porque depois de amanhã irei para a África."

Sentiu-se tomado pelo Espírito Santo. Desta vez, esperava ter sucesso, e não cessava de cantar.

A doença interrompe, mais uma vez, a tentativa missionária

Meio ano mais tarde, Francisco caiu enfermo e estava sentado à porta de sua pequena cabana, na Porciúncula. Novamente, sua viagem à África foi por água abaixo, e mais uma vez sentiu sua esperança frustrada. Ao chegar à Espanha caiu gravemente enfermo, permanecendo lá todo o inverno e, na primavera, o trouxeram de volta para casa. Então, por alguns dias, foi ao agreste Monte Alverne para rezar; mas, novamente, teve de retornar, pois estava doente do fígado e com uma úlcera no estômago.

A roseira perto de sua cabana exalava um delicioso perfume. As árvores, nas proximidades, se cobriam de pássaros e os coelhos brincavam na relva. Algumas pombas brancas passeavam pelo telhado. Essas pombas vieram de um par que Francisco, certo dia, mendigou junto a um jovem que ia levá-las a uma rotisseria. Agora elas formavam uma grande família. Também Clara tem algumas delas, e cada irmão de outro convento, que vem de visita, leva um par delas.

O tempo está maravilhoso e Francisco se deleita como uma criança. Observa tudo admirado e agradece. De vez em quando, uma cigarra pousava em sua mão e começava a voar em torno de si mesma até que Francisco lhe diz: "Irmã cigarra, cante e louve o Senhor".

Então, a cigarra começava a estrilar tão alto que a gente se pergunta de onde um ser tão pequeno tira um som tão forte. Ela não dava descanso com seu canto até que Francisco a acompanhasse. Depois de algum tempo, ele dizia: "Agora chega, irmã cigarra, porque não posso me cansar tanto, pois sou um homenzinho doente". Então, a cigarra voava e, em seguida, retornando, recomeçava seu canto.

Reafirma a radicalidade da pobreza

Estava tudo calmo na Porciúncula. Os irmãos rezavam e trabalhavam; embrenhados na mata, dois irmãos cantavam um salmo. Como é belo a gente contemplar isso, pensava Francisco. Tantos irmãos juntos vivendo só para Deus. Então, ergueu os olhos para os céus e suplicou: "Que eles permaneçam sempre assim, alegres e inocentes como crianças".

E, sem querer, pensou ele na intenção de alguns dos mais instruídos entre os irmãos, que queriam subverter a regra da pobreza alterando-a a fim de que pudessem possuir livros e bibliotecas para estudarem teologia e outras ciências. Isso restringiria a liberdade dos irmãos para rezar, trabalhar e pregar, o que poderia acabar com a simplicidade da vida que levavam.

"Jamais!", exclamou Francisco. E de todo o coração e do fundo de sua alma continuou insistindo: "Não! Jamais!" Percebeu claramente que o Irmão Elias estava por trás.

Quando a gente se afasta da pobreza absoluta, as piores consequências se fazem sentir.

Bastava apenas pensar no que aconteceu quando ele foi para a Espanha. O Irmão Pedro não construiu, perto da capela, uma verdadeira casa de pedra e bem decorada, nos moldes de um palácio? Um palácio para os irmãos menores! Ao ver a construção, Francisco ficou vermelho de raiva. "Vamos demolir isso", gritou ele, e, apesar de doente, subiu no telhado rápido como um gato, e as telhas começaram a voar para baixo. Só parou quando lhe prometeram que era apenas para servir aos peregrinos. Mas de modo algum queria pensar nessas coisas tristes.

O tempo estava maravilhoso e Deus mantinha sua mão protetora sobre a fraternidade.

Retorno ao Alverne e o encontro com o Irmão Ovelha

Francisco deu um assobio e logo apareceram correndo diversos irmãos. "Sentem-se em círculo ao meu redor", falou-lhes secamente. "Eu estou me sentindo bem e devo lhes contar algo do Monte Alverne. Mas com isso ele queria partilhar suas tristezas.

Os irmãos já estavam há muito tempo esperando por isso e se assentaram na grama, um ao lado do outro, e ele começou a lhes falar: "Deus ainda não me achou digno de ir converter os pagãos. Chamou-me para o alto do Monte Alverne, bem no cume agreste do monte. Quando tinha construído, debaixo de uma bela moita, uma cabana onde eu poderia ficar rezando sozinho, de repente saiu da floresta um ladrão. Trazia consigo muitas facas e um pesado cacete".

"Eu sou o lobo deste monte", disse ele. "Sou o senhor e o juiz desta região. Se não sumir daqui enquanto conto até dois, eu faço um mingau de você com este cacete. Vá andando, vá saindo!"

"Já tinha levantado o cacete para o alto, mas, graças ao Espírito Santo, brotaram de meus lábios palavras tão boas, e antes mesmo de eu terminar de falar sobre a bondade de Nosso Senhor que também morreu por ele, o ladrão caiu de joelhos e me pediu se poderia ser um dos irmãos. Então, alegrando-me no Senhor eu lhe dei minha bênção e o chamei Irmão Ovelha. Como percebi que o monte lhe era muito familiar o fiz guarda do Alverne. Agora, ele está ajudando a construir uma capela de pedra que o Senhor Orlando pediu fosse erguida pelos seus operários.

Estão vendo, meus queridos irmãos, quão bom é Nosso Senhor ao transformar lobos em ovelhas. Se vocês um dia tiverem a felicidade de retirar-se para rezar nesse monte santo, que se fendeu na mesma hora em que Nosso Salvador morreu na cruz, então, lhes peço: tratem o Irmão Ovelha com todo o respeito e amor que é devido a um santo homem.

Agora, vamos juntos agradecer a Deus e rezar pelo Irmão Ovelha, pois mesmo o homem mais santo necessita de oração."

Irmão Leão conduziu a oração e todos juntos rezaram fervorosamente pelo Irmão Ovelha.

O Irmão Felipe, que chamavam de Longo, foi nomeado como diretor espiritual de Clara e suas irmãs. Cada vez que retornava de lá, trazia delas a solicitação: como ficariam contentes se Francisco, de tempo em tempo, as visitasse para levar-lhes luz e consolo.

A contragosto deixou-se persuadir. A seus olhos, Clara era uma santa e a presença dela iluminava a alma de Francisco e o fortalecia. O que ele mais gostaria era visitá-las todos os dias. Mas ela e suas irmãs o tratavam como santo, e isso ele não suportava. Tinha vontade de sumir debaixo da terra. Sentia-se um pecador, um verme. A tal veneração da qual não conseguia se livrar lhe causava verdadeiro sofrimento. Mas ele iria dar-lhes uma lição...

Um punhado de cinza acaba com a vaidade

Aconteceu a mesma ladainha. Elas beijaram sua túnica com lágrimas nos olhos. Clara mandou vir água e lavou-lhe os pés em sinal de respeito, que transparecia em seus olhos. Como não queria nem podia suportar isso, fechou os olhos. Eram todas aquelas atenções: as flores, a comida, os cuidados, o cansaço e a admiração. Elas até gostariam de estender plumas em seu caminho. Não, isso não podia continuar.

Francisco entrou na igreja para rezar e teve uma feliz ideia. Levantou-se e pediu a uma das irmãs uma tigela com cinza. Quando ela chegou, voltou-se para as irmãs que ainda estavam lá e não queria perder nenhuma de suas palavras

Então, em vez de lhes fazer um sermão, tomou um punhado de cinza e espalhou sobre sua cabeça, seu rosto pálido, na barba e pelos ombros. Pegou um segundo punhado e derramou o resto nos pés. De braços abertos, enquanto ia saindo do local começou a cantar o *Miserere*: "Tenha piedade de mim, pobre pecador!" Com os olhos voltados para o alto passou diante das irmãs estupefatas e saiu cantando.

Clara partilha a refeição e um encontro espiritual com Francisco

Francisco não foi mais visto em São Damião e Clara não ousava mais convidá-lo para visitá-las. Contudo, solicitou a honra de um dia partilhar uma refeição com ele na Porciúncula, mas Francisco não consentia. Por seis vezes ela repetiu seu pedido, seis vezes foi recusado.

O Irmão Leão e os demais não acharam isso legal. Disseram-lhe: "Você a encaminhou para a vida de pobreza e ela vive isolada de todo mundo; isso lhe serviria de consolo". E mais uma vez, Francisco mudou de ideia.

Certa manhã, alguns irmãos foram buscá-la, e Francisco ficou esperando por ela num pequeno bosque de ciprestes. Ele mesmo alegrou-se por ter consentido. De novo, a recebeu como a uma santa... Inclinou-se diante dela, beijou-lhe o hábito, tomou suas pequenas mãos ásperas e escurecidas pelo trabalho e a conduziu por entre as cabanas. Por toda parte, foi saudada com grande respeito por todos os irmãos, exceto pelo Irmão Chapéu, que saiu quando ela chegou.

Depois de rezar por algum tempo na capela com Francisco, foram comer na casa dos peregrinos. O banquete foi servido no chão nu e a comida constou de queijo, pão e leite. Estavam lá reunidos Clara com outra irmã e todos os irmãos, com exceção do Irmão Chapéu, que não quis comer junto com uma mulher. Seu lugar ficou vazio.

Concluída a oração após a refeição, Francisco, como que tocado pela pureza de alma de Clara, começou, subitamente, a falar sobre Deus, mas com tanta beleza, com palavras tão maravilhosas que todos se sentiram inflamados pelo amor divino. Tudo o que era material e sensível perdera a força; suas almas resplandeciam e irradiavam uma grande luz e o seu brilho atravessou o teto e as paredes... Uma poderosa luz avermelhada, parecendo uma enorme tulipa de fogo, espalhou-se sobre a igrejinha e pela floresta.

Irmão Chapéu foi o primeiro a deixar a fraternidade

O Irmão Chapéu deixou a ordem. Embora há muito tempo já se previa isso, fica-se chocado quando as coisas acontecem. Ouçam o que ele desfechou contra Francisco e os irmãos: "Agora chega! Estou cheio! Eu não posso ensinar aos leprosos do meu modo, mas seus favoritos podem fazê-lo do seu modo. A eles tudo é permitido e eu sou obrigado a me matar de trabalhar para servi-los. Desde o começo você não fez um bom conceito de mim, porque eu usava um chapéu. Por que você não faz uma regra firme, como Elias e outros desejariam? Assim, cada um saberia o que deveria fazer ou deixar de fazer. Isso você não ousa. Agora, você é a regra. Seus caprichos são a regra. Estou cheio. Eu mesmo vou fundar uma ordem, mas que tenha uma regra. Embora eu não seja tão inteligente, a ordem será criada! E aquele que não for tão louco quanto você fará parte dela. Ah, e você nem sabe quantos estão do meu lado, porque seus queridos irmãos não lhe contam. Sua ordem vai acabar! É pena eu ter gastado tantos anos nela. Adeus!"

Afundou o chapéu na cabeça e foi embora. Os irmãos ficaram profundamente abatidos, afinal o Irmão Chapéu fora um dos primeiros do grupo. Francisco falou-lhes: "Queridos irmãos, não fiquem tristes. Vamos rezar por esse filho perdido e por outros que poderão se perder, pois... mas ele se calou. Teve um leve pressentimento de que nuvens negras pairavam no ar.

Embora faminto, no inverno pensava nos irmãos e
nas criaturas

Francisco passou a maior parte do inverno na gruta
do Monte Subásio e, lá do alto, acima de uma barulhen-
ta cascata, rezava pela conversão dos pecadores e pela
salvação das almas do fogo do inferno. Quando estava
quase para desmaiar de fome, cambaleando, punha-se a
mendigar pelas vilas. Para não ser reconhecido por ninguém, afundava o capuz na cabeça, mudava seu modo
de andar e sua voz, pois mal as pessoas o reconheciam,
enchiam-lhe as mãos de comida. Assim já não era mais
mendigar, pois não tinha nenhum mérito espiritual.
Queria receber como um mendigo. Será que nosso Salvador não gostaria mais de um pedaço de pão dado por
misericórdia do que de uma festa em Caná, onde Ele era
o convidado de honra? Ser pobre, ser enxotado por um
cachorro, isso faz bem para a alma!

Esse inverno estava ruim para as aves. A metade do
que ele mendigava era delas. Espalhava o alimento sobre
a neve endurecida. Os irmãos alados pareciam farejar,
pois rapidamente chegavam ao local, em bandos. Quando uma alma misericordiosa lhe dava um pouco de mel
ou vinho doce, levava logo o que recebia para algum buraco de árvore onde ele sabia que moravam abelhas, embora não esquecesse também de seus irmãos humanos.
Durante muitas horas caminhava pela neve para visitar
os eremitérios onde se encontravam alguns irmãos enre-
gelados. E como se alegravam esses homens. Ele trazia
uma luz para dentro da grande escuridão do inverno e
amenizava suas vidas. Ficava dois ou três dias e ia adiante
montanha acima.

A lição dos três ladrões

Assim, um belo dia, chegou ao Monte Casale. O irmão porteiro abrindo-lhe a porta perguntou: "Os ladrões não o atacaram?"

"Eu não vi nenhum ladrão", disse Francisco.

"Ah, mas imediatamente fechei-lhes a porta na cara. Claro, reverendíssimo pai! Eram três ladrões que pediam esmola e logo saíam assaltando e roubando as pessoas."

Os outros quatro irmãos do convento chegaram correndo e, antes que eles o cumprimentassem, Francisco exclamou: "Ah, esses pobres ladrões. Ah essa gente pobre!"

"Como gente pobre? Eles são o terror de toda a redondeza!"

"Ah, esses pobres ladrões", repetiu Francisco. Então ordenou: "Rápido, rápido! Levem pão e vinho para essa pobre gente! Isso é o amor evangélico? Não são eles da mesma carne e sangue de nosso Salvador que andou pela terra para salvar os pecadores? Depressa! Depressa! Procurem alcançá-los e de joelhos peçam-lhes perdão! Eu vos mando em nome da santa obediência. E os convidem para que venham até aqui comer e beber, sempre que por aqui passarem, e falem de Deus e sobre o que Ele fez por eles. Rápido! Vamos!"

O porteiro apanhou um pedaço de pão e uma garrafa de vinho de missa, pois era tudo o que tinham. A gente pode ter um coração de pedra, mas diante de tanta caridade até o ladrão mais ousado fica sem ação.

De fato, os ladrões não se renderam imediatamente, mas aos poucos, pois ficaram envergonhados. Assim, um dia, deixaram na porta lenha para queimar, depois um faisão, e daí tiveram uma conversa com o porteiro e, por fim, entraram.

Eram três homens altos e fortes de mãos calejadas. Como crianças acanhadas, assentaram-se diante de ovos, queijo e pão e enfiaram o nariz no prato.

Francisco se pôs a servi-los e lhes falava sobre a fé com palavras claras, tão belas e simples que lhes brotaram lágrimas nos olhos. A graça moveu seus corações. Um deles se ajoelhou, os outros seguiram seu exemplo e pediram se poderiam ficar aí. Francisco os abraçou.

Uma visão de Jesus e Maria lhe concede a indulgência

Certa noite, Francisco estava sentado rezando na capela da Porciúncula enquanto se anunciava a chegada de uma tremenda tempestade. O ar estava pesado e sufocante como um forno. Nenhuma folha se movia. Os irmãos estavam apreensivos em suas cabanas, e não conseguiam conciliar o sono. Constantemente, faiscavam raios por trás das montanhas riscando os céus. Francisco, suando por todos os poros, mergulhado em Deus, pedia perdão pelos pecados dos homens.

A tempestade se aproximava cada vez mais. De repente se levantou um vento tão forte que fez gemer e ranger as árvores. O céu se transformou em chamas de fogo, mas não chovia. Apenas nuvens de areia quente se elevavam pelo ar e os trovões ecoavam por toda terra. Francisco levantou o olhar, fixando-o na imagem de uma Madonna que a luz dos relâmpagos iluminava a todo instante e, com voz rouca, suplicava: "Perdão! Perdão!"

E, subitamente, no brilho de milhares de relâmpagos, teve uma visão magnífica sobre o altar:

Em meio a uma nuvem de anjos, com a claridade de milhares de sóis, apareceram-lhe Jesus e sua Mãe. E a doce voz de Deus ecoou em seus ouvidos e na alma: "O que deseja que eu faça pelos pobres pecadores?"

Francisco, transbordando de felicidade, soluçava.

Mas o que deveria pedir nesse momento? Fora pego de surpresa! E então falou: "Ó Senhor, concede, por favor, o perdão a todo aquele que, após uma boa confissão, visitar esta igrejinha". E estendeu suas mãos para Jesus e Maria.

Jesus olhou para sua mãe como que perguntando.

E ela concordou.

Então, entendeu que seu desejo seria realizado, mas deveria antes falar a respeito disso com o papa.

Francisco saiu correndo contra um vento cortante e o estrondo dos relâmpagos e gritou: "Irmãos! Irmãos!" E no meio da tempestade, onde não caiu um pingo de chuva, contou em alta voz o que tinha visto e ouvido. Estava fora de si de alegria. Abraçou o Irmão Junípero e o Irmão Tiago; agarrou Irmão Masseo e disse:

"Vamos, vamos depressa até o papa! Ele está passando por Perúgia. Que felicidade! Eu não voltarei enquanto ele não nos tenha concedido essa indulgência!"

Foi depressa para o bosque com Irmão Masseo. Enquanto isso a tempestade, pouco a pouco, foi se desfazendo. No horizonte, a manhã despontava, mas o ar continuava abafado.

Vai ao encontro do papa moribundo

Uma grande multidão ocupava a frente do palácio papal. O que acontecia? O papa estava morrendo! Suava por causa de febre, após ter comido uma fruta envenenada. A doença era contagiosa e, no dia seguinte, poderia se espalhar por toda a cidade. Os irmãos se entreolharam confusos e perplexos. E agora? "Esteja o papa doente ou não", disse Francisco, "nós precisamos chegar até ele".

Eles se enfiaram pelo meio da multidão. De repente, surgiram vozes de todos os lados: "Francisco! O mendigo santo!" De imediato, se abriu um caminho diante dele.

Nos corredores, no pátio e em todas as salas reinava grande agitação, conversas e cochichos secretos entre os cardeais, bispos e prelados. O papa ainda não tinha morrido e já se discutia sobre a eleição do novo papa. Lá em cima, alguns monsenhores estavam reunidos diante da porta da enfermaria, enquanto um deles olhava pelo buraco da fechadura.

"É aqui que está o santo padre?", perguntou Francisco.

"Não entre, meu filho", respondeu aquele que tinha acabado de olhar pela fechadura. "É uma doença contagiosa. O médico nos proibiu de entrar."

"Se a doença parece não ser perigosa para o médico do corpo, certamente há de ser menos ainda para o médico da alma. O papa necessita mais de nosso remédio do que das poções dos médicos." E Francisco foi entrando.

O papa estava deitado numa cama alta, ladeado por duas grossas velas. Tinham colocado toalhas molhadas sobre sua testa, vermelha como fogo e encharcada de suor. Convulsionava por causa da febre alta e segurava em suas mãos um crucifixo como se fosse uma espada. Três médicos procuravam encontrar o melhor remédio nos volumosos livros abertos sobre uma mesa lotada de garrafinhas. Francisco aproximou-se da cama e beijou as mãos quentes do papa.

Ele abriu os olhos e, por alguns instantes, contemplou incrédulo o mongezinho magro e coberto de poeira – pois estava acostumado a ver ao seu redor pessoas vestidas de brocado. Piscou os olhos e, reconhecendo Francisco, sorriu. Queria dizer algo, mas não conseguia.

"Eu vim para rezar por vós", disse Francisco.

O papa sorriu novamente, e uma lágrima brotou de seus olhos que voltaram a se fechar. O grande papa que venceu tantas guerras, e diante do qual todos tremiam, estava ali, morrendo sozinho, abandonado por aqueles que ele, com seu prestígio, ajudou a subir. Eles estavam com medo. Apenas este pobre monge, cheirando a palha e com a roupa rasgada, sentou-se junto à sua cama segurando-lhe fortemente as mãos.

Francisco rezava segurando firme as mãos do papa, que se debatia como um martelo por causa da febre. O quarto estava em silêncio. As cortinas semiabertas e os macios tapetes absorviam o barulho dos passos. De vez em quando estalava uma porta, e então se via a cabeça de um cardeal que, com a mão no nariz, perguntava pelas condições do enfermo. Nada mais se mexia.

Assim, o tempo ia passando. Francisco rezava pelo perdão dos pecados do papa, pois afinal ele também era apenas um homem. De repente, Francisco estremeceu, pois a mão que segurava estava fria, gelada. O papa estava morto – com um sorriso em seus lábios...

Rico, em vida, o papa foi enterrado como um pobre irmão menor

Na mesma tarde, o corpo do papa, vestido de uma rica túnica talar e exalando um cheiro horrível, foi levado até a igreja entre fachos e cantos, através das ruas abafadas. Por toda parte onde o cortejo passava as pessoas tampavam instintivamente o nariz. O calor não cedia...

Na manhã do dia seguinte, de repente, soou o alarme. Ladrões haviam roubado, durante a noite, as vestes e as joias do cadáver do papa: a cruz dourada que segurava em suas mãos, o anel de seu dedo, os sapatos de couro vermelho de seus pés, o manto de brocado, tudo. Ele jazia quase nu e em adiantado estado de decomposição.

Francisco, que havia corrido para a igreja logo no primeiro sinal de alarme, cobriu a nudez do papa com seu manto.

E assim, rapidamente, enterraram o papa, vestido como um pobre irmão menor, aquele que ontem brilhava como o sol, pois se temia que devido ao grande calor, e o tipo da doença, poderia exterminar toda a província. Francisco rezou junto ao túmulo: "Deus tenha piedade de nosso último irmão menor!"

O novo papa confirma a indulgência

O sol ardente capaz de enlouquecer qualquer um; a morte repentina do papa; o medo de que a doença se espalhasse; o sacrílego roubo e, além disso, as intrigas políticas por causa da escolha do novo papa – pois tanto na cidade quanto no palácio se formaram vários partidos –, tudo isso deixou o povo muito agitado. Temia-se uma revolução e por isso, um novo papa deveria ser eleito o mais rápido possível. No dia seguinte, mal havia sido fechado o túmulo do papa falecido, foi eleito o novo papa: Honório. Era um homem simples, piedoso, no qual ninguém tinha pensado; um homem quieto e muito correto, que havia doado sua grande fortuna aos pobres.

"Ele tem a alma de um irmão menor", rejubilou-se Francisco. Sem grandes delongas, prostrou-se de joelhos diante do papa e com espírito abrasado e a alma em festa contou-lhe a visão que teve e o que Jesus lhe havia falado.

O papa ouviu-o entusiasmado, mas os cardeais se mostraram céticos e torceram o nariz. O papa se alegrou com o fato que Francisco lhe contara. Na simplicidade de sua alma viu tudo muito sublime. Mas agora ele era o papa e deveria deixar de lado sua própria opinião. Por isso, solicitou a opinião de vários.

Francisco, abrindo os braços, falou em alta voz: "Santo padre, meu pedido não vem de mim, mas do próprio Deus que me enviou a vós".

Tal pedido o envolveu como uma chama, e, inflamado por ela, o papa confirmou: "Então, em nome de Jesus Cristo, sim! Sim! Sim!"

Aí, os cardeais tomaram a defensiva. Isso de modo algum poderia acontecer! A indulgência das Cruzadas não encontrava mais apoio e a própria cruzada estava em decadência. Quem ainda iria tomar parte de uma cruzada, uma vez que se poderia conseguir a mesma graça apenas com uma simples visita a uma igreja. Assim, qualquer um poderia obter uma indulgência! Eles queriam que o papa retirasse sua palavra.

O papa não voltou atrás. Contudo, não era nenhum cabeçudo, e, como todos eles eram padres teólogos, seguiu o conselho deles, determinando que a indulgência seria recebida somente um dia no ano, no dia da fundação da ordem.

Francisco, inclinando-se, agradeceu e retirou-se.

"Inocente pombinha", acrescentou o papa, "mas você não tem nenhum certificado!"

"Vossa palavra me basta", retrucou Francisco. "Eu não preciso de mais nenhuma garantia. Nossa Senhora é o documento, Cristo é o escrivão e os anjos são as testemunhas."

Apressado, saiu dançando.

"Eu quero levar vocês todos para o céu", falou ele à multidão quando, exatamente no dia 2 de agosto, a igrejinha foi consagrada por sete bispos. Francisco tinha muita vontade de proclamar a notícia da grande indulgência para todos e por toda parte! Mas teve de desistir da ideia porque sobre essa questão os prelados formavam dois grupos com opiniões diversas. No entanto, como era lindo ver milhares de pessoas, de manhã até a noite, numa longa fila para receberem, na igrejinha, a absolvição de seus pecados. Nobreza e clero, pobres e ricos, todos admitiam ser pecadores. Diante de tão grande humildade, Francisco sentia-se muito feliz e seus olhos constantemente enchiam-se de lágrimas.

Entre os visitantes encontrava-se um cardeal de nome Hugolino, um sobrinho do último papa. Era um homem célebre pela sua inteligência e um grande amigo da disciplina e da ordem. Ficou muitíssimo admirado quando viu, com os próprios olhos, a grande pobreza do irmão, do qual já ouvira falar muito. Estendendo a mão a Francisco, disse ele comovido: "Qual o lugar que Deus vai reservar a nós que vivemos sempre na abundância e gozamos de tantas alegrias deste mundo! Se eu puder fazer alguma coisa pela sua ordem pode contar comigo".

Quando a estrela vespertina começou a brilhar no Oeste, Francisco foi o último a se ajoelhar na igrejinha para rezar pela absolvição de seus pecados. Vozes celestiais cantavam sobre sua cabeça. Ouvindo com atenção começou a chorar profundamente, comovido por tantas belezas e bens que Deus partilhava com ele e com todos os homens.

"Oh Senhor, eu me envergonho, pois vós escolhestes a mim, mísero vermezinho, como vaso por meio do qual derramais vosso amor sobre os homens!"

8
O crepúsculo

Com o coração palpitante, Francisco refletia sobre o próximo capítulo da ordem. Falou ao Irmão Leão: "Você vai ver que vão me considerar o mais insignificante e simples demais. Irão me rejeitar e depor".

"De fato", suspirou Leão. "Houve muita mudança desde que entraram esses irmãos letrados."

Mantém firme a decisão da vida de pobreza

No capítulo, cerca de três mil irmãos se reuniram em um semicírculo para ouvir a pregação de Francisco. Fraco e desanimado, subiu ao púlpito de madeira rústica. Estava pálido como cera e demonstrava muita preocupação. Dia e noite, em sua cela, ficou pensando sobre o que deveria falar para que a paz e o amor continuassem reinando entre os irmãos. E agora, estando lá no púlpito, não sabia o que lhes dizer.

Tinha calafrios e seus olhos se fixaram no céu. Fez-se silêncio. Todos sentiam que estavam diante de um momento histórico. O silêncio era tão grande como se ninguém estivesse no local... Ouvia-se apenas o cantar dos pássaros nas árvores. E enquanto seu coração se torturava para encontrar as palavras certas, ele ouvia os passarinhos. Bem mais alto, acima de todos, parecendo uma fonte musical, ele distinguiu o cantar das cotovias no céu. Eram suas amigas, as cotovias!

Esboçou um sorriso nos lábios e, com palavras inflamadas, começou falar aos milhares de irmãos: "Irmãos, vocês as estão ouvindo? São as cotovias! Nossas aves! As aves dos irmãos menores! Elas usam um pequeno capuz como nós; vivem tão modestamente e buscam seu alimento pelos caminhos ou nas esterqueiras. Mas, quando voam, voam com grande ansiedade na direção do céu. Cantam os louvores de Deus, suave e alegremente como piedosos irmãos menores que preferem o céu à terra e o que mais gostam é louvar a Deus. A plumagem da cotovia tem a cor da terra e com isso nós devemos aprender que não precisamos vestir roupas coloridas e caras, mas simples e naturais. Ah, meus irmãos, aprendam das cotovias a simplicidade e a pobreza. A pobreza é um tesouro tão nobre e verdadeiramente divino que não somos dignos de tê-la conosco. Essa virtude é, pois, tão celestial que diante dela todas as coisas terrenas e passageiras se tornam nulas, de tal modo que podereis unir-vos a Deus livremente e com mais facilidade. A pobreza é a virtude pela qual nossa alma, embora ainda permaneça na terra, consegue conversar com os anjos do céu..."

Francisco elevou-se em espírito para o infinito e suas palavras incendiaram os corações dos irmãos com uma luz celestial. Lá estavam os críticos, contritos e controlados, novamente entusiasmados pelo amor que, apesar de tudo, tem sido a força que impulsionou o desejo de seus corações para se tornarem irmãos menores. Muitos rostos masculinos estavam cobertos de lágrimas...

O crescimento das fraternidades exigia mudanças

E assim, novamente, voltou a reinar a beleza da fraternidade como nos primeiros dias, quando ainda eram poucos. Mas, tendo em vista que agora se tornaram numerosos, Francisco deveria ceder em alguns pontos.

Ele sempre foi o pastor que procurou manter o rebanho reunido, isolado do mundo. Agora, isso já não seria mais possível, o rebanho cresceu demais. Os irmãos se espalhavam, muitas vezes, pelos bosques e montanhas e os intelectuais causavam confusão.

Não lhe restava outra saída a não ser nomear um novo pastor e, para cada província, um dirigente, uma espécie de ministro que, em seu lugar, deveria manter o verdadeiro espírito entre os irmãos dispersos. Tal decisão poderia ser um risco, pois cada um tem um caráter diferente do outro. Era lamentável, mas inevitável que, nessas circunstâncias, desaparecesse algo da simplicidade original e da jovem fraternidade primitiva.

Contudo, Francisco colocou os pingos nos is. "Ser o superior não quer dizer agir como senhor e soberano, mas como um pastor no sentido evangélico; agir como a mãe que cuida de seus filhos; como o próprio Salvador que não veio para ser servido, mas para servir! Quem, por culpa própria, deixar se perder uma só ovelha", fechando os olhos, "deverá prestar contas diante de Deus! E aquele que tiver queixas venha a mim, pois nenhuma letra da regra deverá será mudada."

Seu coração estava dividido entre o medo e a preocupação. Apareceu uma cisão em sua obra, mas ele não desanimou. "Deus sabe o porquê", disse ele.

Inflamado pelo espírito missionário convoca os irmãos

De modo algum perdeu a coragem, ao contrário, teve uma grande ideia. Seu sonho era que toda a humanidade chegasse a conhecer e amar a Deus. Ele mesmo, por duas vezes, pôs-se a caminho para ir até os mouros. Cheio de entusiasmo exclamou, junto aos irmãos reunidos, que a luz de Jesus Cristo deverá iluminar toda humanidade. Por isso, é necessário que sejam fundadas províncias em outros países. Uma calorosa salva de palmas manifestou o entusiasmo dos irmãos.

"Quem vai levar a Boa-nova para a Espanha?"

Centenas levantaram a mão.

"Quem irá para a Alemanha?"

Novamente mais de cem.

"Quem para a Hungria?" Também aqui se ofereceu um número suficiente. "Quem vai entre os mouros?" Por respeito, ninguém se apresentou, pois todos conheciam seu desejo secreto e seu insucesso até agora e aguardavam que ele mesmo fosse levantar a mão.

Ele não o fez. Deus não o queria lá.

"Quem vai entre os mouros?"

Todos se calaram.

"Quem entre os mouros?", perguntou ele pela terceira vez.

Então, Elias levantou-se e ergueu a mão.

Quem esperaria isso de Elias? Ele era conhecido como um dos que desejavam com mais veemência realizar uma reforma na ordem do modo como os eruditos desejavam. Lá estava ele tranquilo, com o dedo levantado e o misterioso sorriso debaixo da barba.

Francisco não sabia se deveria ficar triste ou alegre. Admirava o Irmão Elias e ao mesmo tempo o temia. Com dificuldade murmurou: "Elias irá entre os mouros".

Então se levantaram centenas de dedos. Francisco ficou emocionado com tamanha ousadia e abnegação de todos, e disse: "E eu vou para a França". E, de novo, se apresentou um grande número.

Reinava alegria e entusiasmo entre os irmãos. O espírito de aventura e a novidade; a vontade de realizar grandes coisas; a atração pelo desconhecido; com tudo isso, sopraram novos ares nos corações e nas mentes.

"Irmãos", falou-lhes, "quando vocês, dois a dois, estiverem a caminho, longe de suas celas ou em terras distantes, então, mantenham-se em silêncio, pois onde quer que se vá ou se esteja, leva-se consigo a cela. O corpo é nossa cela e a alma é o eremita que mora em nós, rezando e agradecendo a Deus!"

Antes de partir para a França dirigiu-se a Roma, com o companheiro Masseo, para pedir força e graças junto ao túmulo do Apóstolo.

No caminho, depois de terem mendigado em uma pequena cidade, sentaram-se à beira de uma fonte na solidão do campo. A água da fonte era clara, cristalina e fresca como a brisa da noite. Jorrava continuamente da terra e corria, por entre as flores e pedras, num canto silencioso na direção do vale. Colocaram sobre uma pedra branca a comida que haviam mendigado. Cada um mendigou para si. Mas assim são os homens: Porque Masseo era um homem alto e belo conseguiu muito:

um grande pedaço de pão, fatias de pão fresco cobertas de grossa camada de manteiga. Como Francisco tinha a aparência de um mendigo verdadeiramente pobre, um verme da terra, jogaram em suas mãos restos que seriam dados às galinhas. Os dois estavam sentados, um ao lado do outro, como o servo ao lado do rei.

Partilhar a pobreza faz compreender a riqueza de Deus

Francisco sorria alegremente, enquanto Masseo mostrava-se deprimido, ensimesmado, pois hoje ele tivera um dia mal-humorado, o que pode acontecer a qualquer um. "Por que você ri?", perguntou Masseo.

"Porque nós estamos felizes", respondeu Francisco.

"Felizes?" "Você nos chama de felizes?"

"Certamente. Veja o sol, a água e essa comida!

E que comida! Nós não somos dignos de tal tesouro."

"Mas, meu pai", falou Masseo descrente, "como se pode chamar a essa comida de tesouro, quando nós vivemos a dura pobreza e sentimos falta de tudo? Não temos toalha na mesa, faca, prato, tigela, casa, nem empregada!" "Exatamente por isso", respondeu Francisco. "Justamente porque não temos nada, eu chamo a isso nosso grande tesouro. Pois o que temos aqui nada foi conseguido pela mão do homem, mas tudo foi preparado pela providência divina. É por isso! Veja, Masseo, esse pão mendigado, essa beleza de pedra lisa que nos serve de mesa, a água fresca e límpida não são maravilhosos? Pode haver coisa mais bonita? E por isso vamos agradecer a Deus que nos permitiu amar de todo o coração a santa pobreza, à qual Ele próprio se submeteu, desde o nascimento até a morte. Em nome do Pai e...", começaram a rezar.

Masseo estava como que transformado por essas palavras. Sentiu a força do Espírito Santo neles. Comeram com grande satisfação, beberam com as mãos a água fresca que lhes escorria pela barba e sorriam um para o outro. Os pardais partilharam da refeição.

Em seguida, dois a dois se dirigiram para a França. Francisco foi com Irmão Pacífico, o rei dos poetas. "Vamos agradecer a Deus", disse Francisco.

"Pois sim, herói", falou Pacífico. Ele sempre chamava Francisco de herói.

Os dois, outrora trovadores, os dois poetas, foram juntos para o país de seus sonhos de juventude, para a terra dos trovadores e da poesia. Embora rezassem silenciosamente, seus corações estavam repletos de grande alegria. Estavam com tanta pressa de chegar que uma boa distância os separou dos outros...

Obedece ao protetor da fraternidade e volta para casa

Quando chegaram a Florença, Francisco ouviu que o grande Cardeal Hugolino estava por lá pregando a nova cruzada. Eu preciso procurá-lo, pensou ele, para que ele nos ajude. Isso porque ouviu dizer que em Roma vários cardeais continuavam desconfiando dos irmãos menores, sobretudo depois de lhes ter sido concedida a grande indulgência. E supomos que o papa mude de ideia e um belo dia declare: "Vamos acabar com essa pobreza!" Ninguém pode se admirar de nada. E ele foi procurar o cardeal. "Eminência, venho pedir para que nos ajude." Sentaram-se frente a frente. Francisco parecia um torrão de terra, enquanto o cardeal, com seus cabelos brancos, estava vestido de seda vermelha com rendas brancas, e espalhava o aroma de um perfume muito caro. Enquanto ouvia, fechava os pálidos olhos e alisava seu magro queixo, mas ao falar seu olhar penetrava até a alma. Seus lábios finos mal e mal se moviam.

"Eu e meus amigos queremos ajudá-los e protegê-los. Sua ordem tem grande valor. Se eu tivesse de começar tudo de novo, estaria usando o hábito marrom."

"Obrigado! Pois agora podemos continuar sem receio." E Francisco lhe contou alegremente que tinha enviado seus irmãos para os países estrangeiros e que ele mesmo iria para a França.

O cardeal abriu os olhos e disse, concluindo: "Você deve ficar em casa, Irmão Francisco".

Francisco pulou como se tivesse sido picado por uma abelha: "Nunca! Jamais, eminência!"

"Então nós não podemos ajudá-lo."

Francisco, esfregando as mãos, caminhava de cá para lá.

"Se estiver longe, nós não podemos ajudá-los. Você precisa ficar em casa." Francisco disse: "Eminência, eu estou envergonhado, pois envio meus irmãos para fora e eu vou ficar em casa? Não, isso não devo fazer jamais!"

"Por que você enviou os irmãos para fora, para morrerem de fome e na miséria?"

Então, Francisco se levantou enfurecido: "Eminência, o senhor acredita que Deus chamou os irmãos menores apenas para este país? Na verdade, eu vos digo que Deus os chamou para a salvação de todos os homens do mundo inteiro, também dos pagãos".

"Em todo caso, você vai ficar em casa, irmão", falou o cardeal calmo, mas decidido, embora admirasse o espírito ardoroso de Francisco, e pensou consigo: "Uma ardorosa coluna da Igreja".

Francisco quis defender-se novamente; mas, ao voltar o olhar para o cardeal, viu que este também o fixava. Permanecendo um frente ao outro, olharam-se bem no fundo da alma. Um pressentimento divino, um sentimento de humildade e obediência tomou conta de Francisco. Reconheceu a vontade de Deus nas palavras do cardeal. Então, aquele belo, forte e atraente propósito de ir à França despedaçou-se como um violino desafinado. Ajoelhou-se e suspirando cruzou humildemente os braços sobre o peito.

No dia seguinte, um tanto abatido e com um peso no coração, tomou o caminho de casa atravessando os campos de trigo e os parreirais. Pelo caminho, apareceu rastejando diante dele uma lagarta nojenta. Ele a levantou colocando-a na grama. "Você vai se transformar numa linda borboleta, irmã lagarta", disse ele. "Assim também, um dia nossa alma, deixando este corpo desprezível e pecador, se elevará até Deus como uma borboleta." E ouviu as cotovias que sobrevoavam os campos de trigo e as colinas das vindimas, ao sabor da brisa fresca da manhã. Ouvia seu cantar borbulhante na paisagem. As cotovias eram, para ele, entre todas as aves, as mais queridas e seu modelo! Não demorou muito, ele mesmo pôs-se a cantar suave e fervorosamente com o semblante sorridente voltado para o céu.

Atirou-se num espinheiro para vencer a tentação

Numa noite de novembro, depois de uma pesada nevasca, ouviu-se, de sua cabana, um gemido seguido de palavras roucas: "Meu Senhor e meu tudo, livra-me destes pensamentos terríveis. Livra-me, pois eu não consigo mais defender-me!" Então, ouviu-se novamente suspirar, ofegar, gemer e rezar no entremeio, os estalos de uma corda sobre o corpo nu. De repente, um grito: "Irmão burro, isso vai lhe custar caro!"

A porta se abriu e Francisco nu atirou-se na neve. Correu para um arbusto cheio de espinhos pontiagudos, perto de sua cabana, e com os braços abertos parecendo um Cristo crucificado atirou-se sobre o espinheiro.

Houve um pequeno estalo, e ficou preso nos espinhos como uma borboleta numa teia de aranha. Os espinhos rasgaram-lhe a pele. Os galhos cederam, ele escorregou e os espinhos entraram na carne. Gemendo, agradeceu: "Meu Deus, obrigado pela dor que eliminou tão horríveis pensamentos". As feridas começaram a arder.

Embora sentisse muita dor, reprimia os gemidos. E não conseguiu mais sair. Mal se mexia e os espinhos rasgavam-lhe a pele causando novas feridas. O sangue pingava na neve. Seus lamentos e gemidos soavam como um refrão no silêncio das estrelas.

Uma porta se abriu, alguém esticou a cabeça para fora e deu uma olhada. Era o Irmão Junípero. Pode-se imaginar seu espanto. "Pai, Pai!", gritou ele levantando os braços.

"Foi necessário, Irmão Junípero, senão a tentação não me deixaria."

O Irmão Junípero viu logo que sozinho não poderia libertá-lo dos espinhos. Pediu ajuda. Vários irmãos, naturalmente, com o maior cuidado possível, ajudaram-no a sair, mas não sem lhe causar novos ferimentos.

Francisco ficou ensopado de sangue. Envolvendo-o num hábito quiseram levá-lo para sua cela. "Não", disse ele, "para a igreja! Vamos agradecer a Deus pelos espinhos que nos purificaram."

Os insucessos missionários, uma nova provação

Más notícias chegavam de toda parte, exceto dos mouros, onde estava Elias... Um insucesso atrás do outro. Os irmãos foram expulsos da Alemanha, depois de terem sido punidos no pelourinho e jogados na prisão. Na Hungria, arrancaram-lhes o hábito; na França e Espanha, foram tratados como hereges. Nenhum bispo ou padre lhes permitia que pregassem. "Onde está a vossa licença?", perguntavam eles. Aqui, apanhavam; lá, eram apedrejados, insultados e humilhados. Francisco exclamou:

"Que bom poder sofrer tanto por causa da fé! Que pena eu não estar lá!" Mas, depois que muitos irmãos voltaram com semblantes tristes, decepcionados, amargos e desanimados, sua alegria foi diminuindo.

"Onde está vosso amor", clamou ele. "Os primeiros cristãos não iam sorrindo para a morte?"

Então, os críticos acharam um bom argumento. Começaram a se queixar um ao outro e ao cardeal: "Ele fez tudo ao acaso. Por que ele não se preocupou em providenciar uma autorização? Nós estaríamos mais seguros com ela. Por que não nos deixou estudar em primeiro lugar teologia e depois a língua e os costumes dos povos para onde seríamos enviados? Tudo teria sido diferente. Com isso eles sofreram demais porque não conseguiam se fazer entender. Nenhuma precaução foi tomada. Sua simplicidade e sua pobreza estão indo longe demais. Ele não se guiou pelo mundo e pelos homens, mas se abandonou inteiramente a Deus. Deve-se admirar tudo o que ele faz, mas não o imitar. Pensa que nós todos somos como ele. Ele sempre se sai bem, mas ele é um santo!"

O cardeal disse apenas: "Eu vou falar com ele sobre isso..."

Solicita ao protetor da ordem um encontro com o papa

Francisco ficou profundamente abatido. Sentia que procuravam livrar-se dele. Vagueava triste de um eremitério a outro. Ele mesmo quis se encontrar com o cardeal para desabafar. Mas, estando a caminho, teve um sonho onde uma pequena choca-preta tinha tantos pintinhos que não havia lugar para todos debaixo de suas asas. Ao acordar, disse: "Eu sou essa choca, tão pequena e preta e já incapaz de amparar meus numerosos filhos".

Ansioso, foi apressado ao encontro do cardeal que estava a caminho de Roma. Encontrou-o numa aldeia. Pediu-lhe: "Ajudai-me a amparar meus irmãos".

"De boa vontade", disse sua eminência. "Venha comigo, vamos levar o assunto ao papa."

"Está bem, irei. Consegui-me a oportunidade de pregar diante de nosso pai, o papa, para que ele mais facilmente se disponha a nos proteger por intermédio de vossa eminência".

"Muito bem", disse o cardeal um tanto apreensivo e cauteloso, "mas nada de pregar de improviso. Primeiramente, você vai escrever seu sermão e, então, decorá-lo, pois se deve pesar cada palavra. Às vezes, basta uma única palavra a mais ou a menos para cair na desgraça..."

Francisco juntou-se ao grupo do cardeal.

Este, depois de ter observado, durante a sua viagem, a grande fama e a forte influência do irmão menor, projetou um grandioso plano: Canalizar o ideal de Francisco!

Francisco escreveu seu sermão na casa da senhora Irmão Jacoba. O cardeal o leu e achou bom. Aqui e lá tirou ou acrescentou alguma palavra.

Chegou a hora de Francisco apresentar seu sermão diante do trono do papa. Os cardeais ladeavam o trono. Entre eles havia muitos que se tinham empenhado em acabar com a ordem. Ao se apresentar diante do papa não conseguiu mais se lembrar de nenhuma palavra que havia escrito e decorado. Nem sequer de uma única palavra! Teve vontade de desaparecer debaixo da terra. Parecia-lhe ver os cardeais, vestidos de vermelho, crescerem como grandes pedras prestes a cair sobre ele e esmagá-lo.

O Cardeal Hugolino, percebendo a tragédia, começou a tremer de medo e logo se pôs a rezar algumas jaculatórias.

A vergonha e o escândalo atingiriam tanto a ele quanto a Francisco. O semblante de Francisco mudava a todo instante, ora vermelho ora pálido, e seu coração implorava a ajuda de Deus.

Então, fez o sinal da cruz e começou a pregar. No entanto, não pregou nenhuma palavra do sermão que havia escrito. Pregou o que o Espírito Santo lhe inspirou sobre a pobreza. Deixando-se arrebatar, pela musicalidade de suas palavras e o contentamento de seu espírito, começou a saltar e dançar como Davi diante da Arca da Aliança. De fato, ele dançou. No primeiro momento, todos ficaram embaraçados, mas logo foram arrebatados pelo turbilhão de seu espírito e pela sonoridade de suas palavras, pois tinha a alma inflamada pelo amor de Deus. Todos os presentes, desde o papa até os guardas armados com lanças, todos, com lágrimas nas faces, desmoronaram diante dele. As pedras se transformaram em montanhas floridas. O Cardeal Hugolino, colocado pelo papa como o protetor da ordem, pensou: "Com um homem assim posso conquistar o mundo todo".

O encontro de Francisco e Domingos: cada um com sua missão

Quando Francisco saiu, de repente, se encontrou, no meio da multidão, ao lado de um monge jovem e alto vestindo uma túnica branca. Tinha um semblante de anjo, olhos azul-claros e uma fronte grande e brilhante refletindo sabedoria e inteligência. Seus olhares se cruzaram penetrando suas almas ardentes de amor. Um sorriso divino brotou em seus lábios. Reciprocamente se sentiram tomados por uma irresistível atração, e como se estivessem, a longos anos, à procura um do outro, se abraçaram, beijando-se afetuosa e demoradamente.

"Eu sou Francisco!"

"Eu sou Domingos", disse o outro. "Sonhei com você e, de agora em diante, vamos ficar lado a lado e nenhum inimigo nos vencerá."

"Sim", disse Francisco.

Nesse momento, aproximava-se o papa com sua majestosa comitiva. Formou-se grande multidão e os dois acabaram se separando. Um procurou o outro, mas não conseguiram se reencontrar. O Cardeal Hugolino tinha observado aquele abraço. A partir daí, arquitetou um plano ainda maior. A ordem de Domingos, os Pregadores, já tinha sido reconhecida por decreto. E não seria bem melhor se estas duas ordens, os irmãos menores e os dominicanos, se unissem? Então, não sobraria mais nenhum herege. Era preciso unir a inteligência ao coração.

Pediu a presença dos dois fundadores, mas mostrou-se precavido, pois com Francisco era preciso ter cuidado. Ele era muito sensível com tudo que se referia a sua ordem. Os dois irmãos sentiram-se felizes com o reencontro. "Irmãos", falou o cardeal, "a Santa Igreja precisa muito de bons, fortes e santos bispos, verdadeiros pastores. Permitam-me escolher alguns, entre vossos discípulos, para os mais altos cargos da Igreja."

Ele mal acabara de falar, e Francisco, cheio de zelo, exclamou: "Eminência, meus confrades são irmãos menores, e Deus não quer que eles sejam colocados acima dos outros".

Domingos concordou com ele: "Eles não pretendem nenhum posto de honra, nenhuma ocasião de orgulho, querem apenas ser abelhas operárias, nada mais". O cardeal achou tal atitude muito bonita, humilde e sublime, eram anjos e tudo mais; contudo, a Igreja estaria perdendo forças e brilho.

Os dois irmãos, tomados de respeito mútuo, se entreolharam. Então, o homem de muita inteligência dirigiu-se ao homem de alma grande e manifestou o outro enorme desejo secreto do cardeal: "Irmão Francisco, vamos unir nossas duas Ordens!"

E Francisco, mais uma vez, resistiu imediatamente: "Isso não pode ser, irmão, Deus quer que permaneçamos separados para que cada um possa escolher, conforme sua preferência, uma ou outra regra".

Embora entristecido pela recusa, Domingos alegrou-se diante da magnífica convicção interior expressa por Francisco, e lhe pediu: "Dá-me como recordação o cordão que você está usando!"

Francisco deu-lho de presente.

Ao saírem, Domingos disse a seus irmãos que estavam esperando lá fora: "Francisco é um homem santo; todos os que vivem nos conventos devem imitá-lo, tamanha é sua perfeição!"

O Capítulo das Esteiras e novas tentativas de reformas

E mais um capítulo aconteceu. Assis e toda a redondeza ficaram marrom e alvoroçadas com os irmãos menores. Na Porciúncula, rapidamente, construiu-se uma pequena cidade de cabanas. O cardeal veio a cavalo, acompanhado de muitos nobres. Quando apeou do cavalo, tirou os sapatos e as meias, mudou a roupa e recebeu o hábito de um irmão menor, Irmão Hugolino.

Tendo ele terminado a missa e Francisco servido o altar, o próprio Francisco fez seu sermão. Falou da bênção que era o pão mendigado e do pão que foi ganho por mãos calejadas. Falou sobre a água abençoada do batismo, a castidade, a paciência, a obediência e a Igreja. Ele falou tão bem que todos se ajoelharam e entoaram um salmo. Em seguida, formaram-se pequenos grupos para juntos rezarem, e se entreterem com assuntos espirituais. Embora estivessem reunidos milhares de pessoas, irmãos e leigos, pairava um silêncio como se estivessem em uma igreja e ouvia-se, com maior nitidez, o canto das aves nas árvores do que o andar e o falar das pessoas.

Assim, chegou a hora do almoço. Mas onde estava a comida? "Não vos preocupeis com o que comer ou beber, mas antes com Deus", tinha falado Francisco em seu sermão. Bem, mas alguns estavam com uma fome de leão e olhavam ao seu redor. Em lugar algum se via comida. Nada fora providenciado. Muitos se perguntavam como Francisco ousou reunir cinco mil convidados sem providenciar coisa alguma.

Ele permanecia mergulhado em profunda oração diante do Santíssimo Sacramento. Mas, pelo meio-dia, começou a chegar a comida por todos os caminhos. O povo a trazia em carroças, em cargueiros e em portas feitas padiolas. Havia comida para saciar mais de dez mil, e não trouxeram só pão e água, mas peixe, frango, assados, frutas, vinho, queijo, galinha e bolo de uva-passa, bem como pratos, copos, jarros, toalhas e facas. Foi uma verdadeira festa. Gente que há muitos anos, em suas cabanas nas montanhas, vivia apenas de cebola, feijão e pão, saboreava agora uma suculenta coxa de frango, deixando escorrer a gordura entre os dedos. Nobres e pessoas do povo sentiam-se extremamente felizes em poder servir comida e bebida aos irmãos pobres.

Alguns irmãos, em vez de se alegrarem com estes sinais da Providência, começaram a murmurar. "Tudo muito bonito", diziam eles, "mas pode-se elaborar uma regra que seja válida para todos, baseada em milagres? Isso é muito arriscado! Tal simplicidade está indo longe demais. Milagres não acontecem a toda hora. Devemos nos organizar de uma maneira mais prática, com uma regra clara, inequívoca, senão vai acabar mal." Alguns foram procurar o cardeal e conversaram com ele sobre isso. O cardeal não disse nem sim nem não. Tomou Francisco à parte e com toda precaução lhe deu a entender que não haveria nada de mal se ele se ajustasse ao ponto de vista dos intelectuais e cultos e se aceitasse esse ou aquele ponto da regra de Santo Agostinho ou de São Bento.

Francisco enrubesceu de raiva. Não falou nada, mas tomando o cardeal pela mão, o levou à frente da igrejinha onde estava a maioria dos irmãos. Levantou os braços dando sinal de que iria falar. Todos se achegaram, rapidamente, e ficaram atentos para ouvi-lo. Francisco, entusiasmado, exclamou: "Irmãos, meus queridos irmãos! Deus me tirou do mau caminho e me colocou no caminho da humildade e neste eu quero permanecer, eu e todos os que me quiserem seguir. Ninguém me fale de outra regra! Não quero saber nada disso, nem da regra de São Bento ou de Santo Agostinho nem de São Bernardo. Ninguém me fale de outro caminho senão daquele que Deus, em sua misericórdia, me revelou e indicou. O Senhor me disse que, neste mundo, eu devia me tornar um novo louco pelo Cristo e que Ele quer nos conduzir unicamente pelo caminho dessa sabedoria e dessa loucura e por nenhum outro caminho. Pois Deus vos condenará com vossa ciência e vossa teologia. Eu confio nele e estou prevendo que vos enviará seu castigo e envergonhados vos sentireis forçados a reconhecer vosso erro.

O cardeal ficou perplexo e emudeceu. Todos os irmãos se calaram, e os culpados permaneceram de olhos baixos. Mas os humildes, os que se assemelhavam às cotovias, o contemplavam com orgulho.

Diante de um silêncio total, anunciou novas viagens missionárias para terras distantes. Centenas estavam prontos a seguir seu chamado. Nada se falava sobre carta de recomendação, pois eles sabiam que ele era contra isso. Os apóstolos tiveram carta de recomendação? Então, com o consentimento do cardeal, Francisco declarou que ele mesmo estaria indo aos irmãos negros do Egito.

9
A Terra Prometida

Pede aos cruzados que desarmem seus corações

Certa manhã, gritam do navio das cruzadas: "Terra à vista! Terra!" Finalmente!

Francisco fez um grande sinal da cruz na direção do Oeste e, ao deixar o navio, beijou o chão como se fosse pão.

Não pôde ir muito longe, terra adentro, pois havia guerra por toda parte. Diante de Damieta os combates eram tão sangrentos que o sangue corria para o mar. Então, começou a pregar no acampamento da Cruzada, pois junto com os bons cristãos tinham-se misturado pilantras de todas as nações para pilhar e roubar. Havia constantes orgias, tumultos, desordens, disputas e brigas. A atmosfera estava carregada de pecado e, pouco a pouco, até os bons se corrompiam.

A guerra já estava se prolongando demais. Francisco disse: "Não são os muçulmanos que os detêm ao longo de um ano, mas seu próprio demônio: seu ódio e sua cobiça. Vocês esqueceram que trazem uma cruz em suas armas, levem-na também nos corações! Se vocês agirem com amor, as tendas dos muçulmanos se destruirão por si. No momento, eles temem seu ódio e suas más intenções. As espadas conquistam o sangue, porém o amor conquista os corações. Por isso, eu abandonei a espada. Também fui soldado e peço a Deus que vocês não alcancem a Terra

Santa, a pátria de Cristo, antes que suas almas sejam dignas dela. Ai daqueles que lutam por outros objetivos senão pelo desejo de justiça para libertar o Santo Sepulcro! Purifiquem suas almas! Purifiquem seus corações!"

Eles se arrependeram, e alguns abandonaram suas armas para se tornarem irmãos menores. Ele enviou estes para Elias em Acra, na Síria. Outros beijaram sua espada como se fosse uma cruz.

A guerra continuava e os cruzados atacavam continuamente. Uma vez que os cristãos tinham sido desaconselhados por Francisco a atacar, perderam, por isso, mais de seis mil homens num só dia. O medo e a dor, por causa dessa esmagadora derrota, abriram o coração de muitos que se ajoelharam diante dele como diante de um grande espírito. Daí para frente, nas tendas e nas fogueiras dos vigias rezava-se mais do que se praguejava.

Vai ao encontro do sultão

Foi decretada uma trégua e Francisco, apressadamente, foi ao delegado do papa para pedir-lhe permissão de pregar diante do sultão, pois esperava sua conversão e, com isso, alcançar a paz.

O delegado riu-se dele e disse: "Amanhã, tua cabeça estará exposta na ponta de uma lança sobre as muralhas de Damieta".

"Quem dera isso fosse verdade", disse Francisco, e, tomando consigo o Irmão Iluminado, dirigiu-se para as tendas dos muçulmanos. "Sultão, Sultão!", chamou repetidas vezes.

As sentinelas, tomando os dois como delegados de paz, conduziram-nos à presença do sultão. Esse homem de semblante moreno, vestindo um traje de seda, tecido em ouro, estava sentado, com as pernas cruzadas, sobre várias almofadas. Segurava na mão uma cimitarra curva e muitos colares de pérolas. Sobre seu turbante, plumas brancas tremulavam ao vento. Por toda parte pendiam lindos tapetes, e das taças douradas emanavam perfumes aromáticos.

Francisco começou a pregar sobre Jesus, em francês, a língua que o sultão entendia. Falou com tanto entusiasmo e amor que o Sultão, muito comovido, sentiu grande admiração pelo pregador esfarrapado. Pôs as mãos no rosto e seus oficiais tomaram a cimitarra para bater em Francisco, mas o sultão disse: "Volte amanhã!"

Assim, Francisco ficou mais dias no acampamento dos muçulmanos e cada dia fazia-lhe um belo sermão. Contudo, nem pensar em sua conversão.

Mas isso não podia continuar assim. Então Francisco disse: "Vamos acender uma fogueira e eu vou passar pelo meio dela com teus sacerdotes para que vejas quem está servindo ao verdadeiro Deus". O Sultão se recusou.

E num grito de desespero, Francisco exclamou: "Eu vou atravessar sozinho. Se me queimar atribua às culpas de minha vida de pecado. Se eu sair intacto, promete-me que tu, junto com teu povo, te converterás à verdadeira fé". Com isso também o Sultão não concordou, mas se percebia muito bem que esse poderoso senhor carregava um pesado fardo em seu coração, e suspirando disse: "Reze muito por mim, para que Deus me mostre qual a fé que mais lhe agrada". O sultão concedeu-lhe uma licença com a qual Francisco e seus irmãos poderiam entrar livremente na Terra Santa e visitar as cidades santas. Quis também lhe dar joias, pérolas e perfumes, mas Francisco recusou essas riquezas. "Então leve este chifre", disse o Sultão. Era um chifre de boi decorado em prata. "É uma dupla prova de que você esteve comigo." Francisco levou o chifre. Saiu dali entristecido por não conseguir ganhar a alma daquele príncipe negro.

Os cruzados tomaram de assalto Damieta

As negociações de paz se estenderam por mais de dois meses e durante esse tempo continuavam chegando novos cruzados. Em novembro, todo esse poderoso exército avançou parecendo um mar de ferro. O céu escureceu de flechas e a terra ficou vermelha de sangue. Damieta foi tomada. E, de repente, os cristãos pareciam, mais uma vez, possuídos pelo demônio. Ódio e crueldade apagaram o brilho de sua alma. Houve assassinatos, mutilações, violações, saques, roubos e bebedeiras. Crianças, adultos e mulheres não foram poupados. Era pior do que o inferno.

Francisco, horrorizado, cobria o rosto com as mãos e exclamava: "Misericórdia! Misericórdia!" Partindo daí foi à Terra Santa entrando território adentro.

Festeja o Natal na gruta de Belém

A Terra Santa! Caminhava com muito cuidado e cheio de respeito como se a cada passo brotasse música da terra. Foi à gruta de Belém com mais quatro irmãos. Festejou o Natal na gruta onde Jesus nasceu. Radiante de alegria sentiu a maior felicidade. Ele chorava e ria ao mesmo tempo. Beijava a terra, as paredes e o ar. Arrastou-se de joelhos por todos os cantos. Cantava soltando gritos de alegria. Prostrou-se sobre a terra para sentir-se um com ela. Então, ergueu-se e abrindo os braços soluçava de santa comoção. Os irmãos que o observavam por uma luz que vinha de uma pequena tocha não sabiam o que era mais bonito, se essa santa hora do Natal ou se a emoção do coração de Francisco.

Seu grande amor permitia-lhe contemplar ao vivo o sagrado acontecimento. Aqui, Deus se fez homem. Deus que semeara pelo universo um palácio de estrelas, e se esperava que nascesse num maravilhoso castelo, nasceu nesta úmida gruta de pedra, na mais extrema pobreza, mais miserável do que uma criança da mais pobre favela.

"Irmãos", exclamou Francisco, "aqui está a gruta com a criancinha, um feixe de luz, nem parece um ser humano. E lá está Maria, nossa mãe tão pobre e doce, sobre um monte de palhas, irradiando alegria, pois trouxe o céu para a terra formado em sua carne e sangue. E do outro lado está José vibrando de felicidade celestial. Não estão ouvindo o cantar dos anjos? Observem-nos por entre as pedras: Quanta luz, quanta beleza paira no ar! Uma fila interminável deles vai para além das estrelas. Não há mais limites entre o céu e a terra. Eles estão cantando! Seu canto ecoa pelo mundo inteiro até os peixes e as ostras no mar. Que mistério maravilhoso! Aqui estão de joelhos os pastores esfregando suas mãos rudes e inclinando profundamente a cabeça."

E, de repente, ele exclamou: "Querida Criança! Olha para nós! Também somos pastores, mas nós não te trazemos ovos, nem leite ou bolo, apenas te pedimos: Guarda nosso coração que procura mostrar boa vontade. Nós mendigamos por teu amor e pedimos o pão de porta em porta. Ó querida Criança, concede-nos um pouco desta música, de tua luz e de teu amor à pobreza, um tanto para nós e um pouco mais para levarmos ao nosso rebanho".

Era lindo demais para que tudo fosse compreendido de uma só vez. As palavras se entrecortavam na garganta. Abaixou-se suavemente sobre a terra fria onde permaneceu suspirando e soluçando até o despontar da manhã gelada.

Em Nazaré revive a anunciação

Nazaré, uma cidade branca sobre a colina verdejante. Numa dessas casinhas brancas, morou Maria no silêncio e em oração. Simples como era, descia por esse caminho, com um jarro na mão, para buscar água lá embaixo.

Foi numa hora dessas, banhada pelo sereno, que deve ter acontecido, talvez debaixo de uma palmeira, de repente, que um anjo ajoelhou-se diante dela e lhe trouxe a grandiosa mensagem. E por ela ser tão pura e tão simples pôde dizer: "Faça-se em mim segundo tua palavra". Dessa hora em diante, Deus começou a florescer em seu seio. E só podia tornar-se homem lá onde reinava a pureza e o silêncio. E cantando pelas colinas ela foi até sua prima Isabel.

Francisco, que por causa do sol escaldante contraíra uma doença nos olhos e sentia dores violentas, colocou a mão sobre os olhos e, debaixo de uma palmeira, cantou o *Magnificat*.

Os habitantes da vila olhavam desconfiados para os cinco homens brancos. O que estariam querendo por ali, enquanto seus próprios filhos estavam sendo massacrados pelos invasores brancos em algum lugar? Francisco mostrou-lhes a carta de licença e o chifre prateado. Então se acalmaram e até lhes deram comida: figos, queijo e pão.

Por fim, entrou em Jerusalém

Em seguida, os irmãos se puseram a caminho na direção da grande cidade. Francisco caminhava sempre na frente dos outros numa distância de um tiro de pedra. Mais uma vez era ele o cavaleiro, o conquistador! Subiu o morro e chegando ao alto elevou os braços para o céu. Lá embaixo, à luz do pôr do sol, estava Jerusalém!

Soprou o berrante, descalçou as sandálias e, ajoelhando-se, inclinou a testa tocando a areia. Para esses cinco homens, pobres e sem nenhuma arma a não ser o amor no coração, todas as portas se abriram, enquanto outros lá longe, armados com sabres e lanças, seriam degolados aos milhares. Para aqueles, faltou algo no coração.

Sexta-feira Santa! Fazia semanas que esperavam por esse dia. Francisco permaneceu no Monte do Gólgota com os irmãos. Mantinha os braços abertos e seus olhos estavam vermelhos de sangue. Passara a noite em vigília no Jardim das Oliveiras, chorando por horas a fio, e seus olhos já doentes pioraram. Constantemente as lágrimas escorriam pela face como se brotassem de uma fonte inesgotável. Com semblante pálido e sem cor, faces descoradas, lábios esbranquiçados, parecia-se com Jesus moribundo. Lá estava ele como se estivesse na cruz e de sua boca aberta brotava a amarga queixa:

"Deixa-me morrer contigo! Permite que eu sofra contigo! Basta-me uma gota de teu sangue! Talvez uma só gota seja demais para um só homem. Centenas podem morrer com ela. Concede-me a dor que mereço!" Numa revelação viu diante de si o desenrolar da paixão de Cristo: "Permite que eu morra por ti!"

Ficou lá até ao cair da noite e os irmãos, ajoelhados aos seus pés... Então, foram até o Santo Sepulcro, permaneceram em oração durante a noite toda, imóveis como estátuas de pedra.

No Dia da Páscoa, com uma toalha vedando os olhos, sorrindo, beijou seus irmãos e disse: "Eu acho que nestes dias, de tanto chorar, perdi a luz de meus olhos. Agora tenho a oportunidade de olhar mais para o interior. É aí que nós o encontramos mais facilmente".

10
A noite chegou?

Dois dias mais tarde o conduziram feliz, e com todo o cuidado, da Terra Santa para Elias em Acra. Francisco sentia-se inebriado pela luz divina com a alma repleta da graça qual parreira forrada de uvas. Contudo, seu corpo estava debilitado ao extremo. Quase cego, seus olhos pareciam cerejas esmagadas. A febre o tinha enfraquecido. Jejum, penitência e muitas fadigas o tornaram dez anos mais velho. Não podia mais se manter de pé e nem conseguia se ajoelhar... O convento era uma moradia muçulmana abandonada, pintada com cal para amenizar o calor. Mas a casa era boa demais para ele. Quis permanecer lá fora, debaixo de um telhado de palha de frente para o mar. Elias era um verdadeiro médico. Cuidava dele como uma mãe. Francisco não deixava de rezar pelos irmãos que se encontravam lá longe onde o sol mergulha no mar. Esperava apenas recobrar a saúde para estar novamente com eles.

Notícias dos primeiros mártires e das novas tentativas de reforma

Uma tarde, Elias e os irmãos vieram até ele. Estavam diferentes. Pareciam abatidos e notava-se em Elias uma atitude repreensiva: "Eu preciso lhe participar uma triste notícia", disse ele. "Os cinco irmãos que você enviou para Marrocos foram lá decapitados."

Francisco, levantando-se num salto e quase curado, disse: "Que felicidade! Que graça! Agora posso dizer verdadeiramente que eu tenho cinco irmãos! Deus seja louvado!" Então, os irmãos logo enxugaram suas lágrimas e participaram de sua alegria.

Elias se retirou sem dizer uma palavra. Francisco, feliz, durante a noite toda, murmurava salmos e cânticos.

Na manhã seguinte, um navio mal havia atracado e um jovem irmão desconhecido chegou correndo ao convento. "Onde está nosso Irmão Francisco?", exclamou ele quase desfalecendo.

"Aqui", respondeu Elias que vinha trazendo um punhado de frutas para Francisco.

O irmão atirou-se de joelhos diante do colchão de palha, rindo e chorando exclamou muito comovido: "Paizinho! Paizinho! Então você ainda está vivo! Deus seja louvado! Eles pensam que você foi morto pelo Sultão. Eu venho de Assis. Volte quanto antes! Volte o mais rápido possível, pois lá tudo está tumultuado, muito ódio e disputas. Fugi para me encontrar com você e lhe contar tudo, em nome de muitos irmãos, e pedir que volte. Ah, os superiores elaboraram novos regulamentos, uma espécie de regra beneditina, completamente contrária às suas ideias. Acrescentaram novos dias de jejum. Devemos guardar silêncio o tempo todo. Não há mais liberdade alguma. Reina uma severa disciplina monacal. É permitido construir casas, grandes casas onde muitos devem viver juntos conforme uma regra severa. Assim o Irmão Pedro Stacia, em Bolonha, transformou uma casa grande e bonita em convento, onde eles estudam e leem livros. Não se falou mais de pobreza. E os irmãos que vão para outras províncias levam cartas de recomendação das quais você não quer nem saber! E..."

"Basta!", exclamou Francisco. "Tudo isso não tem nada a ver com o Evangelho!" Levantou-se de um salto e gesticulando disse: "Fora com as cartas, com a regra e com as casas! Eu mesmo vou jogá-las fora!" Consumido pela raiva encostou-se na parede.

Os irmãos vieram correndo para ver o que havia acontecido. "Fora!", exclamou Elias, que havia escutado tudo com um sorriso misterioso.

"Não", falou Francisco, "eles precisam ouvir isso."

E o irmão continuou contando: "Fala-se que não será recebido mais nenhum irmão, sem um ano de provação – Eles chamam a isso de noviciado. E nenhum irmão poderá sair de viagem sem uma carta de seu superior. Foram elaborados novos regulamentos também para a Reverendíssima Irmã Clara. Filipe o Longo, um dos doze primeiros, foi quem os elaborou junto com outros, mas ela se recusou corajosamente. "Eu permito que me tirem e me prescrevam tudo", disse ela. "Apenas não permito que me tirem a pobreza."

"Que beleza! Que santidade! Ó santa pombinha. Ó verdadeira irmã!", exclamou Francisco.

"E aquele que não obedecer", falou o irmão, "será importunado, maltratado e expulso da ordem como um cão sarnento. Há revolta por toda parte e os maus predominam. Todos os que querem continuar conforme seu ideal não têm mais sossego. Abandonam seus conventos e, lamentando-se, vagueiam errantes pelas matas e montanhas. Alguns, devorados pela dúvida, perderam o juízo; outros dão as costas à ordem. Há também aqueles que querem uma nova ordem. Assim, o Irmão Chapéu reuniu um punhado de leprosos e quer fundar uma nova ordem. Paizinho! Meu paizinho! Há, por toda parte, confusão, revolta e miséria. Só você poderá restaurar tudo!"

"Mas o papa e o cardeal nosso protetor têm conhecimento de tudo e deixam acontecer isso?"

"Parece que sim."

Crise da fraternidade e propostas de uma nova regra

Francisco parecia arrebatado por um furacão. Girou sobre si mesmo e levantando os braços clamou com voz rouca e trêmula: "Agora me ajuda, Deus! ajuda-me nesta hora!" E o sangue escorreu de seus olhos. "Aprisionaram minhas cotovias! Vou devolver-lhes a liberdade! Pedro, Elias, César venham me ajudar! Oh meus pobres, pobres olhos!" Com a alma despedaçada e com os olhos doloridos, soluçando desamparado, abandonou-se nos braços do Irmão Elias.

Em Roma, o cardeal lhe propõe reescrever a regra

Finalmente chegou a Roma para colocar suas queixas ao cardeal. Com os olhos cobertos por uma venda, assentou-se encurvado, silencioso. Gemendo se segurava apertando fortemente a mão do Irmão Pedro.

"Você é um poeta", disse o cardeal. "O que falou é verdadeiro apenas para você, ou para sete ou talvez doze, mas não para milhares. Isso é demais para eles, por isso deve-se proceder com objetividade e prudência. Seu ideal precisa ser coordenado, senão degenera em heresia. Mas isso não vai acontecer!"

O cardeal, batendo com o punho na mesa, fixou convencido o olhar na toalha que cobria os olhos de Francisco: "Isso não vai acontecer!", pois seu ideal é bonito demais, é o mais lindo ideal. Mas o que pode acontecer a um enxame de abelhas errantes? Só produzirão mel quando estiverem na colmeia. Todavia são as mesmas abelhas. Devemos purificar e peneirar os irmãos. Fora com os patifes e preguiçosos. Por isso, há necessidade de disciplina e do noviciado. Uma vez bem organizado seu ideal salvará o mundo, a humanidade e a Santa Igreja. É uma luz nas trevas do nosso tempo. Isso não é suficiente? Isso é tudo! Agradeça a Deus que o enviou ao mundo para isso! Ou você quer ser santo sozinho? Não deve o indivíduo oferecer-se em sacrifício pela comunidade? E sua oferenda é exatamente o triunfo de seu ideal. E o que você deve oferecer? A liberdade alada, como a chama. Na verdade uma liberdade corporal. Isso é penoso para alguém com uma natureza como a sua, mas é aí que está sua grandeza.

"Mas isso não é conforme o Evangelho!", disse Francisco.

"Qual o melhor modo de seguir o Evangelho senão ouvindo a Jesus que pede humildade e sacrifício! Você que venera a humildade como o bem maior poderá dar um exemplo melhor dessa virtude do que agora? – Além do mais, Francisco, não considere apenas a obra de um só dia. A nova forma que nós demos à sua ordem não é definitiva. Isso aconteceu na necessidade e urgência para que outros não saíssem da ordem. Admito que tenham ocorrido erros, afinal eu sou humano. Aprovei que os fez sair da casa em Bolonha, se bem que a casa pertence à Igreja, e ela apenas tinha sido emprestada aos irmãos. E tinha-se apenas concedido o uso dela pelos irmãos, e os ministros, no caso, fizeram o melhor. Para isso precisa-se de algum tempo. Se você confiar em mim tudo se encaminhará bem. E quero admitir que foi um erro forçar a Irmã Clara a possuir bens. Daqui para frente, ela poderá viver na absoluta pobreza. O plano do Irmão Chapéu também foi rejeitado.

Vamos começar tudo de novo. Seu ideal não se perderá e na ordem tudo será acolhido. Seu espírito vai animar todo o movimento assim como o fermento na massa. Diz-me as ideias que você tem e eu vou realizá-las na prática. Por isso eu peço: Escreve uma nova regra até o próximo Capítulo de Pentecostes e a paz se restabelecerá entre os irmãos e novos irmãos entrarão na ordem. Você é capaz disso. Toda terra se alegra com seu retorno, e lhe darão ouvidos. A salvação está em suas mãos. Se você não se sacrificar, então sua ordem perecerá e o mundo com ela..." E se fez um grande silêncio.

Sentado, Francisco parecia petrificado. O cardeal, de tanto falar, ficou ofegante e o suor corria-lhe pela testa. Começou a andar de cá para lá. Francisco não se moveu.

O silêncio oprimia o cardeal. Estendeu suas pálidas mãos sobre os ombros de Francisco e disse: "Você precisa descansar por algum tempo. Um dia eu visitei nos bosques de Casentino o convento onde viveu São Romualdo. Lá seria um lugar próprio para você. Naquela paz encontrará inspiração e saúde. Quando chegar o inverno, voltará para a Porciúncula".

Novamente seguiu-se um silêncio, um longo silêncio que acelerou os batimentos no coração do cardeal.

Francisco inclinou-se mais profundamente, sacudiu a cabeça lentamente; em seguida, levantou-se e falou com voz surda e cavernosa: "Eu vou escrever uma nova regra... E de agora em diante, o Irmão Pedro conduzirá a ordem em meu lugar".

O Irmão Pedro o acompanhou até a porta. O cardeal olhou para ele com alegria e surpreso. Antes que a porta se fechasse, Francisco voltou-se mais uma vez e, segurando com a mão a toalha sobre os olhos, falou: "Senhor cardeal, tu serás o próximo papa". O cardeal quis responder: "E eu vou canonizá-lo", mas calou-se e enxugou uma lágrima dos olhos.

Uma retirada para descanso e reflexão

A estadia nas sombrias matas do Casentino fez bem aos seus olhos doentes. Lá é tão magnífico que se chega a esquecer todas as mágoas e preocupações da vida. Ninguém incomoda. Fica-se sozinho com a natureza, assim como ela saiu das mãos de Deus. Vive-se tão intimamente ligado a ela que a gente mesmo se sente como uma flor. Vive-se em harmonia com as árvores, a terra, o musgo, a chuva e com os animais, e isso penetra até o fundo da alma. Veja, por exemplo, as azinheiras, com milhares de anos e sempre jovens, firmes e poderosas, cujas fortes raízes abraçam os blocos de pedra cobertos de musgo. O espírito escuta atentamente sua força e seu murmúrio. Não se ouve o gotejar da água que cai de uma pedra para a outra? Tic, tic, tic, tic! E assim é durante todo o dia, todo o mês e o ano todo. Quer alguém esteja lá ou não, a água está sempre pingando. Por quê? Para quem? O espírito está à escuta e ouve Deus. Ele ouve Deus agindo em todas as coisas, nas cores, numa folha preguiçosa, em tudo. O Espírito ouve sua ordem, sua bondade, sua providência, se admira e reza sem palavras. Eis o descanso.

E foi assim que Francisco viveu nas florestas com os irmãos Tiago, Junípero e Leão.

Assentou-se sobre uma pedra perto da queda d'água. Com pequenos tufos de musgo, umedecidos na água corrente, aliviava a queimação dos olhos. Era um martírio permanente. Sentia um ardume nos olhos como se estivessem cheios de fagulhas. Não conseguia mantê-los nem abertos nem fechados e escorria deles uma secreção parecida com suco de limão.

Contudo, não se queixava, pois o que eram esses sofrimentos comparados com as dores que Nosso Salvador suportou ou comparados à dor de seu coração ao pensar em sua ordem? E o que queriam fazer de sua ordem? Enfraquecê-la, tirar-lhe-iam todo vigor e beleza? Então, atirou-se ao chão e lamentou: "Oh Senhor, isso não, isso não!"

Mas cada vez mais tal receio adormecia na pureza desse infinito silêncio. Ele deixou de pensar em sua nova regra e, quando voltava a pensar nela, adiava o trabalho. Ao concentrar-se em Deus, tudo ficava distante dele como um sonho indefinido e de pouco significado... Ele sorria. Com suas pálpebras ardendo, via o Irmão Tiago tratando de uma porção de coelhos perto de uma pedra. Lá bem ao longe, por entre as árvores, elevava-se alto o cume agreste do Alverne. Por duas vezes ele já tinha ido até lá visitar o Irmão Lobo ou Irmão Ovelha, como era chamado agora. Ah, ele se tornara um verdadeiro Irmão Menor.

Irmão Junípero saiu do eremitério e bateu palmas. Era o sinal para a recitação dos salmos do meio-dia. Francisco desceu do monte. De repente, ouviu bem lá no meio do mato uma porção de passarinhos cantando. "Irmão", disse ele, "ouça! Nossas irmãs, as aves, estão entoando um canto de louvor ao Criador. Vamos até lá para recitar um salmo."

E os irmãos concordaram.

Quando lá chegaram os passarinhos não foram embora, mas cantaram mais alto. Os quatro irmãos começaram a cantar um salmo de louvor; contudo, os passarinhos cantavam ainda mais alto, de tal sorte que os irmãos não podiam entender suas próprias palavras. Então, Francisco exclamou: "Irmãos passarinhos, vocês são muitas centenas e nós apenas quatro; vocês não poderiam ficar um tempinho em silêncio até que nós acabemos de rezar?"

Os passarinhos calaram-se respeitosamente enquanto escutavam o canto dos irmãos. "Pronto, agora vocês podem cantar novamente!", disse Francisco. Então, os pássaros começaram a cantar em todos os tons fazendo vibrar o ar com seu canto. Os quatro irmãos permaneceram de mãos dadas respeitosamente atentos.

Reescrevendo a regra

Faltava pouco para o Natal. A neve caía em grandes flocos brancos. Na Porciúncula nada se movia. Por toda parte um silêncio branco e a neve que caía. Mas olhando bem, via-se Francisco como uma parte da paisagem. Estava assentado, na soleira da porta de sua cabana, com o capuz na cabeça contemplando a neve. De vez em quando, murmurava: "Irmã neve" e, estendendo para fora sua mão magra e morena, esperava cair um floco de neve. Ao cair na palma de sua mão gelada, logo derretia. Sorrindo contemplava essa pequena nuvem branca refletindo milhares de estrelinhas que, uma após outra, desapareciam até sobrar apenas uma gota de água. "Bonito", sussurrava ele. "Quanto trabalho do Senhor em cada floco!"

Seus olhos não melhoravam, e a secreção que escorria deles continuamente desenhou um traço de ferida vermelho em cada lado do nariz.

A porta de outra cabana se abriu. Saiu dela o Irmão César que tinha vindo da Síria com Francisco. Tinha na mão um pedaço de pergaminho, uma pena e tinta. Francisco sussurrou. Ambos entraram na cabana, e Irmão César reanimou o fogo que ardia no chão. Colocou alguns ramos secos nele e fechou a porta. Francisco lhe pediu: "Deixe-a aberta para que possamos contemplar a irmã neve. Ela é tão branca para nos lembrar quão branca deve ficar nossa alma.

Um sorriso alegre brotou na face do louro Irmão César. Colocou o pergaminho numa tábua sobre seus joelhos e, com a pena de ganso na mão, aguardava pronto para escrever.

"Até onde nós chegamos?", perguntou Francisco.

"Antes de tudo, devemos dar todos os nossos bens aos pobres."

"Acrescente que nós não devemos possuir nada, nem livros..."

"O cardeal gostaria que os noviços tivessem mais túnicas", disse Irmão César com muita prudência, pois quando se tratava do noviciado ou de algo que prejudicasse a regra primitiva, Francisco ficava aborrecido e emudecia.

"Devo acrescentar duas túnicas?", perguntou Irmão César.

"Escreva o que você quiser", resmungou Francisco. César escreveu – duas túnicas. Francisco olhou para a beleza da neve e murmurou: "Deus nos envia a irmã neve para proteger as sementes na terra. Deus cuida das sementes e de tudo, mas os homens sem fé querem ter duas túnicas!" De repente, levantou-se e exclamou: "Escreva isto: Em nome da santa caridade que é o próprio Deus peço a todos os irmãos que deixem de lado todo obstáculo, toda preocupação e timidez terrena para servir a Deus livremente e poder venerá-lo com um coração puro e reta intenção".

Enquanto Francisco ditava cheio de entusiasmo, César escrevia. Logo adiante, novamente, se demoraram num outro ponto, onde Francisco se serviu de sua regra primitiva e começou a falar tão bem que o Irmão César esqueceu de escrever suas palavras. Quando Francisco devia ceder em outro ponto, não conseguia se expressar. Daí, o Irmão César formulava a frase e Francisco, de imediato, acrescentava uma oração, uma invocação, um grito de alma que praticamente anulava a concessão.

Francisco recitava e cantava essas orações e súplicas em alta voz. De vez em quando se abriam as portas das cabanas e apareciam as cabeças dos irmãos e ficavam escutando admirados. César não conseguia acompanhá-lo e continuamente precisava perguntar a Francisco, e ele voltava a cantar com palavras cada vez mais fortes.

Depois de uma hora e meia não conseguiu ir adiante. "Irmão César, continuaremos amanhã." Ofegante e exausto, e abrasado interiormente, achegou-se ao fogo para assim aquecer os dedos congelados.

Irmão Junípero chegou com um burrinho. "Pai, venha, vamos até a mãe Clara! Você está atrasado. Vá mostrar-se a ela. Sim, seus olhos melhoraram. Ela pode curá-los completamente."

"Ela vai me curar antes com sua santidade do que com seus cuidados."

Ele ergueu os braços e o Irmão Junípero, que era um homem forte, o pegou no colo como um pai faz com seu filho e o sentou sobre o burrinho.

Deixaram a floresta, e a neve que caía os cobriu totalmente de branco. Junípero percebeu a tristeza de Francisco e sabia o porquê. Todos o sabiam e sofriam com ele. Junípero, respeitando sua dor, não ousava falar uma só palavra. Francisco, percebendo isso, pediu-lhe: "Entoe uma canção, Irmão Junípero."

"Pai, eu não sei cantar, você bem o sabe."

"Eu não sou mais o pai, eu sou um irmão como você."

Junípero começou a chorar. Este homem forte chorou e teve vontade de gritar num obstinado protesto: "Assim mesmo, eu vou continuar te chamando de pai." Contudo, sabendo que com isso iria causar mais sofrimento a Francisco, calou-se.

"Entoe uma canção, Irmão Junípero."

"Sim, pai... irmão" e com lágrimas nos olhos cantou alto e falseando a voz: "Oh céus, fazei cair o orvalho!"

E cantou, soluçando ao longo de todo o trajeto so-litário. E Francisco começou a cantar junto. Seguiram cantando apesar de tudo!

De volta a Roma, apresenta a nova redação da regra

Ao florescerem as primeiras violetas, Francisco via-jou para Roma, montado num burrinho. Alguns irmãos o acompanhavam a pé. Iam submeter ao cardeal o es-boço da nova regra. Pedro tinha vontade de ir com eles, mas não pôde porque tinha apanhado um forte resfriado que, mesmo ficando ao sol, tremia como uma vara verde.

Que diferença desta viagem com a de outrora quan-do foram a Roma com a primeira regra! Naquela oca-sião sentiam-se livres, e de alma leve iam cantando como conquistadores ao encontro de um futuro novo. No momento é uma viagem difícil e estão com o coração partido.

Por toda parte o povo vinha a seu encontro com ve-las e música. Em praça pública o povo se ajoelhava dian-te do homem que havia visitado o negro sultão e não conseguiu ser morto. E esse herói era um homenzinho magro e ofegante de olhos purulentos.

Os leigos lhe pediam: "Escreve uma regra também para nós!" Em qualquer lugar, todos queriam partilhar de seu santo modo de vida. Muitos já haviam organiza-do grupos dedicados à pobreza. Ricos tinham repartido seus haveres e bens e ganhavam a vida como operários. Os leigos visitavam os leprosos, os mercadores abando-navam suas lojas e se retiravam para as grutas. Os casados concordavam viver separados, e os pobres começaram a amar sua pobreza. De fato, estava acontecendo algo nunca visto desde o princípio do mundo. Era a primavera das almas.

"Sobre isso eu vou falar com o cardeal", disse Francisco; "ele é mais instruído do que eu." Não queria mais decidir, não podia decidir mais nada. Não tinha mais força nem coragem para isso. Era a amarga submissão da sua vontade à vontade dos outros. "Eles não me escutam mais", falou consigo mesmo.

A modificação de sua antiga regra lhe custou muito sangue. Despojou-se completamente. Restava-lhe apenas Deus.

O cardeal aceita a regra e sugere uma regra para os leigos

Logo que leu a nova regra, o cardeal disse num misto de admiração e desilusão: "Linda o bastante para ser decorada". Modificou aqui e ali alguma palavra. "Que seja submetida ao capítulo da ordem."

"Como o senhor deseja, eminência", disse Francisco, submisso como um servo que deve transmitir uma mensagem que não lhe diz respeito.

Eles conversaram sobre os leigos que também queriam uma regra. "Para lhe poupar o trabalho, eu já redigi alguma coisa", observou o cardeal e, tirando um rolo de pergaminho de um cofre prateado: "Aqui está a letra, você vai colocar a música".

E ele compôs a música. Nela toda sua alma cantava. No começo não estava muito ligado, fazia-o quase que mecanicamente; mas, à medida que via em sua imaginação milhares de pessoas, sua alegria aumentava.

Em seu entusiasmo, ele teceu e impregnou essa regra árida destinada à vida laical, recheando-a com orações, conselhos, recomendações, tão puros, tão belos, e bem-feitos que inflamavam de amor à divina pobreza. Qualquer regulamento a mais parecia supérfluo. Aquele que, de coração aberto, atendia a essas orações observava, de antemão, em seu modo de vida laical, todos os mandamentos.

O cardeal ficou muito satisfeito com a regra e isso deixou Francisco alegre como uma criança. Os bolinhos de amêndoas do Irmão Jacoba não lhe teriam sido tão saborosos...

Solicitado pelo cardeal a indicar um substituto

Às vésperas de deixar Roma, o cardeal o mandou chamar. "Más notícias", falou o cardeal; "eu acabo de ouvir de nosso mensageiro de Perúgia que o Padre Pedro não vai recuperar a saúde. A quem você está pensado designar como seu substituto?" "Isso eu deixo para o senhor, eminência." Novamente sentiu um grande incômodo em ter de tomar qualquer decisão. "Nesse caso, é você quem deve escolher", lembrou o cardeal; "embora não esteja no comando da ordem, continua sendo o diretor espiritual, a alma, a luz que dirige o barco dos irmãos menores."

Ele aguardou um momento, acariciou o queixo pontiagudo, fixou seu olhar de aço nos olhos doentes de Francisco e, batendo sobre a mesa, disse com ênfase:

"Precisamos de um homem forte, um espírito sensato e clarividente, um dirigente que possa dominar os rebeldes e restabelecer a paz entre os antigos irmãos e os novos; um homem irrepreensível que o respeite e ame..."

Francisco não respondeu, apenas olhou fixo nos olhos azuis do cardeal. O olhar desses olhos ensanguentados com uma auréola vermelha amedrontou o cardeal. Pela primeira vez, o cardeal baixou os olhos, dizendo: "O que você acha de Elias?"

"Elias é um homem forte, uma cabeça inteligente e gosta muito de mim, senhor cardeal", respondeu Francisco, começando a tremer.

"Pense nisso."

"Vou rezar nessa intenção, senhor cardeal."

De volta da viagem, Francisco fez com que a regra da Ordem Terceira fosse lida e copiada por toda parte na cidade e nas aldeias. As pessoas choravam e se abraçavam. Agora, pobres e ricos, todos eram irmãos e filhos de uma só Mãe.

Francisco, ao perceber o contentamento desses filhos de Deus, chorou de alegria e mostrou-se profundamente agradecido ao cardeal: "De fato ele é inteligente e um homem sábio. Eu sou apenas uma criança, uma criancinha. Eu preciso de alguém como ele. Como isso é belo, ah que beleza! Talvez ele tenha as melhores intenções a respeito de Elias... Elias? Senhor, ajuda-me!"

A figura de Elias não o abandonava. Constantemente, vinha-lhe diante dos olhos aquele sorriso misterioso. Quem era Elias? Diziam-se coisas estranhas dele. Francisco começou a rezar imediatamente: "Senhor Deus, ajuda-me! Mas que tua vontade seja feita, que se faça somente tua vontade!" Então, de repente colocou a mão sobre o coração, onde trazia a regra. "Eles podem fazer o que quiserem, mas não vão tocar nesta, meu filho, meu filho!"

Na manhã em que chegaram à Porciúncula, morreu o Irmão Pedro. Os irmãos vieram correndo ao encontro de Francisco e lamentavam: "Nossa mãe morreu, nossa mãe está morta! Seja novamente nosso pai!"

"Não", disse Francisco curto e grosso.

"Se não é você, quem vai ser?", perguntavam eles.

Francisco respondeu: "Aquele que por primeiro sair da capela" e, com o dedo, indicou Elias que estava saindo.

E, desfaleceu de cansaço.

A apresentação da nova regra divide os irmãos

Estavam reunidos mais de três mil irmãos e César leu para eles o projeto da nova regra. Muitos, dentre eles dos primeiros discípulos, bateram palmas de alegria, mas os outros se mostraram muito desgostosos. Essa era a nova regra? – Era apenas a antiga com uma nova aparência.

Oh Deus, e Francisco que acreditava ter feito violência a seu coração com as concessões! Em alta voz faziam perguntas, uma atrás da outra, mas Francisco, que estava sentado no chão aos pés de Elias, eliminava as perguntas com poucas palavras, como: "Sigam o Senhor; vivam seu compromisso; Deus quer almas e não belas palavras".

Um dos provinciais, com voz de trombeta, perguntou: "Nós não podemos ter nada conosco; e o que eu devo fazer com os meus livros, que talvez valham muito dinheiro?"

Francisco então se levantou novamente e com voz rouca falou indignado: "Irmãos, vocês que querem ser chamados pelo povo de irmãos menores e estimados como arautos do Evangelho, ainda preferem possuir cofres de dinheiro. Eu, porém, não estou disposto a abandonar o livro do Evangelho por causa dos vossos livros. Façam o que quiserem, façam tudo o que quiserem! Mas jamais permitirei que atrapalhem aqueles irmãos que desejam me seguir". E, novamente abatido, correram lágrimas de sangue de seus olhos e desfaleceu.

Outros ainda quiseram fazer-lhe novas perguntas, mas Elias, com um olhar ameaçador e imperativo, ordenou-lhes: "Basta! Os superiores vão analisar mais uma vez a regra em profundidade e, então, será aprovada pela Santa Sé".

Todos se calaram.

Contudo, um dos irmãos mais antigos perguntou: "Por quem devemos nos guiar? A antiga regra não tem mais validade e a nova ainda não existe". Elias respondeu inteligentemente: "Pela regra antiga e pelos superiores. Na próxima semana eu mesmo vou até o cardeal. Agora precisamos nos ocupar com outros assuntos".

"Levem-me para minha cabana", solicitou Francisco.

E o retiraram de lá. Um irmão jovem veio até ele e lhe beijou o hábito.

"Quem é você, meu jovem?", perguntou Francisco enquanto abraçava sua cabeça.

"Eu sou Antônio e me tornei irmão menor, depois de ter visto serem decapitados os três irmãos que você enviara para o Marrocos.

"Você se tornará um grande luzeiro em nossa ordem, Irmão Antônio", e o abençoou.

Novas crises nas fraternidades e o sofrimento de Francisco

De agora em diante, arrastava-se solitário e triste pelas florestas e montanhas. Inquieto e doente, sem descanso e sem consolo, caminhava se arrastando de cá para lá. Sofria do estômago, do fígado, do baço e dos olhos; contudo, quem estava mais doente era seu coração.

Via sua ordem afundando e ele afundava junto. Traição, orgulho e hipocrisia a estavam arruinando. Era como se o Senhor tivesse retirado sua mão protetora de cima dele. Ah! esses irmãos rebeldes! Falava-se em construir grandes conventos tendo ao lado uma linda igreja. Eles teriam bibliotecas e de mãos limpas exerceriam cargos junto aos cardeais e prelados, nos castelos ou junto ao papa. No lugar de servos, tornaram-se conselheiros que se assentavam à mesa com os mais nobres, seus próprios senhores. Eles sabiam justificar tão bem sua conduta que davam a impressão de estarem agindo corretamente.

Alguns que perderam a cabeça se trancavam numa gruta e pregavam heresias. Outros ainda, em grandes grupos, andavam de cidade em cidade, lamentando-se e amaldiçoando seus superiores. E alguns, que tinham uma fé muito fraca, voltavam para o ninho materno da família terrena ou se casavam. Francisco, em seu íntimo, sentia um sofrimento indescritível, mas não chamou a atenção de ninguém. Na solidão clamava: "É tudo culpa minha, meus pecados são os culpados!"

Angustiado e envergonhado, acusava-se como orgulhoso e egoísta. Flagelava o irmão burro a tal ponto que mal se mantinha de pé. Rezava ininterruptamente, rastejava pelo chão como serpente ferida e berrava em alta voz como um cabrito. A dúvida e a incerteza o assaltavam: Embora fosse ele tão grande pecador, pois amava mais a si mesmo do que a Deus, como teria o direito de fundar uma ordem tão bonita?

De vez em quando, tinha também momentos de iluminação. Então, beijava o orvalho de uma folha, pregava a alguns camponeses e cantava cantigas às crianças. Mas esses momentos eram raros e logo se sentia nas trevas. Nessas horas, do alto de uma montanha gritava, com os braços abertos e levantados para o céu: "Vinde buscar-me, ó Senhor! Vinde buscar-me!"

Ele procurava consolo junto àqueles que, para ele, eram o Evangelho vivo: Clara, ou nos conventos, onde viviam Irmão Junípero, Irmão Masseo, Ângelo, Bernardo e outros. Contudo, não encontrava consolo algum. Eles eram puros como a aurora. Sufocado pelos pecados de outrora, sentia reinar o caos em seu interior. Seus olhos puros o amedrontavam e as queixas dos irmãos, que ouvia de toda parte, o atormentavam.

"Por que você abriu mão da autoridade?", perguntou Masseo.

"Tome-a de volta!", clamou Junípero, "você pode fazer isso! Afaste os superiores maus, eu o ajudarei com minhas mãos!"

"Deixe que vivam à vontade", disse Francisco. "A perdição de alguns não é mais importante do que a salvação de muitos."

Nas admoestações, Francisco reafirma sua radicalidade

Eles procuravam reanimá-lo em seu primitivo ardor e entusiasmo relatando-lhe diversos casos de decadência e maldade, mas não adiantava. "Não tenho a intenção de executar e puni-los, mas quero torná-los melhores com o meu exemplo. Vamos rezar e sofrer pacientemente, esse é o único meio."

Contudo, às vezes, ele detonava: "Malditos sejam todos aqueles que, por meio de seu mau exemplo, destroem aquilo que vós, ó Senhor, edificastes por intermédio dos santos irmãos".

Logo a seguir, sentia grande fraqueza e desânimo. "Vai chegar o tempo que será um escândalo levar o nome de irmão menor. Queira Deus que menos irmãos menores entrem na ordem! E, até me parece que não sou nenhum verdadeiro irmão menor por não saber suportar com alegria esses sofrimentos e essas humilhações."

Um grupo de irmãos jovens veio a ele e perguntou: "Como poderemos viver da melhor maneira a santa obediência?"

"Como um cadáver", respondeu ele, "sem vontade própria e sem resistência, inteiramente submissos à vontade de outrem."

Mas pouco depois veio um padre alemão, e disse: "Eu desejo seguir a regra fielmente e lhe peço licença para me separar, junto com outros irmãos, daqueles que não a observam".

Francisco rejubilou: "Em nome de Cristo e em meu nome lhe concedo essa permissão!"

Era censurado por não ter renunciado à vontade própria. Sentia dificuldade em se reanimar. Dava pena de vê-lo! "Mas, no próximo capítulo, lhes mostrarei que vontade ainda há em mim!" E, em seguida, começou a soluçar.

Enquanto isso, Elias o importunava, através de cartas, a respeito dos irmãos culpados. Francisco lhe escreveu em resposta: "Considere tudo como uma graça, mesmo quando os irmãos e os outros homens trabalharem contra você. Mostre seu amor. Nisto mostre seu amor da seguinte forma: não exigindo que sejam melhores cristãos do que você".

Um dos irmãos lhe perguntou se ele poderia se ocupar com o estudo da geografia. "Suponha que você saiba tudo", respondeu-lhe Francisco, "eu lhe digo que um só demônio sabe mais do que todos os homens juntos, apenas uma coisa lhe é impossível: ser fiel a Deus!"

Um noviço lhe solicitou a permissão de ter um breviário. Seu superior lho tinha concedido, mas ele gostaria de ter a permissão de Francisco. Francisco encheu as duas mãos com cinza do fogão e espalhou sobre a cabeça do noviço. "Aqui está seu breviário", disse ele, "humildade!" Entristecido e zangado, o mandou de volta. "Faça o que lhe foi permitido!"

O noviço se afastou desolado; mas, apenas tinha saído, Francisco correu-lhe atrás, ajoelhou-se na neve diante dele e suplicou-lhe: "Perdão, perdão, meu Irmão noviço! Aquele que quiser ser um verdadeiro irmão menor não deve possuir nada, além de seu hábito!"

Assim, libertou-se de suas dúvidas interiores. Sua luz interior, como a lanterna do vigia noturno, reacendia e se apagava. Inquieto vagava de cá para lá.

O lobo de Gubbio

Naquele inverno, Francisco chegou até Gubbio. Encontrou muitos camponeses no caminho do mercado, todos armados de foices e malhos. "Para que estas armas", perguntou Francisco, e eles responderam:

"Por causa do lobo". E então, lhe contaram que um grande lobo castigava a região roubando as ovelhas dos estábulos, atacando os cães e até os cavalos. "Ninguém pode mais sair de casa. Ele até caminha pelas ruas de Gubbio. O povo está apavorado e nem consegue mais dormir." Francisco disse:

"Eu gostaria de ter uma conversa com esse lobo". Os camponeses imaginaram estar diante de um louco, mas um dos camponeses o observou de perto e, então, espalhou-se um murmúrio: "É o santo mendigo de Assis!" Logo se ajoelharam em respeitosa admiração.

Alguns saíram de Gubbio e espalharam a notícia de que o Irmão Francisco ia livrá-los do lobo. Já se tinha ouvido dele tantos fatos maravilhosos, que todos se apressaram em sair de casa para acompanhá-lo. Mas tomaram consigo todas as armas que encontraram: lanças, cacetes e espadas. Um velho soldado levava até uma bandeira. Assim, apresentaram-se os camponeses com suas terríveis ferramentas.

Francisco perguntou: "Vocês estão querendo combater contra os turcos? Onde se encontra esse lobo?"

"Na floresta, lá do outro lado onde se erguem os rochedos."

"Então fiquem aqui, senão o lobo vai se espantar diante de vocês." E dirigiu-se sozinho para a floresta.

Contudo, o povo não pôde conter sua curiosidade e o seguiu de longe. Quando eles tinham atravessado a floresta viram que o lobo, um enorme animal peludo, lá estava numa clareira coberta de neve.

Ao percebê-los, o lobo arremessou-se enfurecido contra eles. Os camponeses desceram morro abaixo, correndo e rezando. Francisco permaneceu onde estava, observando o lobo que se aproximava. Fez o sinal da cruz em sua direção e o lobo parou, permanecendo como uma estátua de pedra.

Francisco aproximou-se dele e, de longe, o povo viu como o animal, inclinando a cabeça, colocou a pata direita na mão de Francisco. Ele conversou com o animal, e ameaçou-o com o dedo em riste, e o lobo deitou-se, lambeu-lhe os pés descalços. Francisco o acariciou e lhe fez um sinal que o deveria seguir.

O lobo, como um cachorrinho, seguia atrás de Francisco, olhando atentamente para ele. A multidão o acompanhava admirada, mas receosa. Francisco entrou na cidade e fez uma linda prédica para a multidão reunida, enquanto o lobo permanecia sentado perto dele. Falou ao lobo que de agora em diante o povo lhe daria alimento e lhe pediu que deixasse em paz todos os seres vivos. O lobo, inclinando a cabeça, manifestou estar de acordo. Francisco, então, falou de Jesus e do grande amor de Deus. Mostrou que devemos ver o irmão em tudo, também num lobo, pois todos nós descendemos de um e mesmo Pai. O lobo voltou para a floresta e Francisco, novamente sozinho e irrequieto, pôs-se a caminho.

Francisco elogia Frei Antônio, mas reafirma o retorno à pobreza

Ele veio a Bolonha para visitar o Irmão Antônio, do qual ouvira falar muitas coisas: como ele havia convertido multidões de hereges, como tinha pregado aos peixes, e acima de tudo, das belas virtudes que possuía. Irmão Antônio estava longe numa viagem de pregação.

Pediram a Francisco que fizesse um sermão. Ele o fez na praça do mercado diante de milhares de estudantes, de todos os professores e na presença do Bispo Hugolino. Foi um sermão tão bonito e entusiasmado, que o povo o carregou em triunfo pelas ruas da cidade. Ah, embora fossem apenas pobres e simples palavras, contudo, havia nelas algo que iluminava e trazia vida, algo que, em vão, se procurava nos livros: A luz do coração.

E logo em seguida, mais uma vez, perdeu todo ânimo, e com razão: Os irmãos menores voltaram a morar na casa bonita de onde Francisco já os tinha retirado. O cardeal esclareceu publicamente: "Esta casa pertence à Igreja, não é propriedade dos irmãos menores, apenas lhes foi concedido morar nela. Nisso não há nada que atente contra a regra.

"Isso é uma arapuca", disse Francisco, e não estava com vontade de discutir sobre o assunto com o cardeal. Mas não se atreveu a colocar um pé dentro da casa.

Irmão Pedro Stacia queria ter uma conversa com ele. Francisco recusou: "Não quero vê-lo, foi ele o primeiro que jogou fora a pobreza. Eu o amaldiçoei e não vou retirar a maldição jamais! Deixem-me em paz!"

Eles o deixaram em paz. Ficou morando no convento dos dominicanos com o Irmão Leão.

Com muito cuidado, o cardeal procurou explicar quão necessário seria que os irmãos tivessem uma escola de teologia como os dominicanos. "Não", disse Francisco. "É uma ocasião que leva ao orgulho. Com isso os irmãos pobres poderiam esquecer a santa humildade e a santa pobreza."

"É para combater a heresia", lembrou o cardeal, olhando firmemente para Francisco.

Francisco, resistindo a esse olhar, respondeu: "Se eles se vangloriam de terem convertido as pessoas com suas pregações, isso meus irmãos conseguiram com suas orações".

"É preciso oração e pregação", acrescentou o cardeal. "Não só pregar a penitência, mas também refutar os hereges! Estes fazem perguntas capciosas, conhecem as Escrituras e ainda existem irmãos menores que, em sua ignorância, espalham heresias."

"Ah!" suspirou Francisco. "Dizer uma verdade com profunda fé é mais eficaz do que rebater perguntas capciosas. O bom pregador deve antes, na oração solitária, absorver o que ele deve dizer mais tarde em sua piedosa pregação. Deve brilhar muito mais interiormente do que proferir palavras frias exteriormente. Isso não se aprende nos livros, mas conversando com Deus."

"E o Irmão Antônio", perguntou o cardeal. "Ó, este bom e maravilhoso Irmão", rejubilou-se ele: "Ele tem a humildade, a piedade e a simplicidade dos verdadeiros irmãos menores!"

"Mas tem também uma grande erudição e uma brilhante inteligência", disse o cardeal. "É tão versado na doutrina que ele refutou todos os hereges com sua inteligência. Ele é o martelo de todos os hereges. E você teria algo contra se ele formasse seus jovens irmãos conforme seu espírito e seu exemplo?"

"Tal escola é uma bênção", disse Francisco. "Uma escola que tivesse em cada professor um Irmão Antônio e que formasse novos irmãos Antônio. Isso sim, mas...", suspirou, e nesse suspiro havia muita coisa.

O cardeal perguntou: "Você está de acordo que organizemos com ele uma escola de teologia?"

"Sim", respondeu Francisco entusiasmado. "Mas somente com ele e com mais ninguém, mais ninguém! Irmão Leão, tome a pena e tinta e escreve!" Irmão Leão abriu sobre seus joelhos um pedaço de pergaminho e escreveu o que Francisco lhe dizia: "Irmão Antônio, meu bispo, eu estou muito de acordo que você ensine aos irmãos a santa teologia, contanto que com esse estudo se exercitem no espírito de santidade que a regra prescreve". "Deem-lhe esta carta quando ele voltar", disse ele ao cardeal, que fechou os olhos de alegria.

Depois de algum tempo, o cardeal perguntou: "Você não gostaria de ainda refazer a regra para que nosso santo pai o papa a possa aprovar? De antemão, não existe ordem na confusão, e o papa quer que haja ordem, pois, caso contrário, vai acabar com toda a fraternidade".

"Isso eu não ouso, eminência", disse Francisco. "A regra vem de Deus. Se eu mudasse nela algo seria uma profanação. Não, não, por favor, não vamos mudar nada. Deixe que o santo papa a aprove assim."

"Isso não vai acontecer antes que os superiores estejam de acordo, e como você sabe, eles não estão de acordo."

"Então vamos rezar, excelência, para que eles cheguem a um acordo. Nós podemos apenas rezar, nada mais." E, de repente, ele alegou: "Prefiro ver a fraternidade perecer a permitir que se jogue fora a Dama Pobreza!"

E, novamente, sucumbiu tomado pela dor, mas sorrindo exclamou: "Deus é bom, eminência!"

11
O divino refrão

Inspirado, reescreve a regra, mas reafirma a pobreza

Para reescrever a regra, Francisco retirou-se, com o Irmão Leão e o Irmão Bonício, para uma desolada gruta, no alto de uma montanha escarpada, perto de uma ameaçadora cascata. Subitamente foi envolvido por toda essa situação. Depois de ter vagado de cá para lá muito tristonho durante todo o verão e o inverno, voltou à Porciúncula, onde ficou rezando sem cessar, prostrado com fortes dores. Teve um sonho estranho: A terra toda, até onde a vista podia alcançar, estava coberta de frades famintos. Para saciar a todos, ele recolhia migalhas de pão do chão e dava um pouco a cada um. Mas como saciá-los com isso? Estava completamente desesperado. Então, a voz celestial do sonho lhe falou: "Faça uma hóstia de todas as migalhas e dê um pedaço a todo aquele que dela desejar". Ele fez uma hóstia, e todo que dela comia ficava saciado. Aquele que não queria tomar nada ou jogava fora contraía a lepra.

No dia seguinte, ficou claro o sentido desse sonho. As migalhas são as palavras do Evangelho, a hóstia é a regra, a lepra, o pecado. Faça com isso uma hóstia, reescreva a regra. Quando Deus fala nada nos pode deter.

Imediatamente, pôs-se a caminho dos penhascos de Fontecolombo, junto com os dois irmãos. Mantinha-se silencioso e recolhido em seu interior, sério e determinado. "Tu e eu", falou para Deus. A regra seria reescrita entre ele e Deus, o Deus eterno, que se esconde entre as miríades de estrelas. Para Francisco não foi fácil. Nas profundezas dessa gruta prostrou-se até o chão com o espírito atento ao que Deus, na solidão, lhe haveria de inspirar. O Irmão Bonício ficava de sobreaviso perto da entrada.

O Irmão Leão colocara o pergaminho sobre uma pedra e escrevia o que Bonício repetia depois de Francisco. Assim, da escuridão das trevas, foi surgindo para a luz do dia a nova regra. Os três estavam à espera: o primeiro, de Deus; o segundo, de Francisco; e o terceiro, de Bonício.

De tempo em tempo, apenas uma frase; o silêncio dominava ao longo das horas e dos dias. De noite, reinava a paz do sono. Pessoas caridosas do vale solitário, que ficava lá embaixo, colocavam cuidadosamente, durante a noite, a comida diante da gruta. Na regra reescrita voltou a ressoar, como na regra primitiva, o divino refrão da pobreza: "Em suas viagens pelo mundo, os irmãos não devem levar nada consigo, nem sacola de viagem, nem dinheiro, nem pão...

Essa é a essência, a alma, a espinha dorsal da regra.

Dias e noites transcorriam na solidão e no silêncio. Solidão de pedra, infinito silêncio, quebrado apenas pelo eterno e sombrio ressoar da torrente da montanha. Trovões e relâmpagos cruzavam os céus. O mundo rugia debaixo da chuva, os ventos uivavam pelas rochas. E, de novo, o sol abençoado voltou a brilhar sobre todos. Misteriosamente, o grande Espírito pairava sobre a alma de Francisco.

Quando voltaram para a Porciúncula, com um brilho estranho em seus olhos, Elias foi ao encontro de Francisco, lavou-lhe os pés e pediu para servir-lhe um mingau com mel. Elias mostrava-se, como uma mãe, sempre muito solícito, cuidando do bem corporal de Francisco. Tivesse ele igual preocupação pela sua necessidade espiritual!

Francisco tinha pressa em mostrar-lhe a nova regra. Apresentou-lhe os pequenos rolos de pergaminho com toda a reverência como o Anjo Gabriel trouxera a Maria a alegre boa-nova.

"Muito bem, muito bem, eu vou lê-la e comentá-la com os superiores." E colocou o santo pergaminho, sem muito cuidado, por entre o cordão que cingia sua cintura.

Francisco observou: "Esta é a regra, assim como me foi ditada pelo Senhor".

Elias apenas esboçou aquele seu sorriso incomodado. "Venha", disse ele, "agora vamos colocar logo a pomada nos olhos, aquela pomada caríssima que eu mesmo preparei para você. Seus olhos estão em carne viva."

Para Elias, os olhos eram importantes, a regra não. Francisco resistiu-lhe. Elias insistiu: "Em nome da santa obediência, quero que você deixe ungir os olhos com esta pomada". Francisco, permitindo-lhe, murmurou: "Bondoso Elias".

Os dias iam passando cheios de sol, e as noites repletas de luar e do brilho das estrelas. Havia luz de dia e luz à noite. Francisco almejava a luz, símbolo de Deus, mas seus olhos doentes não suportavam o sol. Trazia continuamente o capuz em sua cabeça, e quase não retirava a mão da frente dos olhos. Seus olhos ensanguentados conseguiam enxergar só depois do pôr do sol, à meia-luz do entardecer, à luz da lua ou das estrelas.

De noite, passeava pela floresta, onde brilhava o silêncio. Acariciava uma árvore sob a luz da lua e se inclinava sobre as flores brancas que dormiam ao luar. "Irmã lua", sussurrava cheio de admiração. Contemplava suas mãos ao luar e ajoelhando-se na grama, rezava: "Obrigado, Senhor, por nossa irmã a lua, que nos ilumina as trevas".

Ouvia os grilos, observava os coelhos correndo pela floresta e o sapo que coaxava no banhado. Sentia o misterioso crescimento da natureza. E sempre de novo, ao nascer do sol, em cores celestiais, tirava o capuz da cabeça e colocando a mão diante dos olhos dizia: "Obrigado, Senhor, por nosso irmão o sol, o qual não poderei mais ver, mas isso não tem importância, pois vós não o fizestes só para mim".

E a regra reescrita foi perdida...

Elias lhe trouxe algo numa bacia de madeira: morangos frescos que ele mesmo apanhara. Fazia tudo por ele. Há muito tempo, Francisco aguardava notícias da regra. Esperava que Elias, entusiasmado, viesse correndo ao seu encontro e exclamasse: "Vamos agradecer a Deus por essa regra". Mas Elias não dizia nada. Trazia-lhe comida, alimento muito nutritivo, frutas, pomada e remédio para o baço, para o estômago e fígado.

Francisco continuou aguardando, contudo, sobre a regra não ouvia palavra. De repente, tomou Elias pelo braço: "O que acha da regra, Pai Elias?"

"Os superiores, com os quais falei sobre ela, acharam que não está boa. É sempre a mesma coisa com outras palavras."

"Não está boa? Mas ela vem do próprio Deus! Ele a ditou para mim na escuridão da gruta! Irmão Elias, dê-me a regra! Mostre-me uma única frase que não venha de Deus!"

Elias olhou para ele com aquele misterioso sorriso. "O que há", gritou Francisco cada vez mais alto.

Elias não gostava de barulho. "Francisco, querido irmão, eu lhe deveria ter dito há muito tempo... não ousei, para poupar sua saúde..." Ele não teve coragem de olhar para Francisco. As frutas caíram da travessa. "A regra foi... perdida; foi perdida por algum descuido. Eu não sei como, não sei..." "Ah", gritou Francisco abrindo os lábios cor de púrpura, mas não sai uma palavra sequer. Elias levantou o olhar furtivamente e viu os grandes olhos de Francisco cheios de sangue e em carne viva. Não viu neles nenhuma acusação, nem repreensão por causa disso, apenas uma dor infinita. E deixou cair a bacia.

Então Francisco desfaleceu. O Irmão Leão mal teve tempo de ampará-lo. "Vinagre, vinagre!", gritou Elias, "O Irmão Francisco desmaiou!" Como demorasse chegar o vinagre, Elias mesmo saiu para buscá-lo.

O Irmão Junípero apareceu com o vinagre, mas Elias não voltou mais.

Reconstitui a regra e não admite interpretações

Francisco voltou, novamente, com o Irmão Leão e o Irmão Bonício, para a gruta de Fontecolombo, a fim de reescrever a regra. Refugiaram-se lá sem que ninguém soubesse disso. Francisco não pediu a Deus que lhe ditasse uma segunda vez. Isso seria uma falta de respeito. Eles resolveram se virar. Estavam em três, e o que um não sabia mais, o outro saberia. Uma canção que calou fundo no coração a gente não esquece.

Assentaram-se os três juntos, e o Irmão Leão escrevia. Cá e lá, surgiam dificuldades e uma lacuna. Então, ficavam sentados horas e horas, absortos em profunda meditação, ou rezando. A regra perdida foi reconstituída, com muita dificuldade, linha por linha, como se recolocam as contas de um colar de pérolas.

Nesse meio-tempo, chegou o inverno. O mês de outubro trouxe a chuva, a neblina e o vento horrível. As cachoeiras da montanha se avolumavam e as pedras tremiam debaixo de sua força. Durante a noite, o vento uivava no cimo da montanha partindo as árvores. Um dia, quando toda a terra parecia mergulhada numa densa névoa, os três estavam assentados trabalhando, à entrada da gruta. De súbito, diante deles emergiu inesperadamente da neblina, como fantasmas, um grande grupo de irmãos. Retiraram o capuz da cabeça. Eram os superiores, liderados por Elias. Aproximaram-se como lobos e bloquearam a entrada. Francisco levantou-se: "O que vocês desejam aqui?"

Elias deu um passo à frente e lançou-lhe um olhar dominador: "Finalmente nós o encontramos. O que suspeitávamos é verdade. Você reescreveu a regra, e eu lhe digo, em nome dos superiores e de milhares de irmãos, que nós não queremos viver conforme essa regra. Uma regra assim pode escrever só para você, não para nós".

Francisco, tremendo de indignação e com gestos violentos, dirigiu-se a Elias, encarando seu semblante risonho: "Essa regra vem de Deus; nada de seu conteúdo é meu. Tudo veio dele e Ele quer que seja vivida literalmente, ao pé da letra, sem interpretação! Sem interpretação! E quem não quiser viver assim, que saia da ordem!"

Todo seu corpo tremia e, levantando-se na ponta dos pés, com os olhos ensanguentados, fixou um terrível olhar no rosto de cada um. E como o capim cai ao golpe da foice, eles baixaram os olhos, sob a força do fogo desse olhar que não temia ninguém, nem o demônio.

Elias fez um sinal, queria dizer algo. Mas Francisco, como se tivesse sido cutucado, levantou-se diante dele e, gesticulando, exclamou mais uma vez: "Nenhuma interpretação, nenhuma interpretação! Quem não quer isso, deve deixar a ordem!"

Avançou, passo a passo, ameaçando-os. Pressionados pela vontade que brilhava em seus olhos avermelhados, eles se retiraram. "Venham", disse Elias aos irmãos, e, dando meia-volta, foi embora. Os outros o seguiram rapidamente, e como tinham aparecido, desapareceram na neblina. Francisco, ardendo interiormente em um fogo que o consumia, permaneceu lá, de pé, como o guarda do Senhor. O Irmão Leão sussurrou: "O santo anjo Miguel!"

Leva a Roma a regra e ceia com o cardeal

Então, o próprio Francisco foi com sua regra para Roma. Estavam em três: ele, Irmão Leão e uma ovelhinha que eles encontraram pelo caminho. O animalzinho havia se perdido e o Irmão Leão o carregava ao colo como uma criança. De vez em quando, também Francisco o carregava, mas cansava-se logo. "Ah! ovelhinha, querida irmãzinha", disse ele acariciando sua sedosa lã. "Vou levá-la para algum lugar onde irão cuidar de você com amor."

Durante a viagem, mendigavam leite para a ovelhinha e, em Roma, a levaram para Irmão Jacoba, que muito se alegrou com ela prometendo tecer, com sua lã, um hábito para Francisco. Este comeu, mais uma vez, os deliciosos bolinhos de amêndoas saboreando-os com tanto gosto que, com as pontas dos dedos molhados, recolhia as migalhas.

No dia seguinte, Francisco pernoitou na casa do cardeal. Ao chegar a hora do jantar, a mesa já estava posta e vários nobres e altas personalidades foram aparecendo para ouvir Francisco. Como não conseguiram encontrá-lo, sentaram-se à mesa sem ele.

De repente, ele entrou coxeando e trazia nas costas uma sacola praticamente vazia. Assentou-se num lugar perto do cardeal e esvaziou a sacola no prato: pão velho, crostas secas de pão com manteiga. Era o que acabara de mendigar, rapidamente, de porta em porta.

Traçou o sinal da cruz sobre o alimento e contente e bem disposto foi andando ao redor da mesa, dizendo: "o pão da caridade", e colocava um pedaço em cada prato.

Voltou para seu lugar e começou a comer como se fosse a coisa mais gostosa.

Os nobres senhores se entreolhavam e não sabiam bem o que fazer. Alguns sentiram enorme felicidade em receber tal pão e o comeram com grande respeito; outros o guardaram como relíquia, e havia aqueles que, sentindo nojo diante dele, também o guardavam, mas longe de fazê-lo como se fosse uma relíquia.

Durante a refeição, Francisco falou sobre os anjos, cuja única ocupação era louvar a Deus, e acrescentou que este também deveria ser nosso objetivo.

Depois da refeição, o cardeal o tomou à parte. "Irmão", disse ele, "por que você me causou esse vexame?"

"Eu vos proporcionei uma grande honra", respondeu Francisco. "Trouxe para vossa mesa o pão dos anjos, pois pão mendigado é pão dos anjos."

Discute com o cardeal a nova regra

Alguns dias mais tarde, Francisco e o cardeal começaram a examinar a regra. Houve uma grande discussão entre ambos. Foi a luta mais dura que Francisco teve de enfrentar em sua vida. Fazendo uma comparação: morrer seria mais fácil.

O cardeal é um homem inteligente. "O mundo não vai permanecer como está", disse ele. "Tudo muda: usos, costumes e reinos. Contudo, a Igreja permanece sobre todas as coisas como uma luz na noite, e sua regra deve ser a luz que ilumine a Igreja a partir do interior. Mas para isso ela não está adequada. Então, você precisa primeiramente esquecer-se de si mesmo, deste tempo, de mim – de tudo. – Ela deve valer para todos os tempos".

"Mas Deus a ditou para mim e quer que ela seja observada literalmente, sem interpretação. Isso o próprio Deus me disse. E precisamente porque Deus fala por meio dela, eu não acrescentei nenhuma linha."

O cardeal deixou de lado a pena: "Mas a forma não está boa".

"Isso são apenas palavras, eminência. Deus a ditou assim para mim".

"As palavras são a casca da verdade. Se Deus inspira a mesma coisa a duas pessoas, cada uma colocará por escrito de modo diferente, embora permaneça o mesmo espírito. Esta forma não é correta, não está de acordo para o futuro. E isto é o que conta. Sua fraternidade deve permanecer como sustentáculo da Igreja. Isso ela deve ser e assim será! E isso só poderá acontecer por meio de uma regra forte e clara. Por exemplo, está incorreto escrever na regra que os irmãos por toda parte, onde quer que eles encontrem o Santíssimo Sacramento num tabernáculo mal cuidado, devem chamar a atenção dos padres. Isso não está certo, porque provocaria disputas e conflitos entre os clérigos e os irmãos. Se um irmão notar algo assim, tomará ele mesmo a iniciativa, mas não se precisa escrever isso na regra, para que não se estimule nenhum abuso. Não é mesmo?" Francisco permaneceu calado. O cardeal foi além da frase sobre o Santíssimo Sacramento: "O noviciado é obrigatório e você sabe por quê".

"Nosso Senhor exigiu um noviciado para seus discípulos?"

"A Igreja batiza todos que a procuram, mesmo os maiores pagãos, mas uma fraternidade é algo diferente."

Houve silêncio. O cardeal tomou da caneta e escreveu algo sobre o noviciado. Assim, cada ponto era discutido e assentado. Mas a luta mais violenta se deu com respeito ao versículo do Evangelho: sobre sua ida pelo mundo, que os irmãos não deveriam levar nada consigo; nem sacola de viagem, nem dinheiro, nem pão... Sobre isso houve um verdadeiro duelo entre ele e o cardeal.

"Um irmão menor não deve ter consigo nada a não ser sua harpa", disse Francisco, "isto é, sua alma com qual louva a Deus constantemente."

"Esse é inteiramente meu pensamento", exclamou o cardeal com veemência, "mas nem todos conseguem isso; uma pessoa não é igual à outra".

"Então eles devem escolher outra ordem e não sujar nossa fraternidade!", exclamou Francisco decididamente.

"Exatamente! Por isso eu tenho insistido tanto sobre o noviciado, para que os novos irmãos possam ser, com certeza, colocados à prova. Sua fraternidade deve acolher aquele que se sentiu chamado para ela."

"Eles podem vir tranquilamente, para isso não é necessário nenhum noviciado! Os maus, por si mesmos, irão deixar a fraternidade."

E assim, ao longo do dia, de vez em quando levantavam uma discussão. Francisco continuou insistindo no refrão da pobreza: "Eu não posso! Eu não posso", dizia ele. "Toda a fraternidade está construída sobre ele. Ele é a alma, a luz! Tirem isso e a fraternidade não tem mais sentido."

"Eu não o estou tirando, apenas dizendo-o de outro modo. Eu vou dizê-lo de tal forma que o Irmão Antônio, em suas viagens de pregação, possa levar consigo seus livros, onde ele encontra inspiração necessária na luta contra os hereges. Quanto à posse em si, pouco significa quando o espírito não está preso a ela."

"Quem vive na opulência dispõe sua vida em conformidade com ela."

"O desejo da opulência pode também existir na pobreza. Ah, Irmão Francisco, e se nós escrevermos: Os irmãos não devem possuir nada de próprio, nem casa, nem cela, nenhuma coisa, como peregrinos neste mundo sirvam eles o Senhor em pobreza e humildade; se nós escrevermos que eles devem recolher esmola, com confiança e sem se envergonhar, que nisso consiste a nobreza da mais alta pobreza; que os irmãos devem sentir-se satisfeitos com roupas pobres e surradas e não devem levar nenhum dinheiro; se escrevermos que eles, por toda parte aonde chegarem, devem dizer: 'a paz esteja nesta casa'; que eles devem ser sempre alegres e humildes; se escrevermos que os irmãos não devem buscar ansiosamente a erudição, mas rezar pelos inimigos, isso não é seguir o Evangelho? Ele não contém tudo isso?" As mãos do cardeal estavam trêmulas; seu corpo todo tremia.

Francisco falou calmamente: "Deus me ditou a velha regra".

"O papa é o vigário de Cristo."

"Bendito seja o papa!"

"Escute-o, então!"

"O papa não nos pode recusar o Evangelho."

O cardeal ficou perplexo, desiludido, e exclamou: "Para mim, chega! Isso já está durando anos e uma hora deve acabar! Faça o que quiser, viva o Evangelho. Isso os hereges também afirmam, eles estão sempre falando do Evangelho. Não passará um ano e a sua fraternidade se tornará um ninho de heresias!"

Francisco respondeu: "Rezemos para que isso não aconteça".

"Ou você acredita ou não acredita na divina sabedoria da Igreja. Caso acredite, deve ouvi-la; caso contrário, aqui não é seu lugar. Quem não está comigo, está contra mim! A partir de agora, nós não temos mais nada para conversar."

Aí, Francisco se pôs a chorar e, soluçando como uma criança, perguntou: "Por que a Igreja não pode aceitar e aprovar a regra assim como Deus a ditou para mim?"

"Porque a Igreja, em sua sabedoria, faz a distinção entre a pessoa e a lei." O cardeal tomou as mãos de Francisco: "Irmão, é a mesma coisa, apenas está expresso de modo um pouco mais simples e prático. Irmão, você vai permitir que sua ordem pereça, por causa de uma opinião pessoal quanto à forma? Pense nos milhares de irmãos, ainda que estejam divididos! Não é verdade que todos entraram com boa vontade? Una-os, novamente! Pense nos irmãos que ainda entrarão depois que nós já estivermos mortos. Pense nos séculos futuros, seja você o sinal da reconciliação!"

O cardeal continuava segurando firme a mão de Francisco, e este, libertando-se dele, pôs-se de joelhos. Imóvel como uma estátua, lá estava ele, mantendo fechados os olhos doloridos. No íntimo de seu coração, continuava ouvindo a voz de Deus.

O cardeal, fixando nele seus pálidos olhos azuis, esperava sua resposta. Passou-se um bom tempo. Com mãos trêmulas ficou aguardando.

Que martírio para Francisco! Viu despedaçada a regra que, para ele e seus irmãos, era o livro de sua vida; a esperança de santificação; a medula do Evangelho; o caminho da cruz; a condição da perfeição; a chave do paraíso, e o antegozo da vida eterna. Por essa bela regra ele vivera e sofrera; por ela os demais se sentiram atraídos como as borboletas pela luz. Essa linda regra agora virou uma miscelânea. Ele estremeceu!

"Pela paz entre os irmãos", suplicou o cardeal. "Pela paz!"

Então, Francisco abriu os olhos e, erguendo os braços, exclamou: "Oh Senhor, perdoa minha fraqueza, eu faço isso apenas por causa de meus irmãos..." O cardeal foi para a escrivaninha e sublinhou com um grosso traço o refrão do Evangelho: *Em suas viagens pelo mundo, os irmãos não devem levar nada consigo...* Passou a mão pelos longos cabelos brancos e o suor escorria-lhe pelo rosto pálido.

12

A nova erva

Aprovada a regra, Francisco se retira para a montanha

Quando Francisco saiu de Roma, foi uma verdadeira fuga debaixo de tempestade e chuva. Passou a noite em algum lugar numa torre, no palácio de um cardeal. E lá foi tão atormentado e torturado pelos demônios e espíritos que só podia pensar que Deus os enviara para castigar seu orgulho. "Como", disse ele ao Irmão Leão, "posso eu estar morando junto aos cardeais enquanto meus irmãos vivem em pobres celas? Isso é um escândalo que deve acabar!

De agora em diante, uma vez que a regra está aprovada e cada irmão sabe como deve viver, minha única missão neste mundo é ser exemplo para todos. Ninguém deverá tornar-se infiel por minha causa. Eu quero ser um exemplo de autêntico irmão menor e não desejo mais nada a não ser Deus."

Durante mais de dois anos ele arrastou consigo o fardo da regra como se tivesse um tronco atado na perna. Seu coração parecia estar em trevas.

Finalmente a regra foi aprovada. Embora não tenha ficado como ele desejava, assim mesmo sentiu-se consolado. Os irmãos bons poderiam se edificar verdadeiramente nela e os maus fariam dela o que quisessem.

A Igreja estava salva! Sentiu-se livre, tranquilo e sua alma, como pássaro preso que reencontrara a liberdade, voltava a abrir as asas ao vento e ao sol. A cotovia novamente voejava pelos céus.

"Irmão Leão", falou ele: "agora vamos voltar para o eremitério, nosso ninho evangélico. De volta a Fontecolombo, vamos festejar o Natal na gruta de Greccio! Música!" E começaram a cantar.

Foram trotando pela lama e, embora encharcados, não se importavam com a chuva. Ajoelharam e, calmamente, fizeram sua oração. Francisco falou: "A alma também precisa ter seu alimento". O vento frio que vinha da montanha arrastava as túnicas que pingavam encharcadas pela chuva. As mãos e os pés pareciam barras de gelo. Subiram a montanha por entre as pedras. Lá no alto, o pico estava recoberto de neve fresca.

Em Greccio, Francisco vive o Natal no primeiro presépio

Na véspera da noite de Natal nevou muito. A pequena ermida de Greccio – algumas cabanas entrançadas de junco – estava situada no cume da montanha, num sombrio bosque de carvalhos. De lá, descortinava-se uma linda paisagem. Até onde a vista alcançava, bem longe mesmo, nada mais se via do que pedras uma ao lado da outra. Lá embaixo no vale, onde estava Greccio, corria um rio negro parecendo uma rachadura na neve e no lado oposto do vale ergue-se ao céu um mundo de pedras pontiagudas. Uma espessa camada de neve pura cobria tudo. O sol se punha como um mar de sangue.

Então anoiteceu e, lá no alto sobre a montanha, surgiam as grandes estrelas, que no silêncio e no frio pareciam ainda maiores.

Durante a noite, cá e lá, começaram a aparecer luzes que foram se multiplicando, sempre mais, e todas subiam montanha acima. Era o povo do vale que com fachos ou lanternas vinha ao eremitério para festejar a noite de Natal.

Francisco lhes havia preparado uma linda surpresa. No bosque dos carvalhos havia uma gruta e nela uma pequena manjedoura, onde, de um lado, estava, ao vivo, um boi branco com focinho róseo e chifres amarelos, e do outro lado, um burrinho ajoelhado, descansando. "O estábulo de Belém", disseram as crianças admiradas. Logo acima da gruta tinha sido preparado um altar para a celebração da missa.

Já se encontravam lá os irmãos, vindos das grutas e ermidas dos arredores. Foi permitido às crianças ficar na frente e, com os olhos arregalados, procuravam o Menino Jesus. As mães estavam comovidas. Os camponeses, de semblantes rudes e enrijecidos, com os olhos brilhando como pérolas, juntavam em oração suas mãos grandes e escurecidas. Todos tinham o olhar fixo na manjedoura, onde havia um pouco de palha.

Fazia um frio de rachar que queimava as orelhas e deixava escorrendo os narizinhos vermelhos das crianças. A luz das tochas colocadas nas fendas das paredes refletia nos seus rostos e cintilava nos olhos. Reinava um silêncio respeitoso à espera de algo muito lindo. Soou uma campainha e, de trás do altar, apareceu um irmão paramentado para a missa, ladeado por Francisco vestido de diácono.

Ao começar a santa missa, todos se ajoelharam. Francisco acompanhou as cerimônias sagradas com grande fervor e, de vez em quando, dava uma olhada para a manjedoura e sorria de felicidade. Na hora do Evangelho, tomou o livro sagrado e cantou o Evangelho da Noite de Natal: Deus, o Pobre, vai nascer numa estrebaria. A mais linda de todas as histórias que existem. As lágrimas brotaram dos olhos terrivelmente ulcerados. Então beijou o livro com todo fervor. Seu coração ardia em chamas. De braços abertos e suspirando, ele contemplava a manjedoura vazia. Como outrora em Belém, ele se sentiu envolvido por aquele momento sagrado. E, mais uma vez, teve a visão da Natividade. Sentia-se quase esmagado pela força do amor transbordante e enlevado de santa felicidade.

De fato, o Menino Jesus estava lá, ele podia vê-lo deitado na manjedoura, um ser feito luz. Apertou-o em seus braços, inclinou-se e com seus dedos magros acariciou sua face rosada, os cabelos dourados e encaracolados. Com todo o cuidado, tomou nos braços aquela criancinha de luz, aproximou-a bem perto do rosto, diante de seus olhos feridos. A criancinha alisava sua barba áspera e as faces encovadas e pálidas.

Um piedoso camponês, por uma graça maravilhosa, viu o Menino Jesus de verdade nos braços de Francisco. Os outros também o viram, não com os olhos, mas em espírito. Francisco o colocou cuidadosamente de volta na manjedoura e o contemplava de joelhos. Sorrindo de alegria, começou logo a conversar com Ele.

De vez em quando, ele se voltava para o povo sob os olhares admirados das crianças. Falava da beleza e da eterna bondade da criancinha. Deus que se tornou uma pobre criancinha! E com voz forte, suave, clara e bela, como contam os relatos, leu pausada e lentamente como se estivesse sendo acompanhado por uma harpa.

Cada palavra era uma estrela caindo com suave enlevo. A palavra Belém ele a pronunciava mais com o coração do que com a boca; soava como um tênue balido de uma ovelhinha.

E cada vez que pronunciava as palavras "Menino Jesus", a chama de seu amor corria-lhe pelo sangue chegando quase a desfalecer de tanta felicidade. Pronunciava a palavra prolongando-a e ela soava lenta e pura como o som do órgão e, em seguida, passava a língua sobre os lábios para saborear a doçura e a bênção que a palavra havia deixado. De vez em quando, durante a leitura, tomava de novo em suas mãos a invisível criancinha, abraçava-a, sorria-lhe, falava-lhe, cantava-lhe algo e a recolocava na manjedoura piedosamente e com todo o cuidado. O brilho das tochas iluminava os semblantes maravilhados das crianças e adultos e nos rostos escorriam lágrimas que brilhavam refletindo como que pequenas luzes.

Partilha o Natal com toda a natureza

No dia seguinte à Noite de Natal, o sol brilhava intensamente sobre a terra coberta de neve. No azul-claro do céu pairava, cá e lá, uma nuvenzinha rarefeita, como se, durante a noite, anjos impelidos pelo vento tivessem perdido algumas penas. Estando Francisco à beira da floresta olhando ao longe para o abismo, chamou o Irmão Leão que se aproximou: "Ovelhinha de Deus, venha e veja como a natureza está revestida de sua melhor aparência, quão linda se apresenta, para a glória de Deus! É a festa das festas. Hoje, Deus se tornou criança e foi alimentado pelo leite da mulher!" E beijou o Irmão Leão.

Uma porção de gralhas grasnava nas árvores: "Nossas irmãs, pretas como o breu, vêm pedir esmola. Vá correndo ao irmão cozinheiro buscar pão". Irmão Leão saiu correndo, levantando redemoinhos na neve. Enquanto isso, Francisco, fazendo gestos amplos e delicados, falava às gralhas sobre o querido Menino Jesus. O Irmão Leão trouxe correndo um pão inteiro e de longe gritou: "Pai Francisco, coloque o capuz na cabeça, pois a luz é muito forte e vai prejudicar seus olhos". Francisco obedeceu e começou a esmigalhar o pão enquanto o Irmão Leão aplainava a neve. As gralhas voejavam ao redor de sua cabeça e se lançavam ávidas sobre o alimento espalhado pelo chão. E vieram centenas de outras aves e mal se conseguia conversar por causa dos pardais.

Chegaram outros irmãos para apreciar o espetáculo. Então, Francisco exclamou: "Se um dia encontrasse o imperador, eu lhe pediria para promulgar uma ordem que cada um, na noite de natal, conforme a possibilidade lhe permitisse, espalhasse pelos caminhos muitas sementes como doação especial aos passarinhos. Ah, Irmão, neste dia os ricos deveriam convidar os pobres para uma lauta mesa, e os bois e burros receber maior quantidade de ração do que de costume". Os irmãos, à hora em que os sinos chamavam para a refeição, em agradecimento, começaram a cantar.

Enquanto comiam, conversavam sobre o Santo Natal. Francisco ficou escutando. Um irmão velhinho sabia contar histórias muito bonitas sobre o Natal e descrevia a pobreza de José e Maria. Eles não tinham prato, nem colher para comer, nem jarro para beber água...

Francisco, de repente, começou a soluçar. Levantou-se, pegou pão e queijo do prato e se assentou no chão. "O que houve?", perguntaram todos ao mesmo tempo.

"Não quero levar vida melhor do que a de José e Maria", disse ele. E todos se assentaram perto dele e começaram a comer com as mãos.

Francisco desceu ao vale para pregar aos camponeses. Voltou para casa subindo a montanha e passando pela floresta. O degelo violento durou alguns dias, mas com a neblina voltou o frio, e agora tudo está coberto pela geada, e esta produz um espetáculo sem igual nessas florestas! Todas as árvores, até os ramos mais delicados, se cobriram de branco de cima a baixo parecendo de porcelana. Onde a neve havia derretido, restaram as ervas secas e os milhões de tenros brotos brancos, frágeis, maravilhosos como flores de cristal nas vidraças das janelas. Eles enfeitavam a mata.

Com todo respeito e cuidado, levantava o hábito para não estragar nada dessa terna beleza. E, diante disso, pôs-se a cantar. Durante os dois meses que lá permaneceu, sentiu-se feliz. A solidão e a natureza selvagem e, lá embaixo no vale, os camponeses simples que se satisfaziam com pão e leite de cabra, eram seus irmãos no Senhor: gente despretensiosa e coisas simples.

Dia após dia, Francisco cresce no amor de Deus

O amor e a alegria espiritual voltaram a jorrar livres e espontâneos. É a alegria do espírito que aplaude e admira a obra do Senhor em todas as coisas; tudo ama por amor a Deus, que desabrocha em seu interior. Ele o experimenta em si mesmo, muito intensamente, como uma tempestade que se aproxima, mas uma tempestade de felicidade. Os raios sagrados estavam iminentes. Sentia que algo de admirável beleza, envolto em luz e trevas, estava na iminência de lhe acontecer. Quem sabe, a morte? Ou então o que seria?

Dia após dia aguardava. Na maior parte do tempo, andava sozinho e permanentemente mergulhado na oração. Vivia em outro mundo. As coisas ao seu redor pareciam-lhe distantes. Ele apenas contemplava nelas o espírito de Deus. A contragosto consentia em comer e dormir. Era mais espírito do que corpo. Embora sentisse esse corpo transpassado pela dor, ele a sufocava. Em sua transbordante santidade, nada fazia para aliviá-la e, além disso, usava um tronco de madeira como travesseiro. Esquecia o próprio corpo, e erguia o hábito para não estragar os tenros brotos das plantinhas. Seus irmãos também observavam que ele estava, cada vez mais, se consumindo e distanciando deste mundo. De vez em quando, o encontravam em oração pairando no ar cercado de seres radiantes de luz. Era considerado e tratado como a um anjo.

Nesse estado, voltava a refletir no Menino Jesus e em Jesus na cruz. Inebriado, volta e meia exclamava: "Jesus, Jesus!" O eco pela floresta iluminada lhe devolvia as palavras.

Sentia-se intensamente arrebatado pelas dores de Cristo na cruz. "A cruz! A cruz!", exclamava. Tudo se concentrava nela. Como poderia satisfazer essa saudade ardente? Queria dizer coisas lindas, mas encontrava apenas ridículas palavras; queria cantar, mas não tinha voz; desejava dançar, mas mal e mal podia manter-se de pé. Ah, se ao menos por um instante seu coração pudesse transbordar repleto de música! Poder tocar num órgão que tivesse como tubos os majestosos rochedos pontiagudos, para fazer estremecer o mundo todo, até as maiores profundezas! Jesus! Jesus! A cruz! A cruz! Música! Música!

De repente, pegou um pedaço de pau, o partiu em dois nos joelhos, segurou um pedaço debaixo do queixo e deslizava sobre ele com o outro pedaço: fez um violino com dois paus e, no entanto, nele ouvia música. Balançava o corpo de cá para lá e tocava como um virtuose, lá na floresta clara onde não se ouvia mais nada do que o roçar de um pedaço de pau sobre o outro.

Mas ele ouvia a canção de seu coração; a canção dos irmãos; a canção da humanidade; a canção de ação de graças e da saudade que, em meio aos pecados e às trevas, imperceptivelmente subia até Deus, até o Cristo ensanguentado na cruz.

Assim, continuando a tocar, caminhava lentamente, balançava o tronco da direita para a esquerda. Deu uma parada, espreguiçou-se, e novamente seguiu caminho. Chorando, olhava para o céu, e seus olhos avermelhados derramavam lágrimas. O céu se abriu e uma cascata de anjos se precipitou ao seu redor para ouvi-lo.

Mais uma vez o inverno se foi e ficou esquecido. A grama fresca brotou do chão e por entre as frestas das rochas. As cascatas murmuravam. Pelos ares, os patos selvagens voavam em forma de cunha e também as cotovias cantavam, subindo e descendo. Pareciam tecer, juntando o céu com a terra. Os brotos das árvores aguardavam por uma noite quente para abrir seus verdes corações. Tudo indicava que os tempos felizes estavam voltando.

Na convivência, Francisco delineia a vida fraterna e admoesta

Mas, ao cair da noite esfriou rapidamente. Francisco tremia de frio. Sentaram-se então perto de uma pequena fogueira para, por algum tempo, comer e conversar sobre coisas celestiais. Francisco ficava com os olhos fechados por causa do forte brilho do fogo.

Fez-se silêncio entre esses doze homens. Ouvia-se o crepitar do fogo e, lá fora, o vento primaveril sussurrava nas árvores. Não se ouvia uma palavra. Fazia tempo que eles não sabiam mais o que dizer, quando Francisco estava entre eles. Sua alma também havia se distanciado muito deles. Permaneciam calados e olhavam com muito respeito para seu semblante carregado de sofrimento e de alegria. Tinham ouvido falar da pretensão dos irmãos que estudaram em Paris e Bolonha; de Elias que não queria viver conforme a nova regra e sobre a construção de lindos conventos e grandes igrejas.

Eles não ousavam falar sobre essas coisas, embora quisessem ouvir sua opinião para fortalecer seu modo de vida evangélico. Como Francisco adivinhasse seus pensamentos, disse, de repente: "O perfeito irmão menor deve permanecer fiel à pobreza como Bernardo, ser cortês e amável como Ângelo, esperto e serviçal como Masseo, deve ter seus pensamentos elevados para o alto como o Irmão Egídio, e sua oração deve parecer-se com a do Irmão Rufino, que reza continuamente, quer esteja acordado quer dormindo, pois seu coração está sempre em Deus. Deve ser paciente como o Irmão Junípero, forte de corpo e alma como João, caridoso como Rogério e desapegado de qualquer lugar como Lucídio, pois nossa morada é no céu e o verdadeiro irmão menor deve..."

Francisco se deteve e pediu ao Irmão Leão: "Vá, por favor, lá fora e veja se está chovendo".

Francisco, que nunca se preocupava com o tempo, de repente queria saber se estava chovendo. Todos se admiraram com isso, mas Irmão Leão, com sua barba branca e rala, saiu para verificar. Nesse meio-tempo, Francisco completou rapidamente: "Um verdadeiro irmão menor deve ter um coração puro e simples como o Irmão Leão".

Leão voltou e informou que não estava chovendo.

Francisco, então, fez o maior elogio ao Irmão Antônio, esta abelha sagrada, e à condessa Elizabeth da Hungria que vivia uma vida de uma irmã menor em seu castelo, na Alemanha.

Bateram na porta, e um noviço foi abrir. Entraram dois irmãos que, no ano anterior, saíram desse convento e foram para a Espanha. Houve um alegre reencontro.

Colocaram mais um pedaço de lenha no fogo e, os dois, com pão e manteiga na mão, contaram sobre a beleza da vida que os irmão levavam lá na Espanha; como viviam na total pobreza, morando em cabanas feitas de palha; como se revezavam no trabalho enquanto os outros rezavam, e contavam muito mais exemplos despretensiosos e de simplicidade.

Com isso, Francisco se comoveu de tal forma que saiu e traçou uma grande cruz na direção da Espanha para abençoar seus irmãos distantes. Voltou para perto do fogo para continuar ouvindo; mas, de repente, ninguém soube como, pegou fogo em seu hábito.

Todos se levantaram e quiseram apagá-lo. Gritaram: "Água, água".

Ele permaneceu tranquilamente sentado. "Não", defendeu-se ele, "deixem o irmão Fogo." As chamas começaram a subir e ele sorria para o fogo.

Mas, no desespero, um dos irmãos atirou sobre suas pernas o manto e apagou as chamas. "Que pena", disse Francisco olhando para a parte queimada. "Por que você roubou a presa de nosso irmão Fogo?"

Os irmãos, por respeito, ficaram sem palavras. Para eles Francisco já não era mais um homem, antes um anjo, um outro Jesus. Em silêncio, assentaram-se em volta do fogo. Francisco lançou um olhar sobre ele e sorriu. Calmamente, colocou o capuz sobre a cabeça. Os irmãos, fazendo sinal de silêncio, saíram na ponta dos pés.

O Irmão Leão sussurrou a um dos irmãos que tinha voltado da Espanha: "Agora ele está rezando! Deus está com ele".

Não ousavam atrapalhar tal mistério com sua presença.

Chegou a Páscoa. Essa festa deveria ser celebrada. Eles tomaram emprestada do prefeito uma linda toalha de mesa. O convento ficou parecendo casa de gente rica. E a comida! Sopa com bastante gordura! Mas o lugar de Francisco continuava vazio.

Bateram na porta. Estava lá fora um peregrino velho e encurvado, com um cajado na mão, um manto empoeirado, e de chapéu grande na cabeça. Sua voz soou trêmula: "Um pobre peregrino e doente pede uma esmola pelo amor de Deus".

Os irmãos se entreolharam, conheciam esta voz, mas ninguém ousou dizer quem ele era. "Entre", disse o guardião embaraçado, e lhe indicou o lugar de Francisco.

O peregrino entrou, mas em vez de sentar-se na cadeira, apanhou o prato e o pão e foi sentar-se no chão. Ninguém conseguiu comer coisa alguma.

Ele limpou o prato sossegado e o entregou ao irmão que aguardava junto à mesa. Ele o recebeu e disse: "Obrigado, Pai Francisco". O peregrino era Francisco. Então, ele tirou o chapéu e com tristeza se queixou: "Pelo menos aqui estou sentado como um irmão menor. Enquanto eu via diante de mim a linda mesa coberta, não podia imaginar que estava vivendo junto aos pobres irmãos menores que precisam mendigar de porta em porta para sobreviver".

Nisso, um dos irmãos começou a soluçar e do outro lado as muitas lágrimas de outro acabaram caindo na sopa.

A um sinal rápido e significativo do guardião, foram retirados os copos de cristal e os pratos de porcelana. Outro irmão levantou a toalha de linho e colocou seu pão sobre a madeira lisa e branca da mesa.

13
O espelho de Deus

A busca de solidão no alto do Monte Alverne

Dominada pelo desejo de Deus, sua alma clamava pelo Senhor. Seu coração almejava ansiosamente pelo Monte Alverne para entregar-se à oração. No mês de agosto, quando o trigo já se inclinava com o peso das espigas, pôs-se a caminho, com o Irmão Leão, para passar lá o jejum de São Miguel. No caminho, juntaram-se a eles Ângelo, Masseo, Silvestre, Rufino e Bonício. Assim, os sete atravessaram a região. Francisco não conseguia mais andar.

Então, pediram a um camponês se poderia levar o Pai Francisco, em seu burrinho, até o Alverne.

"Francisco de Assis?", perguntou o camponês.

"Sim", responderam.

O camponês foi correndo até ele.

"Você é Francisco de Assis?", perguntou-lhe.

"Sou eu", respondeu Francisco.

Então, o homem, com lágrimas nos olhos, disse: "Cuide, pois, para que seja tão bom como afirmam que você é, porque muitos colocaram em você sua confiança. Eu também lhe peço para que não faça nada que venha frustrar nossa confiança e esperança".

Os irmãos tremiam de raiva, mas Francisco se ajoelhou e beijou os pés do camponês e lhe disse: "Obrigado, por essa advertência!" O camponês os acompanhou, conduzindo o burrinho no qual Francisco estava montado e ia rezando...

Finalmente alcançaram o cume do monte a mil metros de altitude. Bateram à porta do pequenino convento. A porta abriu por si, não havia ninguém. Reinava silêncio! No entanto, por trás das árvores ressoava uma voz grave e forte como de um trombone e apareceu uma figura reforçada caminhando curvada sob o peso de uma sacola de couro com água. Era o Irmão Ovelha! Parecia-se com São Cristóvão, de cabelos compridos e uma barba que quase lhe encobria os olhos. Deixando cair o saco, deu uma risada e ajoelhou-se diante de Francisco. Quando ouviu que eles queriam passar o jejum de São Miguel aí, riu mais alto ainda, parecendo o relinchar de um cavalo. Tendo beijado a orla desfiada do hábito de seu venerado mestre, levantou-se rápido e exclamou: "Vamos beber! E eu vou lavar-lhes os pés!"

Beberam da água fresca que havia buscado a mil metros lá embaixo, e numa gamela ele lavou os pés dos irmãos cansados. Esse homenzarrão que se alimentava de gralhas e peixes crus e poderia, com um tapa, derrubar os sete e despachar um urso com um cacete, tornou-se humilde como um servo e dócil como um cachorrinho. Era ele o guarda e zelador do Monte Alverne. Sentia-se muito contente quando, vez por outra, chegava um irmão para celebrar a missa e lhe falar de Francisco. E então chorou.

Vivia na solidão como um animal selvagem. Depois de longo tempo de silêncio, para ouvir algo, começava a cantar ou a imitar o uivo dos lobos ou dos animais selvagens ou tocava o sino da capela durante meio dia. Morava lá no alto e esse era o jeito de se mostrar forte, bom e imponente. Era um lobo com alma de criança. Se encontrasse alguém que falasse mal ou desprezasse Francisco, estava pronto a quebrar-lhe a cara. Queria encontrar-se com o diabo para acabar com ele, mas esse prazer não o teve.

Com orgulho, mostrou para Francisco como mantinha limpo e em ordem o conventinho e como as cabanas, debaixo das tílias, estavam em boas condições. Francisco alisou-lhe os longos cabelos e o homenzarrão suspirou de felicidade.

O bondoso camponês deixou seu burrinho lá e voltou para casa. O animal lhe seria devolvido mais tarde.

Os irmãos cansados, mas alegres, contemplavam o pôr do sol ao longe. Francisco ergueu-se e disse: "Senhor, fica conosco, pois a noite está chegando". E eles começaram a rezar. O sol se pôs numa mistura de nuvens vermelhas e douradas. O céu, bem como toda a terra, tingiu-se de um vermelho dourado! As profundezas infinitas, as planícies com seus rios, florestas, aldeias, cidades e castelos se iluminaram de vermelho dourado. E lá atrás, como torres colossais, erguem-se brilhantes os alvos cumes dos Apeninos. Os próprios irmãos ali sentados estavam envolvidos numa claridade avermelhada.

Todos, até o Irmão Ovelha, sentem-se felizes; uma bênção pousou sobre eles. E o Irmão Ovelha suspirava: "Aqui no alto estamos mais perto de Deus". Francisco permanecia imóvel como uma estátua. Contemplava sua terra em seu pleno esplendor, tudo envolto em luz.

Lá, bem distante, estavam as cidades, as aldeias e o casario por onde havia passado pregando. Moravam lá as pessoas cujas almas eram como estrelas em seus corpos. Quantas delas ele não trouxe para a luz! Ao mesmo tempo em que agradecia a Deus por isso, sofria por aqueles que ainda viviam nas trevas, envoltos pelo pecado e na confusão. Pensava também naqueles irmãos que não conseguiam se consagrar inteiramente ao Senhor.

"Deus, tenha misericórdia daqueles que me seguem", falou consigo mesmo.

O céu dourado esvaeceu. Lá embaixo, a planície voltou ao azul. Somente os Apeninos ainda tinham algum brilho. Lá ao longe, na distância, apareceu uma luz.

"Senhor, permanece conosco, pois a noite está chegando!"

Então, erguendo as mãos na direção de Assis, pensou em sua mãe. Em seguida, falou com voz trêmula: "Irmãos, não vou viver mais por muito tempo. Minha hora já chegou. Por isso, eu preciso ficar sozinho para me entregar a Deus e chorar pelos meus pecados. O Irmão Leão de vez em quando vai me trazer um pouco de água. Mas ele não deve deixar ninguém chegar até mim. O Irmão Masseo vai cuidar, durante esse tempo, para que aqui se continue rezando com assiduidade. Enquanto os irmãos se ajoelhavam, Francisco levantou os braços para o céu e os abençoou. Colocando o capuz na cabeça, dirigiu-se para a cabana debaixo das tílias.

Os irmãos tremiam de medo e se uniram num grupo fechado.

Cada vez que o Irmão Leão levava a comida para Francisco, os irmãos o cercavam com olhares de muitas interrogações.

"Beleza, beleza", sussurrava ele. "Ele está bem, de joelhos, cercado por uma claridade celestial, e fala alto para si mesmo, mas não ouso ouvir nada. Esforço-me para não ouvir. Ele fica tão absorto em sua oração que nem me escuta."

Certa noite, o Irmão Ovelhinha levantou-se e, sem fazer barulho, enfiou a cabeça pela porta entreaberta, para ao menos ver a luz e ouvir a voz. Fez isso, não por curiosidade, mas movido pela felicidade, respeito e amor. Obediente, não ousou sair. Não viu nem ouviu nada. O vento da noite agitava sua barba. Nessa expectativa, o coração pulsava na garganta. Permaneceu assim a noite toda, até o cume dos Apeninos começar a brilhar no clarão do amanhecer. Então, voltou rapidamente.

No dia seguinte, Dia da Assunção de Nossa Senhora, quando o Irmão Leão lhe trouxe a comida, Francisco mandou que permanecesse à entrada da capela e lhe disse: "Cada vez que eu chamar: 'Ovelhinha de Deus, você está me ouvindo?', você deverá responder o mais alto que puder: 'Sim, eu o estou ouvindo!'"

Francisco embrenhou-se mato adentro e, voltando-se, chamou: "Ovelhinha de Deus, você está me ouvindo?"

"Sim, pai, o estou ouvido", ecoou de longe por entre as árvores.

Francisco foi montanha acima indo mais longe, por entre as pedras, e gritou. A resposta veio fraca como um gemido. Francisco foi ainda mais longe precisando arrastar-se com dificuldade por entre os arbustos e, de repente, se viu diante de uma fenda na rocha com uns três metros de largura por cem de profundidade. Lá não chegava mais nenhuma resposta.

Ele decidiu: "É do outro lado desta fenda que vou morar".

Sozinho e isolado Francisco inicia o retiro de São Miguel

Voltou para a capela e falou aos irmãos que estavam ajoelhados: "Depois de amanhã começa o jejum de São Miguel. Pretendo passar esse tempo num lugar o mais possível afastado para que ninguém, com certeza, possa me ouvir nem ver. O lugar que escolhi fica do outro lado do precipício. Vamos levar para isso uma viga ou um tronco para colocar como ponte sobre o abismo, e madeira e ramos para construir uma cabana.

O Irmão Ovelhinha ficou arrasado. Pensou: "É por minha culpa. Ele sabe que nesta noite eu o vi e ouvi". E então, começou a fazer de tudo para consertar a situação.

Trouxe sozinho a viga, e que viga! Quase foi esmagado pelo peso. As veias de sua fronte ficaram sobressaltadas e olhava suplicante para Francisco, como querendo dizer: "Veja só o que posso fazer por você, e como eu o amo!"

O tronco foi colocado sobre o precipício e ficou meio inclinado, porque o outro lado era um pouco mais alto. Do outro lado não havia muito espaço e a rocha caía logo verticalmente para as profundezas, formando um novo abismo, de tal sorte que Francisco estava como que numa ilha. Lá, havia alguns carvalhos e, debaixo deles, foi construída a cabana. Quando, ao cair da tarde, graças ao empenho do Irmão Ovelhinha, tudo estava pronto, Francisco falou aos irmãos: "Agora, podem voltar. Ninguém está autorizado a vir até aqui. Apenas o Irmão Leão, uma vez por dia, exatamente na hora das matinas; vai me trazer, em silêncio, um pouco de água e pão. Irmão Leão, você mesmo colocará a comida diante da ponte e clamará: "Senhor, abri os meus lábios!" E se eu responder: "Para anunciar vosso louvor", – então você atravessará a ponte, para que juntos rezemos a oração da manhã. E se eu não responder, então vá embora rapidamente". E os abençoou.

Tendo eles se retirado, ajoelhou-se e sussurrou: "Senhor, estou pronto".

Mas aí, o diabo entra em cena e semeia a angústia na oração de Francisco. Cochichava continuamente em seus ouvidos: "Elias! Elias! A casa em Bolonha! Os irmãos nas universidades, conventos lindos e igrejas magníficas! Pobre tolo! O que restou de sua Dama Pobreza? Você sempre quis apenas correr atrás de fantasmas: cavaleiro, poeta, barão, trovador, santo! Cá entre nós, reconheça: você é um tolo nato. Mas soube apresentar para as pessoas sua tolice como algo bom. Isso não teria sido ruim, mas quantos você não levou, com suas lamúrias, à confusão e ao pecado. Disso você deve se penitenciar. O papa vai amaldiçoá-lo, seu nome será maldito. Sua ordem vai acabar, já está em ruínas. Você se convenceu de que Deus está com ela, onde estão as provas? Elias tem as provas! Deus deixou sua ordem e tem razão".

O suor brotava-lhe por todos os poros e não cessava de clamar: "Jesus é minha esperança! Jesus é minha esperança!"

Então, voltaram as dores com toda intensidade. Ele começou a se lamentar. Por causa do medo e da dor, todos os músculos se contraíam convulsivamente. Isso durou muitos dias.

Certo dia, quando o Irmão Leão veio até ele, atendendo a um chamado de Francisco, este se agarrou ao pescoço do irmão e chorou: "Ah! Se você soubesse como o diabo me atormenta, os irmãos certamente teriam compaixão de mim".

Enquanto o Irmão Leão lhe enxugava o suor da fronte, falou: "Se eu pensar nas dores de Nosso Senhor, minhas dores se tornam uma picada de pulga. E quando as tentações desaparecem, graças à paciência e oração, então vivo experiências maravilhosas, Irmão Leão! Nesse momento o céu vem até mim. Anteontem, após ter vencido uma forte tentação, de repente, apareceu diante de mim uma figura luminosa trazendo um violino. Um anjo falou-me: "Nós tocamos assim no céu", e, deslizando o arco brilhante como um raio de sol sobre as ardentes cordas, produziu um som de beleza sobre-humana que parecia conter toda beleza dos céus. Minha alma repleta de tanta felicidade parecia desprender-se do corpo anestesiado. Se o anjo tocasse só mais uma vez as cordas, a alma se libertaria totalmente da terra e se elevaria aos céus. Logo que voltei à consciência, gritei: "Agora quero suportar com paciência todas as dores e sofrimentos. Volto a dizer: estou pronto para tudo. Se agora, que ainda sou um ser de carne e osso, experimento tamanha felicidade, como não há de ser maravilhoso quando minha alma tiver deixado esta miserável casca?"

Acariciou um falcão, um novo amigo encontrado lá, o qual com seu grito o acordava para as matinas. "Irmão falcão", disse ele, e a ave, como para agradar, ergueu sua cabeça forte e bonita.

"Escute, irmão falcão", e começou a cantar muito suavemente: "*Te Deum laudamus*". Irmão Leão se juntou a ele, e o irmão falcão abriu as asas em sinal de veneração.

Em êxtase recebe em seu corpo os estigmas do Crucificado

Irmão Leão, na luz do luar, chegou até a ponte e chamou; como sempre, não recebeu resposta, mas, de súbito, teve um estranho pressentimento: Talvez Francisco estivesse morto! Depois de hesitar por algum tempo, levado por uma santa intenção, atravessou cauteloso pela viga. Era uma clara noite de luar e nenhuma folha se movia.

Quis dar uma olhada na cabana quando, de repente, notou Francisco que estava do lado, de joelhos, com o rosto e os braços para o alto, e ouviu sua voz abafada: "Quem sois vós, ó meu amantíssimo Deus, e quem sou eu, um desprezível verme, um servo inútil!" O luar clareava diretamente seu rosto. Suas faces pareciam duas covas escuras. Irmão Leão, comovido, se deteve perto de uma árvore.

Subitamente, apareceu uma enorme chama sobre a cabeça de Francisco e, dessa chama, saía uma voz que Leão não conseguia entender. Tremia e sentiu vergonha por presenciar um acontecimento tão sagrado. Delicadamente, foi voltando, sem tirar os olhos da aparição, mas pisou em um galho seco que estalou.

Francisco levantou-se. "Em nome de Jesus, quem é você", perguntou irritado. "Fique onde está, e não se mexa."

Francisco aproximou-se. Irmão Leão, tremendo de medo, se encolheu e encobriu o rosto com as mãos. Francisco parou diante dele: "Quem é você?" Então, Irmão Leão se levantou e chorando pediu perdão, esclarecendo o que tinha feito. Francisco segurou sua mão trêmula. "Leão, eu estava absorvido pela luz da contemplação e nela via a infinita profundidade da beleza divina e minha própria indignidade." Francisco tomou em seus braços a ovelhinha de Deus. "Eu não sei", afirmou. "Mas estou pressentindo que, neste monte, Deus me tem reservado tão grandes coisas que jamais aconteceram a alguma viva criatura. Vai à capela e toma o Evangelho, nele Deus há de me mostrar o que devo fazer." Leão trouxe o livro e, sob a luz do luar, o abriu às cegas: – a Paixão de Cristo. Uma segunda vez e, de novo, a Paixão de Cristo e pela terceira vez o mesmo texto.

"Agora sei", confirmou Francisco empalidecendo, enquanto um suor frio corria-lhe pelo rosto. E, de olhos fechados, falou: "Torna-me, antes de morrer, semelhante a Ele nas dores e sofrimentos! Deus tenha piedade de mim!"

O Irmão Leão, com o coração angustiado, afastou-se com o Livro dos Evangelhos debaixo do braço.

"Oh meu Deus, Jesus Cristo, meu Salvador crucificado, hoje vos peço duas coisas, antes de morrer: que nesta minha curta vida possa experimentar, em meu corpo e na alma, vossas dores e vosso amor." Ajoelhou-se, fora da cabana. Sua oração vibrava no silêncio da noite. A manhã estava chegando. Sob o céu coberto de estrelas claras, fazia um frio cortante. Sua oração transformara-se num desejo ardente. E então, ao raiar da aurora no horizonte, completou-se o grande desejo de sua vida. De repente, uma luz maravilhosa! O céu pareceu abrir-se e derramar seu esplendor por milhares de cascatas de luz. No centro desse turbilhão de claridade havia um núcleo de luz ofuscante que, das profundezas dos abismos celestiais, se aproximou com tremenda rapidez e, de repente, parou diante dele no alto de um rochedo. Era uma visão alada de fogo pregada a uma cruz incandescente. Duas asas de fogo apareciam verticalmente, duas se estendiam horizontalmente e duas cobriam o corpo. As chagas das mãos, dos pés e do coração irradiavam sangue flamejante. A face irradiante desse ser era de uma beleza e dor sobrenaturais.

Era a face de Jesus. E Jesus falou.

Subitamente, fulminaram raios de fogo e sangue das chagas, e cravos atravessaram as mãos e os pés de Francisco, e um golpe de lança perfurou seu lado. Um grito lancinante, nascido da felicidade e da dor, cortou os ares e a imagem ardente, com todo seu amor, toda beleza e todo seu sofrimento, ficou impressa no corpo de Francisco, como num espelho, e desapareceu. Um novo grito encheu os ares. Então, com o corpo ferido e trespassado, mas com alma ardente, Francisco desfaleceu em sangue.

14
As chagas que cantam

Despede-se do Alverne e o povo já festeja o santo

"Vivam em paz, meus amados irmãos, adeus! Meu corpo está partindo, mas meu coração permanece aqui. Adeus a todos e também a você, monte maravilhoso; bom e santo monte, adeus! Adeus árvores, ervas, rochas e aves, em especial, entre todos, irmão falcão, meu despertador e meu amigo, adeus! Adeus, pedra diante da qual rezei; adeus, capelinha! E a vós, ó Mãe de Deus, recomendo os irmãos e o monte. Não os tornarei a ver!"

Montou no burrinho tendo as mãos e os pés enrolados com toalhas que se embebiam com o sangue. Que alegria celestial, que santa candura lhe causavam essas chagas, mas também quantas dores desumanas!

Abençoou os irmãos. Então, o Irmão Leão foi conduzindo o burrinho. Mas em lugar de descer, foram subindo de um topo ao outro do monte. Era como se Francisco não conseguisse se separar das alturas, destas santas alturas. E os irmãos, que precisavam permanecer onde estavam, sentiram-se como que atraídos e o seguiram numa distância de um tiro de flecha.

Quando, ao anoitecer, chegaram lá embaixo, Francisco apeou do burrinho e, apesar de muita dor, atirou-se de joelhos e, voltando-se para o monte, clamou:

"Deus te abençoe, santo monte no qual Deus se revelou a mim! Deus te abençoe!" Mal se tinham distanciado uma hora do Monte Alverne, e o impetuoso Irmão Ovelhinha já havia espalhado o milagre das chagas na aldeia mais próxima do vale. A partir de então, a notícia correu como o fogo por todos os caminhos. Houve um cortejo triunfal jamais visto! Repicaram os sinos e o povo aglomerava-se para poder tocar a roupa de Francisco.

"O santo! O santo!"

As mães traziam para junto dele seus filhinhos. O povo acorria de todas as partes. Doentes, aleijados e cegos faziam filas pelos caminhos, e dava a impressão de terem sido esvaziados todos os hospitais da redondeza. Contudo, Francisco nada percebia. Seu espírito estava cada vez mais voltado para o interior, em êxtase celestial repleto de felicidade e sofrimento.

Há muito tempo, haviam passado pelos festejos de Sansepolcro e, então, ele perguntou: "Quando chegaremos a Sansepolcro?" Embora as dores o acompanhassem o tempo todo, vivia ensimesmado. Por causa das dores, permaneceram durante um mês numa pequena aldeia nas montanhas. Em seguida, foram apanhados por uma nevasca e não puderam ir adiante.

Já eram meados de novembro quando chegaram à Porciúncula, onde toda a Assis o esperava. Comentava-se por toda parte: "Um outro Jesus!" Ele era pele e osso; mas, de seus olhos fundos, cheios de feridas e tarjados de preto, brotava um doce reflexo de bondade e amor que fazia as pessoas se ajoelhar e chorar. O pai e a mãe vieram visitar o filho deitado numa cama de folhas secas.

Certa noite, os irmãos estavam assentados junto com Francisco ao redor do fogo. Elias e Leão estavam perto dele e Leão falava das chagas. Sob a luz das chamas, podia-se ver as lágrimas correr pelas faces dos irmãos. Francisco escondia suas chagas; mas, sob seus pés, formava-se uma pequena poça de sangue.

Elias acompanhava imponente o relato de Leão e seus grandes olhos contemplavam o futuro. "Isso será bom para a ordem", pensava ele, "assim ela conquistará o mundo mais facilmente." Ele apenas enxergava o brilho e a fama exterior da fraternidade.

Irmão Bernardo e muitos outros da primeira hora também apareceram. Ao receberem a notícia, ficaram abalados e deixaram logo o convento ou a gruta onde estavam. Fizeram-se presentes, cheios de felicidade e devoção. Quando o Irmão Leão terminou seu relato, os irmãos permaneceram sentados, de mãos dadas, e envolvidos pela celestial beleza do milagre. Então, o Irmão Elias, com Francisco em seus braços, disse-lhe: "Agora descanse, Irmão, você deve descansar bem, durante todo o inverno".

Francisco reagiu violentamente. "Não!", exclamou levantando as mãos envolvidas nos panos ensanguentados. "Não! Nada de descanso! É agora que o trabalho deve começar! Ainda não foi feito nada. Temos uma grande tarefa pela frente! Quero pregar, cuidar dos leprosos, ser desprezado pelo mundo."

O Irmão Junípero, que não conseguia suportar o Irmão Elias, olhou para ele com um sorriso de vencedor, como querendo dizer: "Este é alguém bem diferente de você!" E como se Elias tivesse entendido o recado, deu de ombros com desdém.

A simplicidade de Frei Junípero

Foi duro o inverno e era pesado o trabalho para Francisco: montado num burrinho, acompanhado por Leão e, às vezes, por Elias, andava de aldeia em aldeia pregando e não se deixava abater pelo vento ou pelo mau tempo. De vez em quando, visitava três aldeias num dia. Não conseguia mais andar, pois os cravos das chagas da planta dos pés ficaram salientes. Constantemente, sentia dores terríveis, mas através de todas as dores ardia a chama de seu amor por Jesus, e desejava que todos participassem delas. De tempo em tempo, visitava Clara e suas irmãs e conseguia rir dos disparates do Irmão Junípero...

Este havia estado em Roma. Soube-se que estava chegando. A fama de sua simplicidade se espalhou tanto que uma grande multidão foi ao seu encontro para recebê-lo festivamente. Quando ele percebeu isso teve vontade de sumir, mas sentiu-se cercado pela multidão. Foi então que viu crianças se balançando numa tábua colocada sobre o tronco de uma árvore. Chegou até elas e perguntou-lhes: "Posso brincar com vocês?" Elas concordaram. Sentou-se numa das pontas e sete crianças na outra para estabelecer o equilíbrio, e assim se balançaram alegremente. Ele ria e gritava.

O povo ficou confuso.

"Este é o santo Irmão Junípero, o melhor amigo de Francisco?"

"Este é um idiota!"

"Ele não é sério!"

"Vejam, ele está se balançando! Sinto-me envergonhado por ele!"

"Vou para casa."

" Eu também. Eu também!"

E quando o pessoal se retirou, Junípero continuou seu caminho.

"Isso mesmo", disse Francisco sorrindo. "Bem-feito!"

O fervor de Francisco aumentava dia a dia; contudo, a perda de sangue o enfraquecia muito. Ao terminar o inverno, lá estava ele, em sua cabana, sem forças, cansado e quase cego. Irmão Leão precisava colocar debaixo de seu nariz as primeiras violetas para que Francisco sentisse sua fragrância, pois mal e mal as enxergava. Tinha uma úlcera no estômago e por toda parte estava coberto de feridas e com cheiro de sangue.

"Eu deveria estar morto há tempo", dizia ele. "Um dia, Elias sonhou que eu estava com ele no monte e que um padre vestido de branco lhe anunciara que eu teria apenas mais dois anos de vida. Eu sempre pensei que ele havia tomado dois anos por um, mas de fato deverão ser dois anos. Que pena – eu já o teria conseguido."

Frei Elias dedica-se a Francisco enfermo

Diziam que Elias conseguia fazer ouro, pois era um alquimista e tinha aprendido com os árabes. Contava-se até que ele era um mágico. Pode-se dizer de Elias o que se quiser, mas ele ama Francisco e quer recuperar sua saúde. Deseja isso e não descansa. Para que pudesse dispor de bons médicos, ele escreveu ao cardeal que passa o verão em Rieti, junto com o papa.

Elias queria que Francisco os procurasse, mas Francisco lhe respondeu: "Se Deus me enviou o sofrimento que lhe pedi, seria descortês eu querer eliminá-lo".

Mas, depois de uma noite cheia de sofrimento, Elias se levantou da cama e falou com voz de trompete: "Em nome da santa obediência, eu vos ordeno que se sejais levado para Rieti".

Francisco gemeu: "Em nome da santa obediência, irei até Rieti".

Logo na manhã seguinte, ele com o Irmão Leão e alguns outros se puseram a caminho. Um burrinho forte o carregava; mas, a cada passo, Francisco gritava de dor. Por isso, andavam devagar, e a cada dez passos faziam uma parada de descanso. Assim, só chegaram a São Damião depois do meio-dia, embora ficasse a uma hora de distância. E Francisco pediu: "Aqui, vamos descansar um pouco, e cumprimentar o anjo Clara, pois só Deus sabe se hei de vê-la novamente..."

Depois de um mês, ele ainda estava lá. Ficou deitado numa cabana de palha, que a própria Clara havia construído dentro da horta, atrás da capelinha. Havia lá muitas flores e altos ciprestes. Tinha-se uma linda vista para o magnífico vale.

Lá era tão agradável, bonito e silencioso, que parecia um eterno domingo, menos durante a noite. Aí reinava um barulho infernal de ratos e camundongos que chiavam, gritavam, corriam sobre seu corpo, farejando as chagas, subindo pelas paredes de palha e caindo de cima do teto sobre seu rosto. Havia também mosquitos, traças e moscas que picavam, e um ar abafado de trovoada.

Além disso, não permitia que alguém ficasse vigiando junto dele. Lá estava ele, cego e torturado pelas dores, no querido convento de São Damião onde iniciou sua vida espiritual. Durante o dia, frequentemente, os irmãos vinham visitá-lo e rezar a seu lado; contudo, preferia ficar sozinho ou junto com a santa e silenciosa Clara... Ela refrescava suas chagas, suavizava suas dores e seu coração atribulado.

"Clara irmã", murmurava, às vezes, quando ela estava tratando de seus olhos e das chagas de suas mãos e pés. Somente o Irmão Leão cuidava da chaga de seu coração. Só ele viu essa chaga; e com que emoção falava dela, dessa sagrada rosa de sangue!

O semblante de Clara se iluminou de uma palidez semelhante à chama de uma vela acesa. Era como se brilhasse uma luz sob sua pele. Era magra, porém sem nenhuma ruga, e seus grandes olhos azuis estavam sempre atentos, na expectativa de que o céu se abrisse a qualquer momento. A veneração de Francisco por ela aumentou imensamente. Ele mesmo sentia-se ainda demasiadamente humano que considerava seus sofrimentos como um remédio contra suas tentações. Ela, porém, não precisava de nenhuma dor física. Veio ao mundo, diretamente do céu, como uma estrela da manhã, amável, brilhante e Deus resplandecia através dela.

Ao cumprimentá-la, cumprimentava Deus nela. Quando estava com ele e rezavam juntos, Francisco sentia-se muito bem e suas dores e sofrimentos eram suportáveis. Contudo, ao ficar sozinho as trevas o envolviam e antigas preocupações a respeito da fraternidade voltavam a assaltá-lo. E pior ainda era à noite, quando os ratos e camundongos não o deixavam dormir um minuto sequer.

"Ratazanas e camundongos, meus queridos irmãos", suplicava chorando com os olhos já cegos, "vão brincar em outro lugar. Vocês atormentam minha vida e quando fico triste, meus irmãos também entristecem. Embora devamos ser alegres e ver sempre o lado belo da vida, agora, vão brincar em outro lugar." Mas, qual o quê! Pam! Pam! E às dezenas se precipitaram sobre seu corpo e centenas de ratos corriam pelas pernas dele, como se fosse um enorme monstro. "Foi o diabo quem os mandou para me dominar, mas ele não vai conseguir, mesmo que mandasse um milhão!" Então se ergueu do leito e começou a rezar até que as irmãs tocassem os sinos... Com paciência e bravura continuou, minuto a minuto, mantendo seu amor a Deus.

Recebe o consolo e a certeza dos céus

Graças aos cuidados de Clara, enfim, clareou um pequeno raio de luz em seus olhos feridos e começou a enxergar novamente. Com a mão diante dos olhos podia enxergar um pouco da luz do verão, a sombra de Clara e dos irmãos e algum colorido das flores. Mas enxergava também as ratazanas e os ratos, e isso era tão horrível que preferia voltar a não enxergar.

Era demais para um só homem! E, certa noite, quando as chagas, a doença e os animais voltaram a atormentá-lo terrivelmente, exclamou: "Ó Senhor, tende piedade de vosso pobre mendigo, por favor, amado Senhor, não posso suportar isso por mais tempo! Não desejo menos dores, ó não, antes dai-me mais, pois eu mereço isso! Apenas dai-me um pouco mais de paciência para suportá-las!"

Essas palavras mal haviam saído de sua boca e um som como de órgão soprou e, transformando-se em voz humana, lhe falou que, por meio de suas dores, obteria o céu e devia encontrar nelas sua alegria e até mesmo cantar. "Se é assim", exclamou, "que venham em quantidade!" Com esse grito saiu como que um peso de sua alma. Tudo se transformou e ele reviveu. A luz de seu coração trouxe novo brilho às suas dores.

Quando amanheceu, seu espírito se renovou como uma flor banhada pelo orvalho puro e brilhante. Viu as flores, a neblina no vale, as árvores, a magnífica riqueza da manhã e o grande círculo do sol. Elevando as mãos para a luz, foi mancando até a porta de entrada e chamou: "Irmãos! Irmãos!"

E todos, também Clara, saíram correndo. Dizia-lhes que ninguém deveria ficar triste por causa dele. "Pois nesta noite me foi prometido o céu; vamos cantar e nos alegrar! Admiremos a obra do Criador, como tudo que nasceu de um único amor. Todas as coisas: o ar, o fogo, a água são nossos irmãos e irmãs. Para louvor de Deus e consolo dos humanos eu quero cantar estes irmãos e irmãs dos quais nós nos servimos diariamente, sem os quais não podemos viver e que, infelizmente, fazemos mau uso deles ofendendo a Deus.

Permaneceu em êxtase à entrada da cabana. Apoiando-se em Clara e Leão começou a cantar a linda melodia de uma canção de sua juventude, enquanto fazia gestos imitando um tocador de harpa.

Integrando toda natureza, no sofrimento, louva o Senhor

Altíssimo, onipotente, bom Senhor,
Teus são o louvor, a glória, a honra
E toda a bênção.

Só a ti, Altíssimo, são devidos;
E homem algum é digno
De te mencionar.

Louvado sejas, meu Senhor,
Com todas as tuas criaturas,
Especialmente o senhor irmão Sol
Que clareia o dia
E com sua luz nos alumia.

E ele é belo e radiante
Com grande esplendor:
De ti, Altíssimo, é a imagem.

Louvado sejas, meu Senhor,
Pela irmã Lua e as estrelas
Que no céu formaste claras
E preciosas e belas.

Louvado sejas, meu Senhor,
Pelo irmão Vento,
Pelo ar, ou nublado
Ou sereno, e todo o tempo
Pelo qual às tuas criaturas dás sustento.

Louvado sejas, meu Senhor,
Pela irmã Água
Que é mui útil e humilde
E preciosa e casta.

Louvado sejas, meu 'Senhor,
Pelo irmão Fogo

Pelo qual iluminas a noite.
E ele é belo e jucundo
E vigoroso e forte.

Louvado sejas, meu Senhor,
Por nossa irmã a mãe Terra
Que nos sustenta e governa,
E produz frutos diversos
E coloridas flores e ervas.

Seguiu-se um respeitoso silêncio. Irmão Leão suspirou, e com lágrimas nos olhos disse: "Com isso tornaste nossa vida mais bonita!"

Francisco olhou satisfeito para os irmãos. Todos, admirados e contentes, acenavam com a cabeça.

Então, olhou para Clara e ela falou: "Vou recitar esse cântico todos os dias, junto com minhas orações".

"Devemos lhe agradecer por esse canto", respondeu ele, "pois você com sua oração tirou a tristeza de meu coração." E tomando sua pequenina mão com suas mãos enfaixadas olhou profundamente em seus olhos e falou como se estivesse falando com o céu: "Obrigado! Obrigado!" E, com alegria, falou aos seus irmãos: "Com esse cântico iremos pelo mundo como aves canoras! Irmão Pacífico, o rei dos poetas, irá nos acompanhar cantando. Alguém deverá encontrá-lo ainda hoje! Irmãos, primeiramente vocês farão um pequeno sermão e, em seguida, cantarão essa canção! Cantar ilumina e eleva a alma. Vocês dirão ao povo: nós somos os menestréis de Deus e nada exigimos em pagamento, apenas que façam penitência e aprendam a viver a verdadeira alegria. Venham, vamos cantar a canção até aprendê-la!"

Ele cantou a primeira estrofe, Clara e os demais o seguiram. Ao final, lá estavam todas as irmãs cantando junto o hino de amor, o cântico da admiração e do reconhecimento pela vida.

Francisco esqueceu a melancolia. Elias, Paris, Bolonha, tudo foi esquecido! As abençoadas horas dos primeiros tempos voltaram. Voltaram a reviver os tempos de trovadores, dos cavaleiros da távola redonda, dos mendigos cantores, das cotovias de Deus e da Dama Pobreza!

Em Rieti, o povo corre atrás do santo

Ao final do verão, Francisco foi a pé para Rieti. Calçava as sandálias que Clara havia trançado com corda e lã, deixando na sola uma abertura por onde a ponta recurvada do cravo se encaixava livremente sem tocar no solo. Caminhavam passo a passo como seguindo uma procissão e cantando o cântico em louvor ao sol. Pelo caminho, o povo descia das montanhas e de trás dos montes para vê-lo, tocá-lo, ou beijar o solo por onde havia passado...

Depois de alguns dias, avistou ao longe as rochas onde se encontravam os eremitérios de Greccio, Fontecolombo e outros. E lá embaixo, no final de um extenso vale, situava-se a pequena cidade de Rieti que parecia aguardá-lo. E atrás dela, ao pôr do sol, elevavam-se como um arco triunfal os picos nevados do Monte Sabino.

Toda cidade veio ao seu encontro com bandeiras e flâmulas e os sinos soavam sem parar. Mas Francisco estava esgotado e queria descansar. Falou: "Depressa! Existe lá uma igrejinha isolada, vamos pedir ao padre para pernoitar nela". Como o vigário ficou contente! Contudo, mal Francisco havia entrado em casa, o povo afluiu como um mar e, num já, destruiu a bela vinha do vigário. Ele então se queixou: "Que pena! Eu ia tirar ao menos dez toneizinhos de vinho daí, e agora, meus doentes que gostavam tanto de beber!" "Fique tranquilo", disse Francisco, "eu lhe prometo que na colheita deste ano você vai poder encher vinte toneizinhos. O vigário, olhando para ele admirado, pois Francisco podia operar milagres, respondeu satisfeito: "Então isso se cumprirá!" O povo não quis se retirar antes que Francisco saísse e os abençoasse.

Alguns dias mais tarde, fez sua entrada em Rieti, com bandeiras, música, velas e canções. O Cardeal Hugolino e os prelados da corte vieram ao encontro dele com grande aparato. Eles o conduziram ao palácio onde o papa o aguardava...

Francisco não quis morar em nenhum outro lugar, a não ser na casa simples de um convertido sarraceno. Permaneceu lá num pequeno quarto. Vieram célebres médicos com suas pomadas, emplastros e bebidas; mas, mesmo com tudo isso, adoecia cada vez mais.

Talvez a música pudesse ajudá-lo. Pediu que chamassem o Irmão Pacífico. "Oh irmão, rei dos poetas, tome emprestado em algum lugar uma guitarra e cante para mim algo de Deus para consolar meu irmão corpo em seu grande sofrimento!"

"Com muito prazer, arauto de Deus, mas o que pensaria o povo, se eu começasse a cantar aqui, enquanto você está tão doente."

"Talvez você tenha razão", suspirou Francisco. "Eu apenas gostaria de ouvir um pouco de música, nem que fosse somente uma estrofe..."

Durante a noite ficava acordado. "O que estou ouvindo?", interrogou-se. Em seu quarto ressoou um lindo canto como que vindo de centenas de anjos. Reconheceu que essas vozes vinham do alto espalhando-se como uma nuvem em tons cristalinos de harpas e cítaras. Mas tudo tão delicado, magnífico, distante e tão perto como se o perfume das flores estivesse cantando.

Francisco estava prostrado chorando e soluçando, repleto de felicidade e, inundado pela beleza de Deus, expressa na música. Ao romper da manhã, os sons se esvaíram em luz.

Todos os dias, ele recebia visitas de pobres e ricos. O vigário, cuja vinha foi pisoteada, veio comunicar alegremente que havia colhido vinte e cinco toneizinhos de vinho. O Cardeal Hugolino pediu-lhe também se ele não queria deixar seu manto à nobre e piedosíssima condessa Isabel da Hungria.

"De boa vontade", confirmou Francisco sorridente. "Assim, o mundo se tornará mais bonito se os príncipes e condes vestirem o manto da pobreza."

Lá estava ele na miséria, sob os cuidados do Irmão Leão, que todas as manhãs vinha retirar das chagas as toalhas encharcadas e colocava outras limpas e refrescava-lhe os pobres olhos. Ah esses pobres olhos!

"Se você não chorar tanto, eu vou curá-los", disse o médico, homem alto de boca grande e um nariz afilado. "As lágrimas salgadas provocam nova inflamação. É preciso estancar as glândulas lacrimais."

"De fato, senhor doutor", acrescentou o Irmão Leão, "ele chora demais, de dor e de felicidade."

"E vou continuar chorando", completou Francisco. "As lágrimas são o sangue da alma, como disse Santo Agostinho, são as pérolas da alma! Que tenho eu para oferecer a Deus, além de minhas lágrimas? Não obstrua estas santas torrentes que, brotando da alma, santificam e enobrecem o irmão corpo. Que me adianta a luz se com isso o meu interior se tornar mais escuro? As moscas também enxergam."

Pede perdão ao "irmão burro", seu corpo

Os médicos, naturalmente, não tocaram nas chagas do Crucificado; mas, no mais, colocaram nele compressas e ungiram-no por todos os lados.

O médico coçou a cabeça e disse: "Nossos meios serão inúteis se você não se ajudar. Você está doente e não pode ficar com nenhum escrúpulo de consciência. Quaresma ou não, você deve comer bem, comidas nutritivas e das melhores. Você deve se vestir com roupas mais quentes, mesmo que tenha prometido usar apenas uma túnica. Deve fazer o que nós estamos pedindo". "Está certo, Pai Francisco", acrescentou Irmão Leão. "Você está sendo mal-agradecido com o irmão corpo. Ele sempre o serviu com fidelidade e você não lhe está dando o que lhe pertence. Isso não está certo..."

Francisco ficou comovido. "Sim", falou com voz trêmula. "Isso é verdade, o irmão burro sempre me serviu fielmente." E, de repente, levantou a voz falando consigo mesmo: "Escute, irmão corpo, eu lhe peço perdão por tudo o que você teve de sofrer por mim. Mas, alegre-se, irmão burro, de ora em diante serei seu servo e satisfarei seus desejos!"

Contudo, o irmão corpo não tinha mais desejos. Era como se a gente dissesse a um prisioneiro que durante quarenta anos ficou sem falar uma palavra: "Fale agora o que quiser". O prisioneiro não tem mais nada para falar, esqueceu as palavras e sua língua endureceu.

Começou a usar por baixo de seu hábito uma pele de lã de ovelha. "Mas é preciso também costurar uma no lado de fora", observou; "senão as pessoas não vão saber que estou agasalhado contra o frio, e quero mostrar como eu estou!" Recebia boa alimentação, deliciosos petiscos, porções de vitela assada, trutas e frutas em conserva que ele mal tocava. Foi-lhe dado também um travesseiro macio, feito de penas, mas não quis saber dele. O irmão corpo não conseguia dormir a noite toda, parecia estar dentro de uma chocadeira. Francisco disse: "Fora com o travesseiro, o diabo está dentro dele. Devolvam-me logo meu bom cepo de madeira!"

Submete-se a doloroso tratamento

Dia e noite, sentia saudade das grutas e do eremitério. "É lá que eu vou sarar. Lá o ar é puro e leve!" E o que não se faz por uma pessoa doente? Levaram-no para uma gruta em Fontecolombo, lá onde havia reescrito a regra. Mas aquele médico esbelto de nariz afilado o seguiu com seus ajudantes e levou consigo todo um arsenal: um fogão e barras de ferro, tenazes e maletas de médico.

"Para curar seus olhos precisamos desviar a dor para outro lugar. Precisamos passar um ferro quente sobre sua fronte... É um remédio violento e você pode morrer com isso."

"Para tudo que se refere ao meu corpo, me submeto ao Irmão Elias e ao cardeal. Não tenho para isso vontade própria. Se essa queimadura for salutar para o irmão corpo devem continuar", falou Francisco calmamente.

Assentou-se e ficou esperando. Contemplava o vale lá embaixo onde as casas e as árvores pareciam tão pequenas e, em seguida, voltava seu olhar para o ajudante que atiçava o fogo. O doutor ficou matutando como deveria começar.

Os irmãos estavam nervosos. A preparação para essa tortura foi tão demorada que se tornou um martírio em si. Eles andavam de cá para lá e ficaram com a boca seca. Então, o médico tomou uma barra de ferro com uma ponta chata e a colocou sobre as brasas. De tempo em tempo a retirava para verificar se já estava incandescente.

Francisco sorria para o irmão Fogo, embora sua terrível força o apavorasse um pouco. "Irmão Fogo", disse ele, "o mais útil entre todas as criaturas, sê meu amigo, pois eu sempre te amei. Todas as noites era a contragosto que eu te apagava das lâmpadas. Sempre tive um grande respeito contigo, por amor daquele que a ambos nos criou. Agora sê também bondoso comigo. Podes vir, irmão Fogo!"

O doutor retirou o ferro incandescente das brasas e rapidamente aproximou-se de Francisco. Ele estendeu a cabeça para frente. O ferro em brasa tocou-lhe a carne; ouviu-se um sibilar, um cheiro de algo chamuscado e um pouco de fumaça. Os irmãos, chocados, se retiraram horrorizados. A testa e as têmporas se tornaram uma só chaga terrível; carne viva rodeada de bolhas brancas. "Esperamos que isso ajude", disse o doutor. Até ele, diante disso, retirou-se horrorizado.

Os irmãos, com certa hesitação, foram voltando um a um. Mas saíram novamente ao ouvirem Francisco dizer: "Se o assado ainda não está suficientemente cozido, coloque-o mais uma vez no espeto, já não dói mais".

O martírio não tinha fim. Depois de alguns dias, lhe fizeram punção nos ouvidos, com agulhas incandescentes. Em seguida, abriram as veias das fontes e colocaram-lhe ventosas; então lhe passavam óleos, pastas e colocavam-lhe emplastros. Davam-lhe para tomar os remédios mais amargos.

Calmamente, permitia que o tratassem e cantarolava-lhes uma canção. Estava quase desmaiando de dor, mas continuava cantando! E novamente, qual abelha laboriosa, retomou o zelo dos primeiros tempos. Desejava tratar dos leprosos, voltar a pregar e retornar para converter os mouros.

Embora doente e fraco, continua a visitar os irmãos

O irmão corpo estava um trapo. Montado num burrinho visitava os conventos das redondezas e, de quando em vez, pregava aos camponeses. Mal começava pregar e a igreja ficava lotada. "Vocês acham que sou um santo", falou ele, "mas eu não fiz jejum durante todo o advento em nenhuma refeição, ao contrário, comi várias qualidades de petiscos." Ele não suportava que se tivesse dele uma opinião falsa. Contudo, a pregação o extenuava. Depois de quinze minutos deixava-se vencer pela fraqueza.

Enquanto se dirigia com o Irmão Leão de um convento a outro pediu para que ele escrevesse aquelas belas cartas ao Irmão Elias, aos superiores, para a Condessa Isabel e para todos os cristãos. Cantava muitas lindas canções em honra ao Santíssimo Sacramento e à Mãe de Deus. Irmão Leão devia copiá-las com a música e enviá-las para Clara, que ficava muito contente. Desse modo passaram o inverno... Logo que o bom tempo voltou, o cardeal lhe deu uma boa notícia: Francisco devia ir a Siena, onde o ar da primavera era como um bálsamo e lá residia um oftalmologista muito famoso.

"Vamos", disse Francisco.

Então o doutor de nariz afilado começou a chorar.

"Por que está chorando, senhor doutor?"

"Ah", soluçou: "eu não tenho esposa e vossas ações e vossa vida me tocaram tanto que eu gostaria de entrar para a ordem!"

"Deus seja louvado por você preferir a pomada da oração àquela dos seus potes! Venha conosco, Irmão Doutor!" E, atravessando a região em plena primavera, foram cantando até Siena. Francisco, montado no burrinho, entoava, de vez em quando, uma canção.

Pelo caminho, num momento de descanso, escreveu o seguinte bilhete para Clara: "Eu, Irmão Francisco, quero seguir a vida e a pobreza do Senhor Jesus Cristo e sua Santíssima Mãe e perseverar assim até a morte. E lhes peço, queridas irmãs, e de vocês espero que se mantenham, para sempre, firmes neste santo modo de vida e na pobreza. Fiquem atentas e jamais, por conselho ou doutrina de outros, se desviem desse propósito".

Clara respondeu que esse bilhete significava para ela uma poderosa fortaleza e que ela o guardaria, com todo o cuidado, como as tábuas da Lei de Moisés na Arca da Aliança...

O caminho serpeava solitário pela planície. Lá embaixo vinham três mulheres, três mulheres pobres. Pareciam três irmãs gêmeas, pareciam-se muito uma à outra e vestiam a mesma roupa, pobre e maltrapilha. Pararam à beira do caminho. Os irmãos olharam para elas um tanto espantados. Francisco quis cumprimentá-las, mas elas se adiantaram numa saudação, se inclinaram respeitosamente e falaram todas ao mesmo tempo:

"Seja bem-vindo, Irmão Pobreza!

Francisco ficou emocionado e disse ao Irmão Doutor: "Você, que tem dinheiro, dá-lhes uma esmola, pois são mais pobres do que nós, e isso não pode acontecer". O Irmão Doutor obedeceu. Os irmãos voltaram-se e olharam para trás, mas não viram mais nenhuma mulher.

Todos ficaram muito admirados e falaram entre si:

"Foram anjos!"

"Foi a Senhora Pobreza que quis cumprimentar seu esposo", disse Francisco, sorrindo contente.

Num convento, distante da cidade uns quinze minutos, Francisco ficou novamente de cama, apesar da excelência do ar de Siena e da habilidade do célebre médico. O povo – ricos e pobres, pessoas instruídas ou as mais simples – acorria em massa até lá, para poder vê-lo e tocá-lo. Até um dominicano foi para lá, e tendo lhe colocado uma questão capciosa, pela resposta de Francisco exclamou: "A teologia deste homem voa nas alturas como uma águia, enquanto a nossa ciência rasteja pelo chão!"

Certa noite, o convento ficou alvoroçado. Ouviu-se um clamor: "Nosso Irmão Francisco morreu! Ele morreu! Socorro!" Houve um lamento como de ovelhas desgarradas.

Todos entraram em sua cela, iluminada por um pálido raio de luar, para vê-lo, pela última vez, e receber a bênção, se não de sua mão, ao menos de seu olhar. Ele estava estendido gemendo em seu colchão de palha. Ficou reduzido a um nada: um rosto pequeno e pálido como cera, olhos vermelhos, e grandes manchas brilhantes das queimaduras em sua testa; de sua boca escorria um pouco de sangue pela barba.

Olhou para eles sabendo o que queriam e sorriu. Com voz rouca e abafada, disse ao irmão que havia celebrado a missa: "Abençoo a todos meus irmãos de hoje e os que virão no futuro. E, para mostrar que eles se lembrarão de minha bênção e de mim, deverão sempre amar uns aos outros, como eu os amei, obedecer sempre à Dama Pobreza, servir e demonstrar respeito a nossa mãe a santa Igreja". Então, fechou os olhos por pouco tempo e com voz rouca murmurou: "Vão buscar o Irmão Elias... Eu quero ser enterrado em Assis".

Volta a Assis, pois lá quer morrer

Mais uma vez, um pequeno cortejo atravessou a região, e desta vez Elias estava junto. Leão, Ângelo, Rufino levavam Francisco sobre uma padiola. Ele segurava firme na mão de Elias e, de tempo em tempo, dizia: "Eu lhe agradeço que você me atendeu tão prontamente. Eu quero morrer na minha Assis a fim de que, em reconhecimento, o irmão corpo se torne um pedaço de sua terra". – "E sobre teu túmulo", pensou Elias, "será construída uma linda basílica."

Esses pensamentos o fizeram agir com prudência. Ele foi obrigado a fazer um grande desvio pelas florestas e montanhas, pois os habitantes de Perúgia seriam capazes de segurar o santo em sua cidade para enterrá-lo lá. O que não se faz por uma relíquia como essa! Ela significava uma eterna bênção para a cidade. Francisco vê em espírito a terra que ele tanto amara, o vale, a branca cidade, São Damião e a Porciúncula. Vê, diante de si, passar sua vida. Ela está completamente realizada! Ah, pensava ele, se eu tivesse e pudesse ter feito mais. Elias, para andar com segurança, mandou vir de Assis soldados da infantaria, que armados até os dentes acompanharam o cortejo, para defender o corpo de Francisco. Eram cerca de cem homens.

A caminho da Porciúncula: a reconciliação do prefeito com o bispo

Por um caminho solitário pelas montanhas, chegaram a Assis no mês de agosto. O povo delirava de alegria e tanto mais por se ter espalhado o boato de que os perusinos teriam a intenção de roubar Francisco. As pessoas subiam nos telhados, e choviam flores por onde ele passava. O senhor bispo, que outrora o havia abrigado debaixo de seu manto, saiu do palácio e veio, pessoalmente, cumprimentar Francisco e beijar sua túnica, dizendo: "Ele pode morar comigo, gostaria de ter essa honra". E levaram Francisco para o palácio.

"Não! Não, vamos para a Porciúncula", disse chorando, "quero morrer lá, onde comecei".

"Certamente", respondeu Elias, "mas agora, ainda não. O povo está preocupado e com medo dos moradores de Perúgia. Precisamos negociar com o Conselho da cidade de Perúgia, e então..."

Francisco foi levado para um quarto muito bonito onde havia um pequeno altar. Deitaram-no em uma cama fresquinha.

Quando o prefeito ouviu isso rangeu os dentes de raiva e inveja. O prefeito tinha sido excomungado porque havia proibido o povo de ter qualquer relacionamento com o bispo. Toda essa situação se originou de uma desavença por causa de alguns metros quadrados de terra.

Peles enfeitadas de ouro, tapetes e cortinas! Francisco teve vontade de rir disso. O irmão corpo preferiria estar deitado numa cama de folhas secas em alguma gruta. "Ouçam", disse arfando para Leão e Ângelo. "Enquanto estava meditando sobre a briga que persiste entre a cidade e o bispo, compus uma nova estrofe do Cântico do Sol, ouçam". E cantou suavemente:

> Louvado sejas, meu Senhor,
> Pelos que perdoam por teu amor,
> E suportam enfermidades e tribulações.
> Bem-aventurados os que as suportam em paz,
> Que por ti, Altíssimo, serão coroados.
> Louvado sejas, meu Senhor...

Quando acabou de cantar a estrofe, falou: "Acrescentem-na ao Cântico do Sol e a decorem e, em meu nome, vão ao prefeito e aos ricos que o apoiam, e peçam-lhes para virem ao palácio. E quando estiverem diante do bispo, cantem o Cântico do Sol com a nova estrofe. Vou enviar Irmão Masseo para o palácio do senhor bispo".

No dia seguinte, Francisco ouviu lá fora um grande barulho. "Linda cidade! Boa cidade!" disse ele. "Ah, briga-se por um pouco de terra! Senhor, faça com que o cântico enterneça seu coração obstinado!"

Também no palácio ouviu-se mais barulho do que de costume. Qual será o fim? Como isso vai acabar? Irmão Masseo colocou-se detrás das janelas de vidros verdes e ficou observando. Abriu um pouco a janela e começou a descrever: "Lá embaixo está chegando o prefeito e todos os ricos que são do lado dele".

O povo gritava alegremente.

"É por causa do prefeito", continua confirmando Masseo.

"Mas agora eles param!... Ah sim, agora estou vendo o senhor bispo vindo ao seu encontro. Está vestido com toda pompa, e todos os cônegos da catedral o acompanham."

E novamente se ouve grande júbilo da multidão.

"De repente, ficou tudo tão silencioso", questionou Francisco.

"Sim, eles estão um frente ao outro... Lá estão os irmãos Leão e Ângelo... Leão está dizendo alguma coisa e aponta para cá. Todo povo olha para cá. Escuta! eles vão cantar..."

Na praça fazia-se um silêncio de uma tarde de verão. Quebrando esse silêncio, ecoaram as lindas vozes de Leão e Ângelo cantando o Cântico do Sol... "Muitos estão chorando", disse Masseo, "e se dão as mãos..." As vozes soavam como sinos, um grave e o outro agudo.

"Veja, o prefeito se ajoelha... O bispo pede-lhe que se levante e fala com ele..." Francisco não conseguia mais ouvir as palavras de Masseo, pois tamanho era o barulho da aclamação que reverberava poderosamente pelas paredes das casas. Francisco sabia o porquê desse barulho, juntou as mãos e, em lágrimas, falou: "Obrigado, Senhor, pela paz que trouxeste à minha querida cidade!"

Nos últimos momentos, as admoestações finais

Paz! Mas a paz na fraternidade da pobreza não é mantida por nenhuma receita, nem adianta compor cântico algum. Dia após dia, ele percebia nos irmãos o que estava acontecendo. Não se ousava dizer-lhe nada sobre o orgulho e ambição para conseguir altos cargos. Deveriam poupá-lo de tudo isso. Mas, se o coração já está sofrendo com isso, como calar-se? Algumas vezes, ele dizia: "Eles estão aguardando a minha morte para começar a saltar como lobos". "Irmãos", repetia frequentemente aos seus fiéis companheiros, "deveríamos recomeçar com aqueles que não desejam nada mais do que a pobreza e que se consideram os menores entre os homens. Oh! pudesse eu começar de novo! Pudesse ir ao capítulo da ordem! Mas..." e seu braço caiu novamente. "Já é tarde demais. Talvez seja por minha própria culpa. Não deveria ter entregado as rédeas do comando. Quem sabe, confiei demasiadamente em Deus e muito pouco em minhas próprias forças. Não seria covardia de minha parte? Quando alguém tem o vício da bebida eu devo dizer-lhe 'Deus que te ajude' ou eu mesmo tirá-lo da bebida? Não seria preguiça, egoísmo de minha parte?"

Durante a noite, quando as dores, o medo e o sofrimento espiritual aumentavam com a escuridão, às vezes, se levantava da cama, e com os braços erguidos ao céu clamava: "Onde estão aqueles que me roubaram as ovelhas?" De vez em quando, era tomado, por instantes, de um novo ardor que o levaria a construir um novo mundo, mas, em seguida, esse ardor esmorecia.

De tempo em tempo, seus pais e seu Irmão Ângelo o visitavam. Nessas ocasiões dominava-se a tal ponto que nenhum gemido ou suspiro saía de seus lábios, parecendo estar de cama por prazer. Não queria ser consolado por eles, mas desejava consolá-los, o que o tornava feliz. Frequentemente, enviava bilhetes a Clara nos quais prometia visitá-la.

O Irmão Egídio veio até Francisco e perguntou-lhe quem ele poderia indicar para sucedê-lo. "Ninguém", disse Francisco, "pois ele devia continuar sendo humilde, pobre, forte e modesto..." e com isso traçou, inconscientemente, sua própria personalidade, o oposto daquela de Elias. Contudo, abençoava Elias, sempre que este o visitava. Algo nesse homem o atraía, o fazia sentir-se pequeno, o apavorava e, ao mesmo tempo, o fazia feliz. Para tais coisas não há explicação

Cantando, aguarda o encontro com a irmã morte

João, o novo médico, homenzinho esperto e velho amigo de Francisco, veio examiná-lo mais uma vez: hidropisia, úlcera no estômago, infecção do baço, inflamações nos olhos e muitas outras coisas. O suficiente para enfraquecer e deixar de cama dez homens dos mais fortes. O próprio médico admirou-se da situação. "O que você acha, João?", perguntou Francisco.

"Se Deus quiser, em breve, você vai recobrar a saúde!"

"Isso eu sei tão bem quanto você!"

De repente, Francisco o pegou pelo braço: "Quanto tempo ainda eu vou viver? Diga sem medo! Você sabe que eu não sou covarde, não tenho medo da morte!"

O médico hesitou um pouco, mas Francisco não o soltou. – "Bem... pelo fim de setembro... começo de outubro..."

Com um suspiro de felicidade, Francisco se ergueu e, estendendo para o alto as mãos envolvidas nos panos e transbordando de alegria, proclamou cantando: "Seja bem-vinda, Irmã Morte!"

E Masseo disse: "Pai, toda tua vida foi uma luz e um espelho, agora igualmente alegra-te e mostra-te bem disposto para que tanto tua morte quanto tua vida permaneçam como uma santa lembrança para todos". Eis uma boa consolação!

Somente o real Masseo poderia ter encontrado palavras tão claras e sublimes. Francisco sentiu-se liberto de toda preocupação. Não precisava mais pensar no que havia falhado. A vida estava no fim, sobrava-lhe a morte, a bela e libertadora morte. Ele se entregara a ela e a Deus. Pediu que Ângelo e Leão cantassem o Cântico do Sol. Cantaram de mãos dadas e lágrimas nos olhos.

Ele contemplava com um olhar agradecido, e chegando ao final do canto, elevando os braços para os céus, com voz abafada, mas bem compreensível, cantou:

> Louvado sejas, meu Senhor,
> Por nossa irmã a morte corporal,
> Da qual homem algum pode escapar.
> Ai dos que morrerem em pecado mortal!
> Felizes os que ela achar
> Conformes à tua santíssima vontade,
> Porque a morte segunda não lhes fará mal!

Tudo se revestia de beleza pela radiante luz de sua alma: a vida, o mundo, as coisas e a morte. Ele acolheu a morte cantando. Os irmãos se ajoelharam diante de seu leito e, tocados de celestial emoção, soluçavam.

A claridade da lua brilhava na silenciosa e cálida noite de verão. Os mendigos já tinham se recolhido junto à fonte. Diante do palácio episcopal, duas sentinelas caminhavam de cá para lá, de medo de que os perusinos pudessem roubar Francisco. De repente, uma voz cortou o silêncio: "Senhor Deus, eu te louvo no silêncio pela maravilha de tuas obras, por causa da irmã lua e pelas estrelas..."

"Não estás ouvindo o santo", perguntou uma sentinela para a outra, quando se encontraram.

"Aqui, pelo menos, a gente ganha música no lugar de dinheiro e ela não nos deixa dormir".

"E a mim não atrapalha... mas o povo acha ridículo que alguém, estando para morrer, não tenha nada mais a fazer do que cantar."

"Eu acho isso bonito", disse o outro. "O homem ao menos tem coragem! Só por isso, para mim ele já é um santo. Até logo!" Ambos retomaram sua marcha.

Francisco silenciou. Agora podia-se ouvir, lá do alto da janela, as vozes de Leão e Ângelo, repetindo o cântico. Um mendigo que não conseguia dormir levantou-se e acompanhava o canto cantarolando. Isso ficava fácil, pois toda noite se ouvia o canto umas sete ou oito vezes! Então, Francisco voltou a cantar. E assim, até o amanhecer, iam revezando e, de vez em quando, vinha um salmo ou um cântico a Maria.

As carroças de vinho chegavam apressadas ao mercado. Pouco mais tarde, soava o grito prolongado do vendedor de peixes. As mulheres chegavam lá do alto para buscar água na fonte. A vida silenciosa da cidadezinha, de vez em quando, era subitamente interrompida pelo canto vindo lá no alto.

Eles se punham a cantar: à hora do crepúsculo, à tarde, à noite...

"Já estou ficando saturado com isso", disse uma das sentinelas. "Agora eu sei por que o senhor bispo, de repente, quis organizar uma peregrinação. Todos se queixam desses cantos, até mesmo o senhor prefeito e..."

"E todos que têm culpa no cartório", disse o outro, e ambos continuaram a caminhar...

É uma noite escura. Lá no alto se movimenta uma lanterna. Dois irmãos, um grande e outro pequeno, entram na praça. O pequeno carrega a lanterna, e param diante do palácio. Francisco eleva sua voz e canta: "Louvado sejas, meu Senhor, por todas as tuas criaturas, por todos que de santa e sábia vontade..."

Os dois começam a rir. De repente, o mais alto toma a lanterna e chega à porta de entrada. A sentinela o detém. "Eu sou Irmão Elias. Isto acontece todas as noites?"

"É de enlouquecer, reverendíssimo irmão!" Mas a outra sentinela complementa: "Isso é para a gente aprender a rezar!"

Elias entrou e desapareceu apressado. Ele conhecia o local. Subiu a escada e entrou sem bater. Uma lamparina bruxuleava. Irmão Leão e Irmão Ângelo cantavam diante do altar, enquanto Francisco os ouvia devotamente. Elias fica emocionado, mas disfarça e comenta: "Lá fora há sentinelas, mas eles não acreditam que você seja um santo quando ouvem um moribundo cantando desta maneira. Muita gente honesta se ofendeu com isso".

Francisco já havia cedido demais e por causa dessa sua condescendência surgiu na ordem muita confusão. Agora que a morte se aproximava, voltou ao seu primitivo vigor, livre, jovem e corajoso. Corajoso e decidido, mas cortês, disse: "Irmão, pela graça do Espírito Santo estou tão intimamente unido ao meu Deus que nada posso fazer senão rejubilar-me e alegrar-me".

Elias queria dar uma resposta a isso. O fato de Francisco cantar em si não era nada de mal. Ele mesmo o admirava. Mas poderia prejudicar sua fama de santo; a fama de Francisco e da ordem eram tudo para Elias. Fama, sempre a fama! Mas sem se preocupar com Elias, Francisco fez um sinal, e todos os três começaram novamente a cantar. Elias não ficou para ouvi-los.

15
A cotovia do Senhor

Prevendo seu fim Francisco pede para ser levado à Porciúncula

Perúgia não quis interferir e o prefeito permitiu a Elias levar Francisco para morrer na Porciúncula, mas exigiu a promessa de que fosse enterrado em Assis. Elias, que concordou plenamente com isso, já havia pensado onde lhe seria construída a basílica: no canto extremo da cidade, como uma provocação contra Perúgia. Francisco deseja apenas um pouco de terra sobre o irmão corpo e uma cruz...

Era o final de setembro. O sol espargia raios de luz outonal sobre o tênue nevoeiro azulado e uma luz, como de um vinho dourado, cobria toda a terra. Era ao amanhecer. Os quatro irmãos conduziram Francisco sobre uma maca até a Porciúncula. Muitos irmãos e todo o povo seguiam em piedosa procissão. Os raios do sol derramavam ouro em toda a extensão do rio.

"Parece que o tempo está melhorando", afirmou Francisco, cujos olhos apenas enxergavam vagas cintilações.

"Muito bonito", confirmou Masseo, que ajudava a carregar a maca. A paisagem, coberta de orvalho por toda parte, parecia um manto real cintilando ao sol. Francisco solicitou:

"Continuando a caminhada, vamos cantar mais uma vez ao irmão sol." E cantaram o Cântico do Sol. Francisco sorria. Como estava mudado! Seus olhos são como duas chamas vermelhas no rosto magro e quase só osso. Cantando, levaram-no para o local onde iria morrer.

Por toda parte as uvas estavam maduras. Os generosos frutos, prontos para a colheita, pendiam do parreiral. O caminho serpeava através dos campos. Quando alcançaram a velha capela dos leprosos, Francisco perguntou: "Não chegamos à capelinha?... Que bom! Aqui, pela primeira vez, dominei minha vontade quando beijei o leproso. Daqui se tem uma linda vista da cidade. Disso eu me lembro. Voltem-me com o rosto para Assis. Eu preciso abençoar ainda uma vez minha cidade, minha linda e boa cidade a qual não consigo mais enxergar".

Leão e Masseo fizeram a volta com a maca e a colocaram no chão. Seu olhar procurava Assis. Não enxergava a cidade com os olhos, mas sim com o coração. Lá no alto da montanha, a cidade branca como marfim brilhava ao sol.

Rápido como um relâmpago, viu passar diante de si toda sua vida: os anos de menestrel... a saudade de Deus... os leprosos... o amigo... as grutas... a cruz... o vigário... sua mãe... o canto... os mouros... as pregações... Clara... os irmãos... o trabalho... Dominou-o indescritível sentimento de amor à terra natal envolvendo-o em felicidade e tristeza ao mesmo tempo. Tremia, e as lágrimas rolaram pela face. Traçando uma grande cruz na direção do Oeste abençoou sua cidade, dizendo: "Senhor, outrora reinava a impiedade em Assis, mas Tu foste misericordioso e mostraste à cidade tua misericórdia. Somente tua bondade fez nascer aqui um convento de onde, para a glória de teu nome, espalhou-se por toda Cristandade a fragrância de tua santa vida e o verdadeiro Evangelho. Eu te peço, Senhor Jesus Cristo, pai de misericórdia, não olhes para as nossas ingratidões, mas relembra a imensa bondade que tens mostrado para esta cidade! Que ela seja o lugar e a morada daqueles que te reconhecem e exaltam teu nome glorioso! Agora, e para toda a eternidade. Amém!"

O sol brilha sobre o Subásio e dardeja seus raios de luz sobre a branca Assis. Os irmãos tinham se colocado de joelhos, bem como todo o povo, com o rosto voltado para Assis. Cansado e feliz, Francisco está exausto. Eles o ajeitaram de novo na maca, fizerem a volta, e continuaram a caminhada cantando.

Francisco abençoara sua cidade. Em seu pálido semblante havia um sorriso e muitos ainda se voltaram para Assis, como se algo de grandioso e belo tivesse atingido a cidade.

Enquanto ficava deitado em sua cama de folhas secas, de lá podia enxergar, à meia-luz, para dentro da capela, e assim acompanhar todo o culto divino. O Irmão Junípero e o Irmão Tiago que rezavam ajoelhados diante do altar, de vez em quando, voltavam seu olhar para ele, como a criança que se volta para a mãe. O bosque dos carvalhos, vestido de outono, transformou-se numa floresta dourada. As folhas amarelas brilhavam ao sol. O sol se esgueirava pela cabana chegando até ele. Fazia tudo o que podia para consolar seu amigo e ser-lhe agradável.

Lá perto, em cima da mesa, havia um pedaço de melancia, peixe, frutas e assados, pequenas guloseimas desejadas pelo irmão corpo; mas quando a língua as experimentava não conseguia comê-las e ficavam onde estavam. Irmão Leão, sentado perto dele, lia um livro de orações, enquanto o Irmão Elias procurava nos frascos de remédios algo para lhe acalmar a dor. Volta e meia passa por aí um irmão e lança para dentro da cabana um olhar respeitoso e cheio de ansiedade. Estava-se à espera da morte. Não viria de repente, mas o óleo na lâmpada já se acabara, apenas a mecha estava se consumindo aos poucos.

Rufino entra e se assenta perto de Francisco. Traz saudações de Clara e pergunta o que deverá responder-lhe. Francisco tira da manga as mãos envoltas em panos, e colocando o dedo indicador cor de cera sobre a mão escura de Rufino fala: "Escreva à santa irmã, como não mais voltarei a vê-la, estou dando-lhe minha bênção e que receba a absolvição de toda culpa ou ofensa que tenha cometido contra os mandamentos divinos ou às minhas ordens. Diga-lhe que deve deixar de lado toda mágoa e tristeza. Ela não poderá mais me visitar. Mas antes de morrer, ela e suas irmãs irão me ver e, com isso, receberão uma grande consolação... Eu lhes deixarei um testamento... Quando eu morrer me levarão para Assis, passando por São Damião".

Rufino partiu. "Leão!", pediu Francisco, "vai buscar Ângelo e cantem mais uma vez o Cântico do Sol".

Quando as dores o deixavam um pouco sossegado, ditava seu testamento enquanto Ângelo o transcrevia num pergaminho. Os outros ouviam compenetrados. Era a história de sua própria alma, a saudade do Evangelho, seu amor ao Santíssimo Sacramento, seu desejo de pureza, sua preocupação em seguir a regra, sua oração pela fraternidade, paz, pobreza e amor. Para ele era uma espécie de evangelho.

A cada nova frase os irmãos se entreolhavam contentes. Ah, esta era uma nova manhã que voltava com todo seu frescor e com o delicioso perfume das violetas. Era uma fonte, uma fonte pura da qual podiam sorver, em generosos goles, uma atmosfera celeste, pela qual sua alma se elevava pairando livremente! Apenas um entre eles permanecia imóvel, parado como um poste. Era Elias.

Francisco diz adeus ao "Irmão" Jacoba

Francisco se levantou quando as estrelas já apareciam no firmamento. "Ângelo! Ângelo", disse ele. Ângelo sentou-se a seu lado. "Escreva para Irmão Jacoba que eu vou morrer em breve e ela deve se apressar, se ainda quiser me ver. Peça-lhe também para ela trazer minha mortalha e os gostosos bolinhos de amêndoas que eu tanto aprecio."

Enquanto Ângelo estava escrevendo perto da lamparina, entrou Irmão Junípero e anunciou: "Pai, está aqui uma mulher rica, acompanhada de seus dois filhos e muitos nobres. Ela afirmou ser Irmão Jacoba da qual você nos contou tantas coisas bonitas. Mas, como a Irmão Jacoba é uma mulher, eu não a deixei entrar". Francisco levantou a cabeça.

"Irmão Jacoba", rejubilou-se Francisco, "deixe-a entrar. Essa mulher é um irmão, Irmão Jacoba, pode deixá-la entrar. Aqui não é permitido entrar mulheres, mas essa mulher é Irmão Jacoba."

Logo a cabana ficou repleta de pessoas nobres e Elias se inclinou sorrindo, mostrou-se amável e atencioso. Irmão Jacoba entrou usando um vestido de seda preto.

O Irmão Ângelo iluminou com a lamparina o rosto de Francisco. Ela se assustou e, em seguida, se inclinou. Seu coração pulsava de compaixão e amor. Ajoelhou-se e suas respeitosas lágrimas regaram os panos ensanguentados.

"Eu acabei de te escrever", disse Francisco.

"E eu sonhei, na semana passada, que deveria vir, pois você desejava os bolinhos e a túnica", respondeu ela. "A túnica é da lã do carneiro que você me deu um dia."

"Querida Irmão Jacoba!" Ele olhou sorridente para a túnica e a mortalha, na qual seria enterrado, e para os bolinhos que ela guardava dentro de uma caixa de couro. Apanhou alguns com ambas as mãos e comeu. Mas não sentia mais a mesma coisa. O irmão corpo já não percebia mais nenhum sabor.

"Em breve vou morrer, Irmão Jacoba, você deve ficar aqui na Porciúncula até a minha morte, que não vai demorar muito. Irmãos, vamos cantar o Cântico do Sol para o Irmão Jacoba."

Todos cantaram o Cântico do Sol e "bem-vinda, irmã morte!"

Elias não cantou junto.

Irmão Jacoba soluçava tão alto que se podia ouvir lá fora.

Chegou dia 1º de outubro. Pediu que viessem todos os irmãos e ficassem aí e os abençoou um por um. Quando chegou a vez do Irmão Bernardo, colocou a mão sobre sua cabeça e falou: "Desejo e ordeno que todos os irmãos o honrem como a mim mesmo, pois ele foi o primeiro que veio a mim e distribuiu seus bens aos pobres. Abençoo o quanto posso a todos os irmãos que vierem e devem permanecer fiéis a Porciúncula, pois foi aqui que o Senhor nos inflamou com seu ardor. Se forem expulsos por uma porta, voltem pela outra!..." De repente, ele disse: " Quando perceberem que chegou minha hora final coloquem-me nu sobre a terra nua, pois assim desejo morrer".

Despede-se dos irmãos e eles realizam o desejo do pai

A sexta-feira foi um dia de sofrimento, todas as dores lhe sobrevieram de uma só vez. Seus olhos giravam nas órbitas, os ombros tremiam com câimbras. De vez em quando, falava alguma palavra:

"Eu perdoo a todos. Vocês devem seguir o Evangelho e as demais regras e prescrições."

Pediu que lhe trouxessem e lessem o Evangelho de Quinta-feira. "Hoje não é quinta, mas sexta-feira", acrescentou Elias. Irmão Leão leu o Evangelho. Todos o escutaram de pé. Pediu que lhe trouxessem pão; tomou-o nas mãos com grande reverência, beijou-o e abençooou. Procurou parti-lo, mas já não tinha mais forças para isso. Então, Masseo o partiu e ofereceu um pedaço para cada irmão.

Era uma tranquila noite de outubro, envolvida pelo perfume da natureza que morria. Lá estava ele calmo, ofegante, e seus olhos doloridos procuravam a luz da vela.

Era um sábado ensolarado. O povo chegava à Porciúncula por todos os caminhos. Logo que o médico entrou, perguntou-lhe Francisco: "Quando você vai me abrir as portas do céu?" "Hoje", respondeu-lhe o médico.

Então, Elias mandou anunciar em Assis que Francisco estava à morte. O povo acorreu, interrompendo seu trabalho nas vinhas; o sapateiro suspendeu seus consertos; o taberneiro fechou as portas.

O sol estava se pondo, as sombras fantasmagóricas se alongavam e encobriam a distância. Dentro da cabana já escurecia, o arvoredo parecia estar à espreita e as duas velas perto de Francisco aumentavam a claridade. Muito contente e afetuosamente, mais uma vez, lançou um olhar para os numerosos irmãos, juntou as mãos e acenou com a cabeça.

Eles entenderam. Despiram-no e o colocaram nu sobre a terra nua. Com a mão esquerda ocultava a chaga no lado do coração. Lá estava ele o mais pobre dos pobres. Apenas vestido com os panos que envolviam as mãos e os pés por onde se infiltrava o sangue.

"Espalhem cinza sobre o irmão corpo."

E os irmãos espalharam cinza sobre ele.

"Agora cantem", pediu ele. Ângelo e Leão começaram a cantar o Cântico do Sol.

O povo que estava do lado de fora da cerca ouvindo o canto soluçava. Os irmãos, ajoelhados junto dele, choravam de alegria e de dor. Fez-se silêncio, silêncio absoluto. Agora a morte estava chegando. Nesse silêncio a morte devia chegar.

De repente, seus olhos se abriram e, apoiado no braço direito, ergueu-se, enquanto a mão esquerda permanecia firme sobre a chaga do coração. Com uma força extraordinária, e uma voz plena e jovem, cantou como cantava outrora nas montanhas. O sangue embaçava-lhe os olhos, mas continuava cantando:

Com minha voz clamo ao Senhor, com minha voz
suplico ao Senhor.

Derramo em sua presença a minha oração e expo-
nho diante dele minha tribulação.

Enquanto me vai desfalecendo o meu espírito tu co-
nheces os meus caminhos!

Neste caminho por onde ando esconderam-me o
laço.

Olho para a direita e vejo e não há quem me co-
nheça;

Não há refúgio para mim, e não há quem busque a
minha alma.

A ti clamo, Senhor, e digo: tu és a minha esperança,
a minha porção na terra dos viventes.

Atende à minha súplica porque tenho sido humilhado sobremaneira.

Livra-me dos que me perseguem porque se fizeram
mais fortes que eu.

Tira do cárcere a minha alma para dar glória a teu
nome; os justos me esperam até que me dês a re-
tribuição.

Seguiu-se um profundo silêncio. Seu braço cedeu e
ele se deitou, e um sorriso pálido aflorou em seus lábios
cor de púrpura. Seus olhos avermelhados nas órbitas
de um azul escuro foram se fechando, vagarosamen-
te, e aquele semblante moreno e macilento tornou-se
completamente branco. A mão desprendeu-se da chaga
do coração que apareceu como uma linda e fresca rosa
vermelha.

Os irmãos permaneceram de joelhos, soluçando e
rezando...

De repente, lá fora, no telhado, milhares de cotovias,
como se tivessem combinado, todas ao mesmo tempo,
se elevaram triunfalmente para o alto.

As primeiras estrelas começavam a brilhar no céu. Lá embaixo pairava uma rósea luz sobre a branca Assis com seus negros ciprestes.

Índice

Sumário, 5

Nota do tradutor, 7

Apresentação da edição brasileira, 9

1 A bênção, 11

2 O trovador, 14
   Um jovem de seu tempo, 14
   Feito prisioneiro em Perúgia, 19
   Retornando à liberdade, segue-se uma lenta
      convalescença, 21
   Alguém o adverte: "É preciso mudar!", 22

3 Deus fez soar a corneta, 26
   O sonho de ser cavaleiro, 28
   Na doença, é chamado a servir o Senhor, 31
   No caminho da conversão, 34
   A busca inquieta, 37
   Amigo de caminhada, 38
   Roma e a experiência de ser pobre, 40
   A volta para casa e a incompreensão paterna, 44
   A caminho da conversão: o encontro com o leproso, 46
   Desprendendo-se da família, 50
   Missão: reconstruir a Igreja, 52
   Deixa a casa paterna e passa a viver em São Damião, 57
   Revoltado, o pai quer trazer o filho para casa, 61
   Ao voltar à casa do pai, fica prisioneiro na adega, 65
   Libertado pela mãe, Francisco volta a São Damião, 69
   Renuncia à herança para viver com Deus na
      pobreza, 71

Primeiras experiências: O arauto do Grande Rei, 76
Certa nostalgia o invade, mas não se deixa vencer..., 79

4 A Dama Pobreza, 81
Reconstruindo igrejas e enfrentando humilhações, 81
A cada dia uma nova humilhação, 86
Decidido a viver da mendicância, 88
Tempo de inverno, tempo de reflexão, 93
Findo o inverno, restaura a igrejinha de Nossa
Senhora, 95
Na reinauguração da capela – Deus lhe aponta o
caminho, 99
O início da missão, 100
À disposição de Deus, sai a pregar, 102
Encontro com Bernardo, o primeiro discípulo, 105
Guiados pelo Evangelho, Bernardo e Padre Pedro se
decidem, 108

5 Irmãos, irmãos por toda parte..., 112
Novos discípulos integram a fraternidade, 112
Os irmãos: admirados pelo povo e menosprezados
por alguns, 114
Mais irmãos, cada um com seu tipo, 116
Os sete primeiros irmãos e as dificuldades, 117
Abençoado pelo bispo para o viver em
fraternidade, 119
A fraternidade em Rivotorto e a primeira missão, 122
Os relatos da missão e a visão de Francisco, 125
As dificuldades da vida em comum, 127
A redação da regra e sua apresentação aos irmãos, 129
Viagem a Roma e apresentação da regra ao papa, 132
Discutida a regra, o papa aprova o modo de vida de
Francisco, 135
Recebe do papa a autorização para pregar ao povo, 136
Padre Silvestre se integra à fraternidade, 138

A vida fraterna e seus limites, 140

É bom não falar mal dos outros em sua ausência, 142

O desejo de sempre ser o mais pobre, 144

Penitência: cada um na sua medida, 145

Perderam Rivotorto e ganharam a Porciúncula, 147

As várias formas de imitar o santo, 151

Na comunidade – Cada qual com seu dom, 152

Até onde chega a caridade!, 153

É Deus quem indica o caminho, 156

O reconhecimento do próprio limite, 157

Penitência e humilhação publicamente, 159

O que é a perfeita alegria?, 162

6 Uma sagrada canção de amor, 165

O encontro de Francisco e Clara, 165

Clara decide seguir Francisco na vida de pobreza, 168

Clara foge de casa e se entrega ao Senhor, 171

Clara veste o hábito da penitência e desposa o
Cristo, 172

7 Uma coroa de rosas e espinhos, 175

O missionário sonha com o martírio, 175

Em Roma, "Irmão" Jacoba e o início de uma grande
amizade, 176

O sonho do martírio amarga a primeira decepção, 177

Cresce a fraternidade, nela há lugar para todos, 178

O consolo de Clara, 180

A tentação do desânimo e do sentir-se inútil, 181

Constituir uma família, e daí?, 183

O jejum quaresmal no Lago Trasimeno, 184

O Capítulo de Pentecostes, 187

A pregação aos nobres na arena dos torneios, 188

O presente do Monte Alverne e o conselho de Clara
e Silvestre, 189

A pregação aos passarinhos, 190

Os irmãos saíram a pregar por toda parte, 193

Por que a ti, por que a ti, Francisco?, 195

Irmão Elias o novo integrante da fraternidade, 195

A doença interrompe, mais uma vez, a tentativa missionária, 198

Reafirma a radicalidade da pobreza, 200

Retorno ao Alverne e o encontro com o Irmão Ovelha, 201

Um punhado de cinza acaba com a vaidade, 203

Clara partilha a refeição e um encontro espiritual com Francisco, 203

Irmão Chapéu foi o primeiro a deixar a fraternidade, 205

Embora faminto, no inverno, pensava nos irmãos e nas criaturas, 206

A lição dos três ladrões, 207

Uma visão de Jesus e Maria lhe concede a indulgência, 208

Vai ao encontro do papa moribundo, 210

Rico, em vida, o papa foi enterrado como um pobre irmão menor, 212

O novo papa confirma a indulgência, 212

8 O crepúsculo, 216

Mantém firme a decisão da vida de pobreza, 216

O crescimento das fraternidades exigia mudanças, 218

Inflamado pelo espírito missionário convoca os irmãos, 219

Partilhar a pobreza faz compreender a riqueza de Deus, 221

Obedece ao protetor da fraternidade e volta para casa, 222

Atirou-se num espinheiro para vencer a tentação, 225

Os insucessos missionários, uma nova provação, 226

Solicita ao protetor da ordem um encontro com o papa, 227

O encontro de Francisco e Domingos: cada um com sua missão, 229

O Capítulo das Esteiras e novas tentativas de reformas, 231

9 A Terra Prometida, 235

Pede aos cruzados que desarmem seus corações, 235

Vai ao encontro do sultão, 236

Os cruzados tomaram de assalto Damieta, 238

Festeja o Natal na gruta de Belém, 238

Em Nazaré revive a anunciação, 240

Por fim, entrou em Jerusalém, 241

10 A noite chegou?, 243

Notícias dos primeiros mártires e das novas tentativas de reforma, 243

Crise da fraternidade e propostas de uma nova regra, 246

Em Roma, o cardeal lhe propõe reescrever a regra, 246

Uma retirada para descanso e reflexão, 249

Reescrevendo a regra, 251

De volta a Roma, apresenta a nova redação da regra, 255

O cardeal aceita a regra e sugere uma regra para os leigos, 256

Solicitado pelo cardeal a indicar um substituto, 257

A apresentação da nova regra divide os irmãos, 259

Novas crises nas fraternidades e o sofrimento de Francisco, 261

Nas admoestações, Francisco reafirma sua
radicalidade, 263
O lobo de Gubbio, 265
Francisco elogia Frei Antônio, mas reafirma o
retorno à pobreza, 267

11 O divino refrão, 271
Inspirado, reescreve a regra, mas reafirma a
pobreza, 271
E a regra reescrita foi perdida..., 274
Reconstitui a regra e não admite interpretações, 276
Leva a Roma a regra e ceia com o cardeal, 278
Discute com o cardeal a nova regra, 279

12 A nova erva, 285
Aprovada a regra, Francisco se retira para a
montanha, 285
Em Greccio, Francisco vive o Natal no primeiro
presépio, 286
Partilha o Natal com toda a natureza, 289
Dia após dia, Francisco cresce no amor de Deus, 292
Na convivência, Francisco delineia a vida fraterna e
admoesta, 294

13 O espelho de Deus, 298
A busca de solidão no alto do Monte Alverne, 298
Sozinho e isolado Francisco inicia o retiro de São
Miguel, 303
Em êxtase recebe em seu corpo os estigmas do
Crucificado, 306

14 As chagas que cantam, 309
Despede-se do Alverne e o povo já festeja o santo, 309
A simplicidade de Frei Junípero, 312
Frei Elias dedica-se a Francisco enfermo, 313

Recebe o consolo e a certeza dos céus, 316

Integrando toda natureza, no sofrimento, louva o
Senhor, 318

Em Rieti, o povo corre atrás do santo, 320

Pede perdão ao "irmão burro", seu corpo, 323

Submete-se a doloroso tratamento, 324

Embora doente e fraco, continua a visitar os
irmãos, 326

Volta a Assis, pois lá quer morrer, 329

A caminho da Porciúncula: a reconciliação do
prefeito com o bispo, 330

Nos últimos momentos, as admoestações finais, 333

Cantando, aguarda o encontro com a irmã morte, 335

15 A cotovia do Senhor, 339

Prevendo seu fim Francisco pede para ser levado à
Porciúncula, 339

Francisco diz adeus ao "Irmão" Jacoba, 343

Despede-se dos irmãos e eles realizam o desejo do
pai, 345

Série **Clássicos da Espiritualidade**
– *A nuvem do não saber*
Anônimo do século XIV
– *Tratado da oração e da meditação*
São Pedro de Alcântara
– *Da oração*
João Cassiano
– *Noite escura*
São João da Cruz
– *Relatos de um peregrino russo*
Anônimo do século XIX
– *O espelho das almas simples e aniquiladas e que permanecem somente na vontade e no desejo do Amor*
Marguerite Porete
– *Imitação de Cristo*
Tomás de Kempis
– *De diligendo Deo – "Deus há de ser amado"*
São Bernardo de Claraval
– *O meio divino – Ensaio de vida interior*
Pierre Teilhard de Chardin
– *Itinerário da mente para Deus*
São Boaventura
– *Teu coração deseja mais – Reflexões e orações*
Edith Stein
– *Cântico dos Cânticos*
Frei Luís de León
– *Livro da Vida*
Santa Teresa de Jesus
– *Castelo interior ou Moradas*
Santa Teresa de Jesus
– *Caminho de perfeição*
Santa Teresa de Jesus
– *Conselhos espirituais*
Mestre Eckhart
– *O livro da divina consolação*
Mestre Eckhart
– *A nobreza da alma humana e outros textos*
Mestre Eckhart
– *Carta a um religioso*
Simone Weil
– *De mãos vazias – A espiritualidade de Santa Teresinha do Menino Jesus*
Conrado de Meester
– *Revelações do amor divino*
Juliana de Norwick
– *A Igreja e o mundo sem Deus*
Thomas Merton
– *Filoteia*
São Francisco de Sales
– *A harpa de São Francisco*
Felix Timmermann
– *Tratado do amor de Deus*
São Francisco de Sales

CULTURAL

Administração – Antropologia – Biografias
Comunicação – Dinâmicas e Jogos
Ecologia e Meio Ambiente – Educação e Pedagogia
Filosofia – História – Letras e Literatura
Obras de referência – Política – Psicologia
Saúde e Nutrição – Serviço Social e Trabalho
Sociologia

CATEQUÉTICO PASTORAL

Catequese – Pastoral
Ensino religioso

REVISTAS

Concilium – Estudos Bíblicos
Grande Sinal – REB

TEOLÓGICO ESPIRITUAL

Biografias – Devocionários – Espiritualidade e Mística
Espiritualidade Mariana – Franciscanismo
Autoconhecimento – Liturgia – Obras de referência
Sagrada Escritura e Livros Apócrifos – Teologia

PRODUTOS SAZONAIS

Folhinha do Sagrado Coração de Jesus
Calendário de mesa do Sagrado Coração de Jesus
Agenda do Sagrado Coração de Jesus
Almanaque Santo Antônio – Agendinha
Diário Vozes – Meditações para o dia a dia
Encontro diário com Deus
Guia Litúrgico

VOZES NOBILIS

Uma linha editorial especial, com importantes autores, alto valor agregado e qualidade superior.

VOZES DE BOLSO

Obras clássicas de Ciências Humanas em formato de bolso.

CADASTRE-SE
www.vozes.com.br

EDITORA VOZES LTDA.
Rua Frei Luís, 100 – Centro – Cep 25689-900 – Petrópolis, RJ
Tel.: (24) 2233-9000 – Fax: (24) 2231-4676 – E-mail: vendas@vozes.com.br

UNIDADES NO BRASIL: Belo Horizonte, MG – Brasília, DF – Campinas, SP – Cuiabá, MT
Curitiba, PR – Fortaleza, CE – Goiânia, GO – Juiz de Fora, MG
Manaus, AM – Petrópolis, RJ – Porto Alegre, RS – Recife, PE – Rio de Janeiro, RJ
Salvador, BA – São Paulo, SP